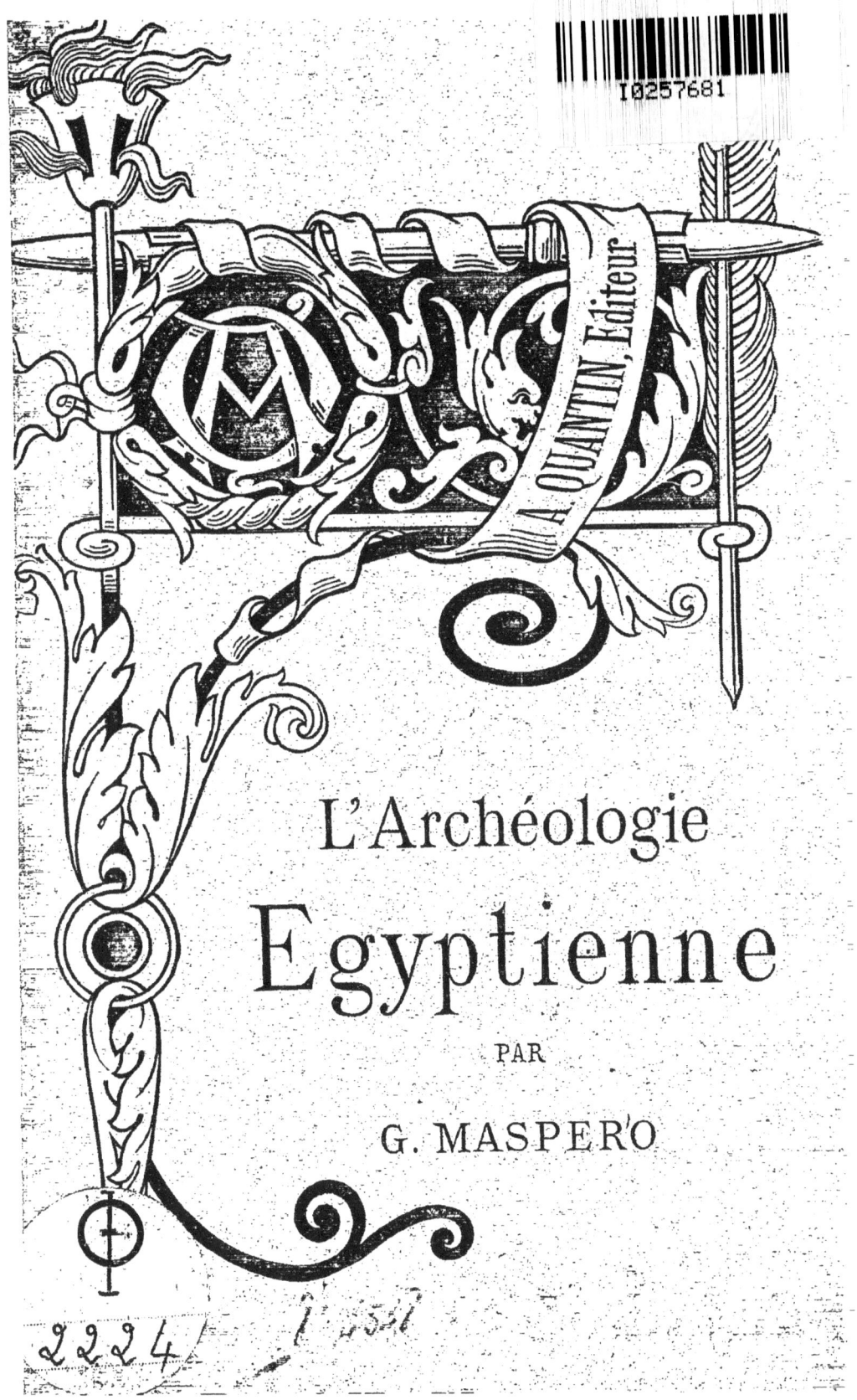

L'Archéologie Egyptienne

PAR

G. MASPERO

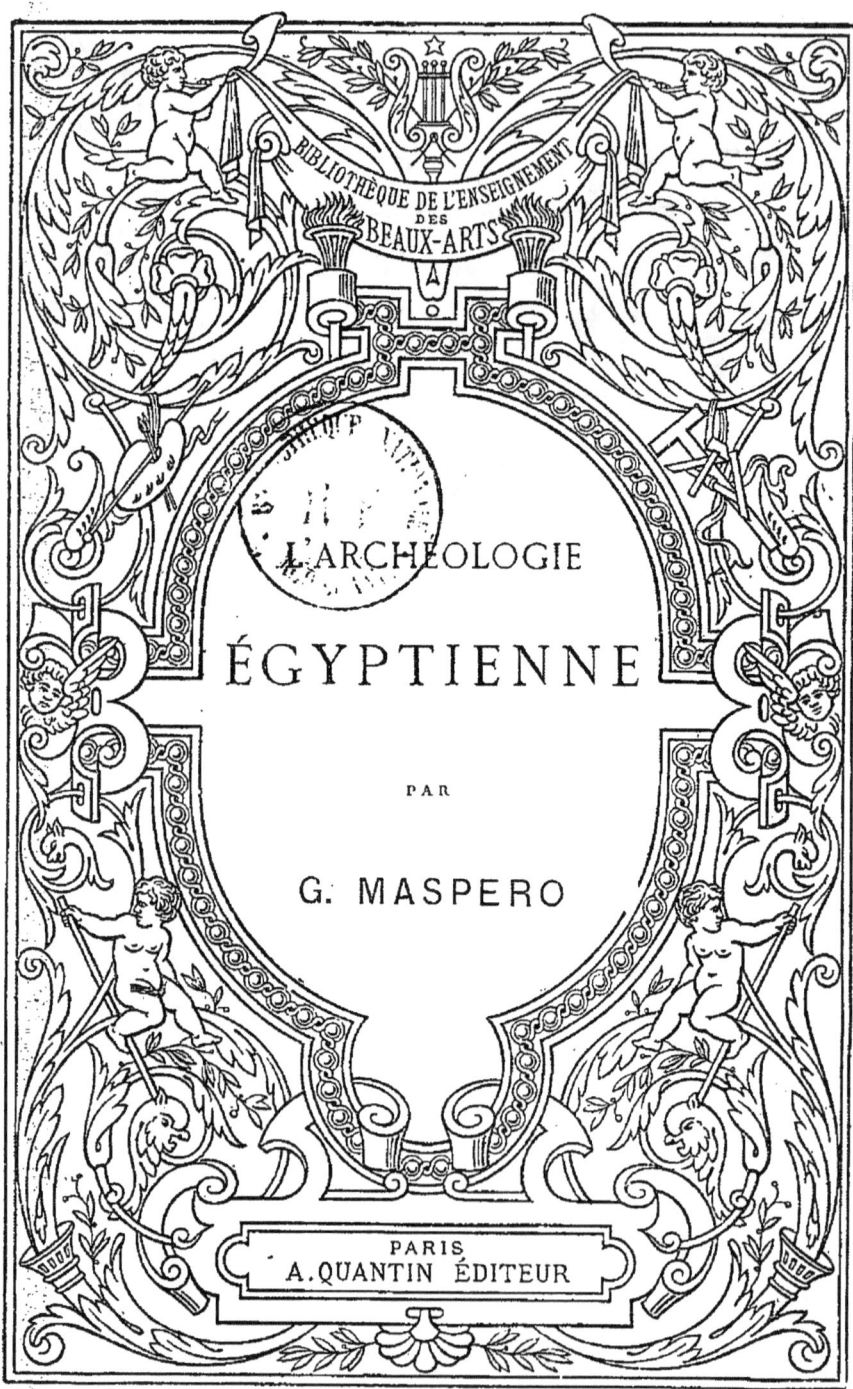

BIBLIOTHÈQUE DE L'ENSEIGNEMENT DES BEAUX-ARTS

L'ARCHÉOLOGIE ÉGYPTIENNE

PAR

G. MASPERO

PARIS
A. QUANTIN ÉDITEUR

Marius Michel del.

COLLECTION PLACÉE SOUS LE HAUT PATRONAGE

DE

L'ADMINISTRATION DES BEAUX-ARTS

ET

COURONNÉE PAR L'ACADÉMIE FRANÇAISE

Droits de traduction et de reproduction réservés.
Cet ouvrage a été déposé au Ministère de l'Intérieur
en février 1887.

BIBLIOTHÈQUE DE L'ENSEIGNEMENT DES BEAUX-ARTS
PUBLIÉE SOUS LA DIRECTION DE M. JULES COMTE

L'ARCHÉOLOGIE ÉGYPTIENNE

PAR

G. MASPERO

MEMBRE DE L'INSTITUT,
PROFESSEUR AU COLLÈGE DE FRANCE

PARIS

MAISON QUANTIN

COMPAGNIE GÉNÉRALE D'IMPRESSION ET D'ÉDITION

7, RUE SAINT-BENOIT

L'ARCHÉOLOGIE ÉGYPTIENNE

CHAPITRE PREMIER

L'ARCHITECTURE CIVILE ET MILITAIRE

L'attention des archéologues qui ont visité l'Égypte a été si fortement attirée par les temples et par les tombeaux que nul d'entre eux ne s'est attaché à relever avec soin ce qui reste des habitations privées et des constructions militaires. Peu de pays pourtant ont conservé autant de débris de leur architecture civile. Sans parler des villes d'époque romaine ou byzantine, qui survivent presque intactes à Kouft, à Kom-Ombo, à El-Agandiyéh, une moitié au moins de la Thèbes antique subsiste à l'est et au sud de Karnak. L'emplacement de Memphis est semé de buttes qui atteignent 15 et 20 mètres de hauteur, et dont le noyau est formé par des maisons en bon état. A Tell-el-Maskhoutah, les greniers de Pithom sont encore debout; à Sân, à Tell-Basta, la cité saïte et ptolémaïque renferme des quartiers dont on pourrait lever le plan. Je ne parle ici que des plus connues; mais combien de localités échappent à la curiosité des voyageurs, où l'on rencontre des ruines d'habitations privées remontant à l'époque des

Ramessides, et plus haut peut-être! Quant aux forteresses, le seul village d'Abydos n'en a-t-il pas deux, dont une est au moins contemporaine de la VIe dynastie? Les remparts d'El-Kab, de Kom-el-Ahmar, d'El-Hibèh, de Dakkèh, même une partie de ceux de Thèbes, sont debout et attendent l'architecte qui daignera les étudier sérieusement.

1º LES MAISONS.

Le sol de l'Égypte, lavé sans cesse par l'inondation, est un limon noir, compact, homogène, qui acquiert en se séchant la dureté de la pierre : les fellahs l'ont employé de tout temps à construire leur maison. Chez les plus pauvres, ce n'est guère qu'un amas de terre façonné grossièrement. On entoure un espace rectangulaire, de 2 ou 3 mètres de large sur 4 ou 5 de long, d'un clayonnage en nervures de palmier, qu'on enduit intérieurement et extérieurement d'une couche de limon; comme ce pisé se crevasse en perdant son eau, on bouche les fissures et on étend des couches nouvelles, jusqu'à ce que l'ensemble ait de 10 à 30 centimètres d'épaisseur, puis on étend au-dessus de la chambre d'autres nervures de palmier mêlées de paille, et on recouvre le tout d'un lit mince de terre battue. La hauteur est variable : le plus souvent, le plafond est très bas, et on ne doit pas se lever trop brusquement de peur de le défoncer d'un coup de tête; ailleurs, il est à 2 mètres du sol ou même plus. Aucune fenêtre, aucune lucarne où pénètrent l'air et la lumière; parfois un trou, pratiqué au milieu du plafond, laisse sortir la fumée du foyer; mais c'est là un raffinement que tout le monde ne connaît pas.

Il n'est pas toujours facile de distinguer au premier coup d'œil celles de ces cabanes qui sont en pisé et celles qui sont en briques crues. La brique égyptienne commune n'est guère que le limon, mêlé avec un peu de sable et de paille hachée, puis façonné en tablettes oblongues et durci au soleil. Un premier manœuvre piochait vigoureusement à l'endroit où l'on voulait bâtir; d'autres emportaient les mottes et les accumu-

FIG. 1. — Fabrication de la brique.

laient en tas, tandis que d'autres les pétrissaient avec les pieds et les réduisaient en masse homogène. La pâte suffisamment triturée, le maître ouvrier la coulait dans des moules en bois dur, qu'un aide emportait et s'en allait décharger sur l'aire à sécher, où il les rangeait en damier, à petite distance l'une de l'autre (fig. 1). Les entrepreneurs soigneux les laissent au soleil une demi-journée ou même une journée entière, puis les disposent en monceaux de manière que l'air circule librement, et ne les emploient qu'au bout d'une semaine ou deux; les autres se contentent de quelques heures d'exposition au soleil et s'en servent humides encore. Malgré cette négligence, le limon est tellement tenace qu'il ne perd pas aisément sa forme : la face tournée au dehors a beau se désagréger sous les influences atmosphériques, si l'on pénètre dans le mur même, on trouve la plupart des briques intactes et séparables les unes des autres. Un bon ouvrier moderne en moule un millier par jour sans se fatiguer; après une semaine d'entraînement, il peut monter à 1,200, à 1,500, voire à 1,800. Les ouvriers anciens, dont l'outillage ne différait pas de l'outillage actuel, devaient obtenir des résultats aussi satisfaisants. Le module qu'ils adoptaient généralement est de $0^m,22, \times 0^m,11, \times 0^m,14$ pour les briques de taille moyenne, $0^m,38, \times 0^m,18, \times 0^m,14$ pour les briques de grande taille; mais on rencontre assez souvent dans les ruines des modules moindres ou plus forts. La brique des ateliers royaux était frappée quelquefois aux cartouches du souverain régnant; celle des usines privées a sur le plat un ou plusieurs signes conventionnels tracés à l'encre rouge, l'empreinte des doigts du mouleur, le cachet d'un fabricant. Le plus grand nombre n'a point de marque qui les distingue. La brique cuite n'a pas été souvent employée avant l'époque romaine, non plus que la tuile plate ou arrondie. La brique émaillée paraît avoir été à la mode dans le Delta. Le plus beau spécimen que j'en aie vu, celui qui est conservé au musée de Boulaq, porte à l'encre noire les noms de Ramsès III; l'émail en est vert, mais d'autres fragments sont colorés en bleu, en rouge, en jaune ou en blanc.

La nature du sol ne permet pas de descendre beaucoup les fondations : c'est d'abord une couche de terre rapportée, qui n'a d'épaisseur que sur l'emplacement des grandes villes, puis un humus fort dense, coupé de minces veines de sable, puis, à partir du niveau des infiltrations, des boues plus ou moins liquides, selon la saison. Aujourd'hui, les maçons indigènes se contentent d'écarter les terres rapportées et jettent les fondations dès qu'ils touchent le sol vierge; si celui-ci est trop loin, ils s'arrêtent à un mètre environ de la surface. Les vieux Égyptiens en agissaient de même : je n'ai rencontré aucune maison antique dont les fondations fussent à plus de $1^m,20$, encore une pareille profondeur est-elle l'exception, et n'a-t-on pas dépassé $0^m,60$ dans la plupart des cas. Souvent, on ne se fatiguait pas à creuser des tranchées : on nivelait l'aire à couvrir, et, probablement après l'avoir arrosée largement pour augmenter la consistance du terrain, on posait les premières briques à même. La maison terminée, les déchets de mortier, les briques cassées, tous les rebuts du travail accumulés formaient une couche de 20 à 30 centimètres : la partie du mur enterrée de la sorte tenait lieu de fondations. Quand la maison à bâtir devait s'élever sur l'emplacement d'une maison antérieure, écroulée de vétusté ou détruite par un accident quelconque, on ne prenait pas la peine d'abattre les murs jusqu'au ras de terre. On égalisait la surface des décombres et on construisait à quelques pieds plus haut que précédemment : aussi chaque ville est-elle assise sur une ou plusieurs buttes artificielles, dont les sommets dominent parfois de 20 ou 30 mètres la campagne environnante. Les historiens grecs attribuaient ce phénomène d'exhaussement à la sagesse des rois, de Sésostris en particulier, qui avaient voulu mettre les cités à l'abri des eaux, et les modernes ont cru reconnaître le procédé employé à cet effet : on construisait des murs massifs de brique, entre-croisés en damier, on comblait les intervalles avec des terres de déblayement, et on élevait les maisons sur ce patin gigantesque. Partout où j'ai fait des fouilles, à Thèbes spécialement, je n'ai rien vu qui répondît à cette description ; les murs entrecoupés qu'on rencontre sous les débris des maisons relativement modernes ne sont que des restes de maisons antérieures, qui reposaient elles-mêmes sur les restes de maisons plus vieilles encore. Le peu de profondeur des fondations n'empêchait pas les maçons de monter hardiment la bâtisse : j'ai noté dans les ruines de Memphis des pans encore debout de 10 et 12 mètres de haut. On ne prenait alors d'autre précaution que d'élargir la base des murs et de voûter les étages (fig. 2). L'épaisseur ordinaire était de 0^m,40 environ pour une maison basse, mais pour une maison à plusieurs étages, on allait jusqu'à 1 mètre ou 1^m,25 ; des poutres, couchées dans la maçonnerie d'espace en espace, la liaient et la consolidaient. Souvent aussi on bâtissait le rez-de-chaussée en moellons bien appareillés et on reléguait la brique aux étages supérieurs. Le calcaire de la montagne voisine est la seule pierre dont on se soit servi régulièrement en pareil cas. Les

FIG. 2.

Maison antique à étages voûtés, contre la muraille nord du grand temple de Médinét-Habou.

fragments de grès, de granit ou d'albâtre qui y sont mêlés, proviennent généralement d'un temple ruiné : les Égyptiens d'alors n'avaient pas plus scrupule que ceux d'aujourd'hui à dépecer leurs monuments dès qu'on cessait de les surveiller.

Les petites gens vivaient dans de vraies huttes qui, pour être bâties en briques, ne valaient guère mieux que les cabanes des fellahs. A Karnak, dans la ville pharaonique, à Kom-Ombo, dans la ville romaine, à Médinét-Habou, dans la ville copte, les maisons de ce genre ont rarement plus de 4 ou 5 mètres de façade; elles se composent d'un rez-de-chaussée que surmontent parfois quelques chambres d'habitation.

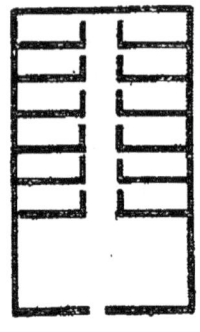

FIG. 3.

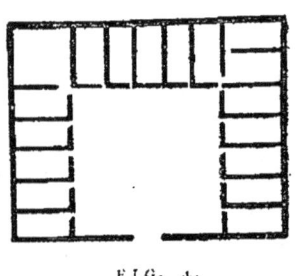

FIG. 4.

Les gens aisés, marchands, employés secondaires, chefs d'ateliers, étaient logés plus au large. Leurs maisons étaient souvent séparées de la rue par une cour étroite : un grand couloir s'ouvrait au fond, le long duquel les chambres étaient rangées (fig. 3). Plus souvent, la cour était garnie de chambres sur trois côtés (fig. 4); plus souvent encore la maison présentait sa façade à la rue. C'était alors un haut mur peint ou blanchi à la chaux, surmonté d'une corniche, et sans ouverture que la porte, ou percé irrégulièrement de quelques fenêtres (fig. 5). La porte était souvent de pierre, même dans les maisons sans prétentions. Les jambages sont en saillie légère sur la paroi, et le linteau est supporté d'une gorge peinte ou sculptée. L'entrée franchie, on passait successivement dans deux petites pièces sombres, dont la dernière prend jour sur la cour centrale (fig. 6). Le rez-de-chaussée servait ordinairement d'étable pour les baudets ou pour les bestiaux, de magasins pour le blé et pour les provisions, de cellier et de cuisine. Partout où les étages supérieurs subsistent encore, ils reproduisent presque sans modifications la distribution du rez-de-chaussée. On y arrivait par un escalier extérieur, étroit et raide, coupé à des intervalles très rapprochés par de petits paliers carrés. Les pièces étaient oblongues et ne recevaient de lumière et d'air que par la porte : lorsqu'on se décidait à percer des fenêtres sur la rue, c'étaient des soupiraux placés presque à la hauteur du plafond, sans régularité ni symétrie, garnis d'une sorte de grille en bois à barreaux espacés, et fermés par un volet plein. Les planchers étaient briquetés ou dallés, plus souvent formés d'une couche de terre battue. Les murs étaient blanchis à la chaux, quel-

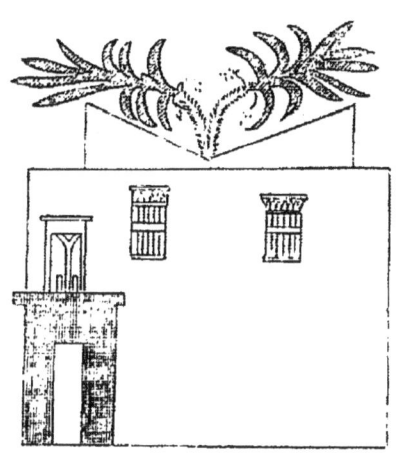

FIG. 5.
Façade d'une maison sur la rue.

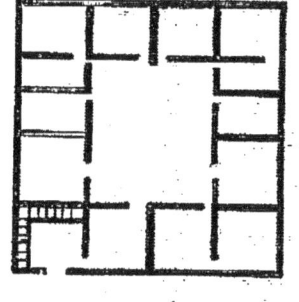

FIG. 6.

quefois peints de couleurs vives. Le toit était plat et fait probablement comme aujourd'hui de branches de palmiers serrées l'une contre l'autre, et couvertes d'un enduit de terre assez épais pour résister à la pluie. Parfois il n'était surmonté que d'un ou deux de ces ventilateurs en bois qu'on rencontre encore si fréquemment en Égypte ; d'ordinaire, on y élevait une ou deux pièces isolées, servant de buanderie ou de dortoir pour les esclaves ou les gardiens. La terrasse et la cour jouaient un grand rôle dans la vie domestique des anciens Égyptiens ; les femmes y préparaient le pain (fig. 7), y cuisinaient, y causaient à l'air libre ; la famille

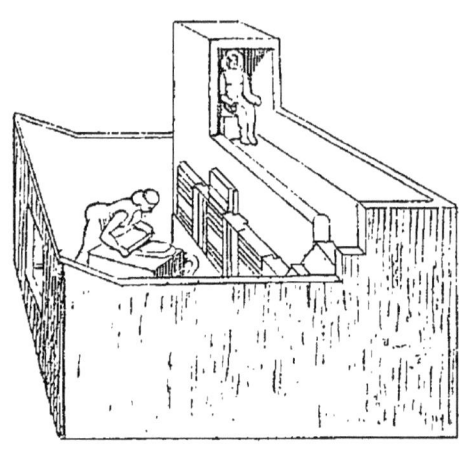

FIG. 7. — Boîte en forme de maison. (British Museum.)

entière y dormait l'été, protégée par des filets contre les attaques des moustiques.

Les hôtels des riches et des seigneurs couvraient une surface considérable : ils étaient situés le plus souvent au milieu d'un jardin ou d'une cour plantée, et présentaient à la rue, ainsi que les maisons bourgeoises, des murs nus, crénelés comme ceux d'une forteresse (fig. 8). La vie domestique était cachée et comme repliée sur elle-même : on sacrifiait le plaisir de voir les passants à l'avantage de n'être pas aperçu du dehors. La porte seule annonçait quelquefois l'importance de la famille qui se dissimulait derrière l'enceinte. Elle était précédée d'un perron de deux ou trois marches, ou d'un portique à colonnes (fig. 9) orné de statues (fig. 10), qui lui donnaient l'aspect monumental; parfois c'était un pylône analogue à celui qui annonçait l'entrée des temples. L'intérieur formait comme une

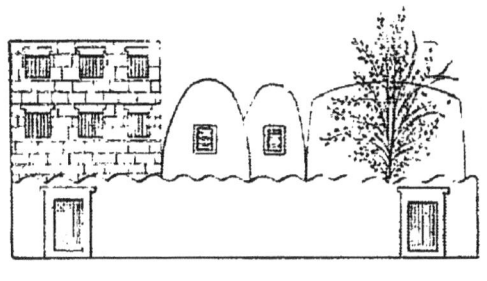

FIG. 8.

petite ville, divisée en quartiers par des murs irréguliers : la maison d'habitation au fond, les greniers, les étables, les communs, répartis aux différents endroits de l'enclos, selon des règles qui nous échap-

FIG. 9.

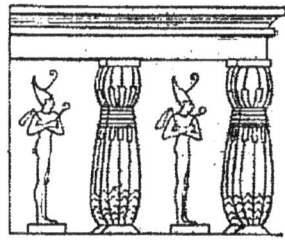

FIG. 10.

pent encore. Les détails de l'agencement devaient varier à l'infini; pour donner une idée de ce qu'était l'hôtel d'un grand seigneur égyptien, moitié palais, moitié villa, je ne puis mieux faire que de reproduire deux des plans nombreux que nous ont conservés les tombeaux de la XVIIIe dynastie. Le premier représente une maison thébaine (fig. 11-12). Le clos est carré entouré d'un mur crénelé. La porte principale s'ouvre sur une route bordée d'arbres, qui longe un canal ou un bras du Nil. Le jardin est divisé en comparti-

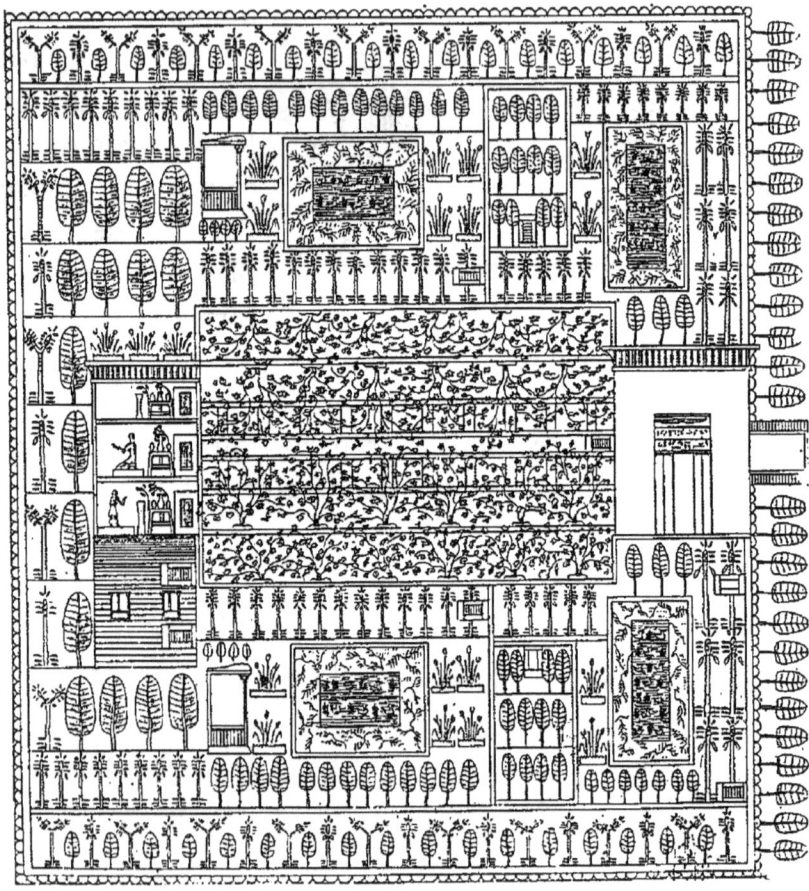

FIG. 11. — Plan d'une maison thébaine avec jardin.

ments symétriques par des murs bas en pierres sèches, analogues à ceux qu'on voit encore dans les grands jardins d'Akhmîm ou de Girgéh; au centre, une vaste treille disposée sur quatre rangs de colonnettes; à droite et à gauche, quatre pièces d'eau peuplées de canards et d'oies, deux pépinières, deux kiosques à jour, et des allées de sycomores, de dattiers et de palmiers-doums; dans le fond, en face de la porte, une maison à deux étages de petites dimensions, surmontée d'une corniche

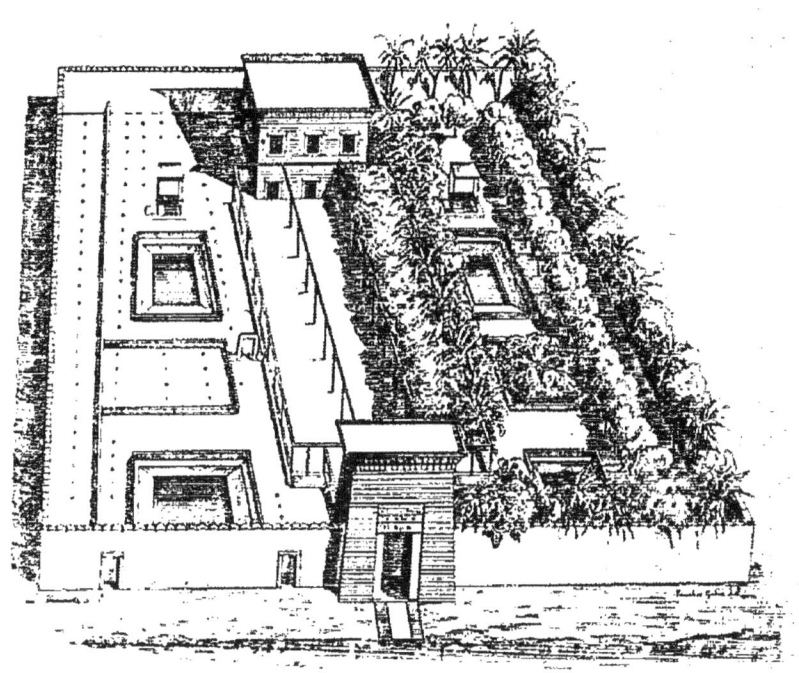

FIG. 12. — Vue perspective de la maison thébaine.

peinte. Le second plan est emprunté aux hypogées de Tell-el-Amarna (fig. 13-14). Il nous montre une maison, située au fond des jardins d'un grand seigneur, Aï, gendre du pharaon Khouniaton et, plus tard, lui-même roi d'Égypte. Un bassin oblong s'étend devant la porte : il est bordé d'un quai en pente douce muni de deux escaliers. Le corps de bâtiment est un rectangle plus large sur la façade que sur les parois latérales.

Une grande porte s'ouvre au milieu et donne accès dans une cour plantée d'arbres et bordée de magasins remplis de provisions : deux petites cours placées symétriquement dans les angles les plus éloignés servent de cage aux escaliers qui mènent sur la terrasse. Ce premier édifice sert comme d'enveloppe au logis du maître. Les deux façades sont ornées d'un portique de huit colonnes, interrompu au milieu par la baie du pylône. La porte franchie, on débouchait dans une sorte de long

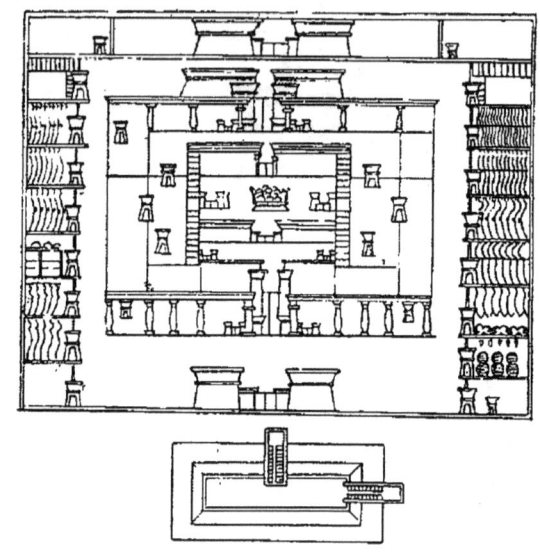

FIG. 13. — Palais d'Aï.

couloir central, coupé par deux murs percés de portes, de manière à former trois cours d'enfilade. Celle du centre était bordée de chambres; les deux autres communiquaient à droite et à gauche avec deux cours plus petites, d'où partaient les escaliers qui montent à la terrasse. Ce bâtiment central était ce que les textes appellent l'*âkhonouti*, la demeure intime du roi et des grands seigneurs, où la famille et les amis les plus proches avaient seuls le droit de pénétrer. Le nombre des étages, la disposition de la façade différaient selon le caprice du propriétaire. Le plus souvent la façade était unie ; parfois elle était divisée en trois corps, et le corps du milieu était en saillie. Les deux ailes sont alors ornées d'un portique à chaque étage (fig. 15), ou surmontées d'une galerie à jour (fig. 16) ; le pavillon central a quelquefois l'aspect d'une tour qui domine le reste de la construction (fig. 17). Les façades sont décorées

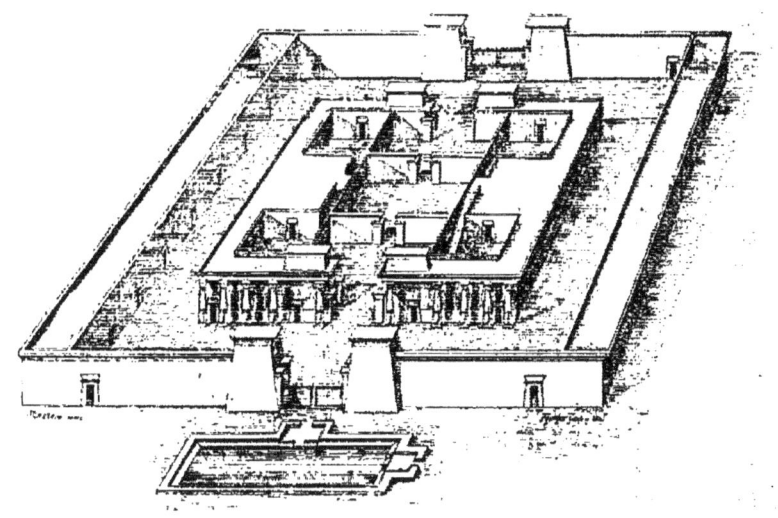

FIG. 14. — Vue perspective du palais d'Aï.

assez souvent de ces longues colonnettes en bois peint qui ne portent rien et servent seulement à égayer l'aspect un peu sévère de l'édifice. La distribution intérieure est peu connue ; comme dans les maisons bourgeoises, les chambres à coucher étaient probablement petites et mal éclairées ; mais, en revanche, les salles de réception devaient avoir à peu près les dimensions adoptées aujourd'hui encore en Égypte, dans les maisons arabes. L'ornementation des parois ne comportait pas des scènes ou des compositions analogues à celles qu'on rencontre dans les tombeaux. Les panneaux étaient passés à la chaux ou revêtus d'une teinte

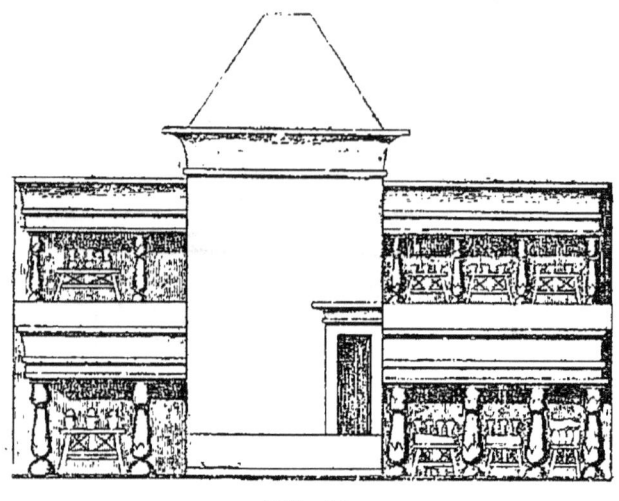

FIG. 15.

uniforme et bordés d'une bande multicolore. Les pla-

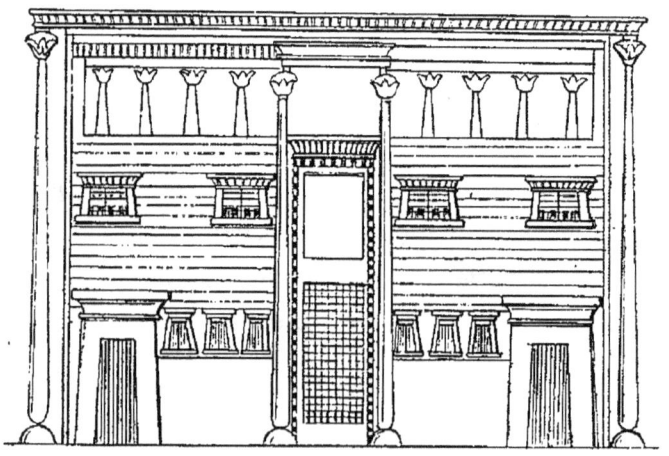

FIG. 16.

fonds étaient d'ordinaire laissés en blanc; parfois, cependant, ils étaient décorés d'ornements géométriques dont les principaux motifs étaient répétés dans les tombeaux et nous ont été conservés de la sorte,

FIG. 17.

des méandres entremêlés de rosaces (fig. 18), des carrés multicolores (fig. 19), des têtes de bœuf vues de face, des enroulements, des vols d'oies (fig. 20).

Je n'ai parlé que du second empire thébain; c'est en effet l'époque pour laquelle nous avons le plus de documents. Les lampes en forme de maisons, qu'on trouve en si grand nombre au Fayoum, montrent qu'au temps des Césars romains, on continuait à bâtir selon les mêmes règles

FIG. 18.

qui avaient eu cours sous les Thoutmos et les Ramsès. Pour l'ancien empire, les renseignements sont peu nombreux et peu clairs. Cependant, on rencontre souvent sur les stèles, dans les hypogées ou dans les cercueils, des dessins qui nous montrent quel aspect avaient les portes

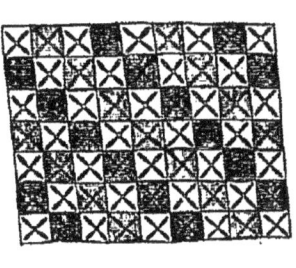
FIG. 19.

(fig. 21), et un sarcophage de la IVe dynastie, celui de Khoutou-Poskhou, est taillé en forme de maison (fig. 22).

2° LES FORTERESSES.

La plupart des villes et même des bourgs importants étaient murés. C'était une conséquence presque nécessaire de la configuration géographique et de la constitution politique du pays. Contre les Bédouins, il avait fallu barrer le débouché des gorges qui mènent au désert; les grands seigneurs féodaux avaient fortifié, contre leurs voisins et contre le roi, la ville où ils résidaient, et les villages de leur domaine qui commandaient les défilés des montagnes ou les passes resserrées du fleuve.

FIG. 20.

Abydos, El-Kab, Semnéh possèdent les forteresses les plus anciennes. Abydos avait un sanctuaire d'Osiris et s'élevait à l'entrée d'une des routes qui conduisent aux Oasis. La renommée du temple y attirait les pèlerins, la situation de la ville y amenait les marchands, la prospérité que lui valait l'affluence des uns et des autres l'exposait aux incursions des Libyens : elle a, aujourd'hui encore, deux forts presque intacts. Le plus vieux est comme le noyau du monticule que les Arabes appellent le Kom-es-soultân, mais l'intérieur seul en a été déblayé jusqu'à 3 ou 4 mètres au-dessus du sol antique; le tracé extérieur des murs n'a pas été dégagé des décombres et du sable qui l'entourent. Dans l'état actuel, c'est un parallélogramme en briques crues de 125 mètres de long sur 68 mètres de large. Le plus grand axe en est tendu du sud au nord. La porte principale s'ouvre dans le mur ouest, non loin de l'angle nord-ouest ; mais deux portes de moindre importance paraissent avoir été ménagées dans le front sud et dans celui de l'est. Les murailles ont perdu quelque peu de leur élévation ; elles mesurent pourtant de 7 à 11 mètres de haut et sont larges d'environ 2 mètres au sommet. Elles ne sont pas bâties d'une seule venue, mais se partagent en grands panneaux verticaux, facilement reconnaissables

FIG. 21.
Porte de maison de l'ancien Empire,
d'après la paroi d'un tombeau
de la VIe dynastie.

à la disposition des matériaux. Dans le premier, tous les lits de briques sont rigoureusement horizontaux ; dans le second, ils sont légèrement concaves et forment un arc renversé, très ouvert, dont l'extrados s'appuie sur le sol ; l'alternance des deux procédés se reproduit régulièrement. La raison de cette disposition est obscure : on dit que les édifices ainsi construits ré-

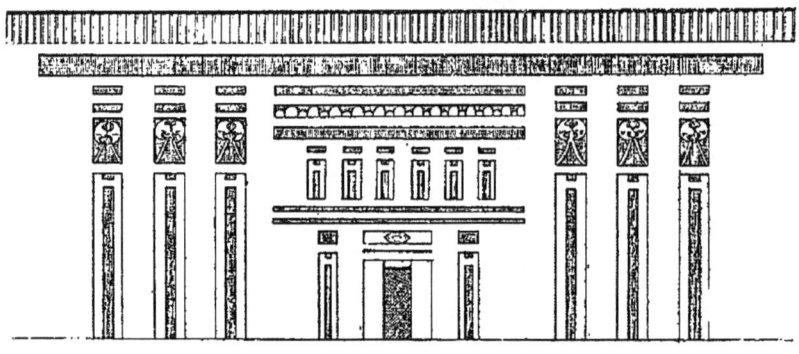

FIG. 22.

sistent mieux aux tremblements de terre. Quoi qu'il en soit, elle est fort ancienne, car, dès la Ve dynastie, les familles nobles d'Abydos envahirent l'enceinte et l'emplirent de leurs tombeaux au point de lui enlever toute valeur stratégique. Une seconde forteresse, édifiée à quelque cent mètres au sud-est, remplaça celle du Kom-es-soultân vers la XVIIIe dynastie, mais faillit avoir le même sort sous les Ramessides ; la décadence subite de la ville l'a seule protégée contre l'encombrement.

Les Égyptiens des premiers temps ne possédaient aucun engin capable de faire impression sur des murs massifs. Ils n'avaient que trois moyens pour enlever de vive force une place fermée : l'escalade, la sape, le bris des portes. Le tracé imposé par leurs ingénieurs au second fort est des mieux calculés pour résister efficacement à ces trois attaques (fig. 23). Il se compose de longs côtés en ligne droite, sans tours ni saillants d'aucune sorte, mesurant 131^m,30 sur les fronts est et ouest, 78 mètres sur les fronts nord et sud. Les fondations

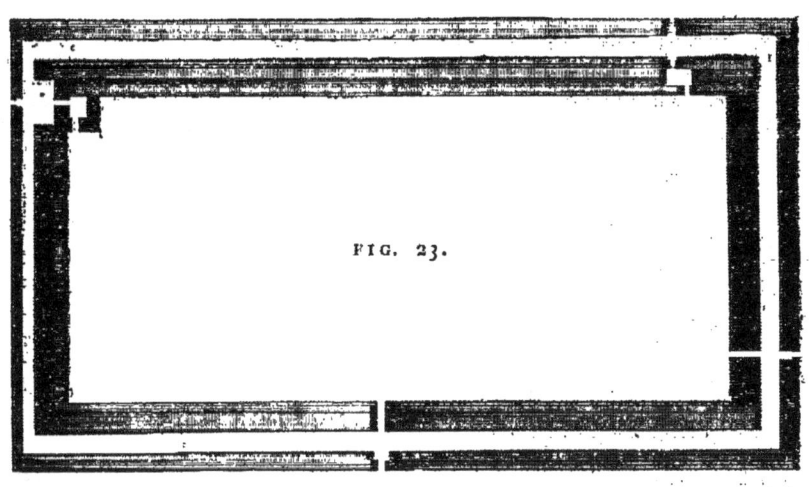

FIG. 23.

portent directement sur le sable et ne descendent nulle part plus bas que 0^m,30. Le mur (fig. 24) est en briques crues, disposées par assises horizontales; il est légèrement incliné en arrière, plein, sans archères ni meurtrières, décoré à l'extérieur de longues rainures prismatiques, semblables à celles qu'on voit sur les stèles de l'ancien Empire. Dans l'état actuel, il domine la plaine de 11 mètres; complet, il ne devait guère monter à plus de 12 mètres, ce qui suffisait amplement pour mettre la garnison à l'abri d'une escalade par échelle portative à dos d'homme. L'épaisseur est d'environ 6 mètres à la base, d'environ 5 mètres au sommet.

La crête est partout détruite, mais les représentations figurées (fig. 25) nous montrent qu'elle était couronnée d'une corniche continue, très saillante, garnie extérieurement d'un parapet mince assez bas, crénelé à merlons arrondis, rarement quadrangulaires. Le chemin de ronde, même diminué de l'épaisseur du parapet, devait atteindre encore 4 mètres ou 4^m,50. Il courait sans interruption le long des quatre fronts ; on y montait par des escaliers étroits, pratiqués dans la maçonnerie et détruits aujourd'hui.

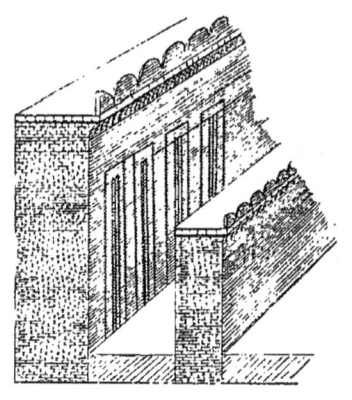

FIG. 24.

Point de fossé : pour défendre le pied du mur contre la pioche des sapeurs, on a tracé, à 3 mètres en avant, une chemise crénelée haute de 5 mètres ou environ. Toutes ces précautions étaient suffisantes contre la sape et l'escalade, mais les portes restaient comme autant de brèches béantes dans l'enceinte ; c'était le point faible sur lequel l'attaque et la défense concentraient leurs efforts. Le fort d'Abydos avait deux portes, dont la principale était située dans un massif épais, à l'extrémité orientale du front est (fig. 26). Une coupure étroite A, barrée par

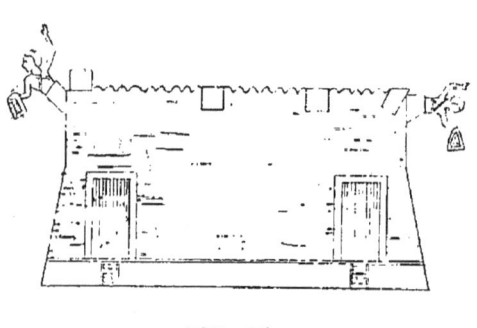

FIG. 25.

de solides battants de bois, en marquait la place dans l'avant-mur. Par derrière, s'étendait une petite place d'armes B, à demi creusée dans l'épaisseur du mur, au fond de laquelle était pratiquée une seconde porte C, aussi resserrée que la première. Quand l'assaillant l'avait forcée sous la pluie de projectiles que les défenseurs, postés au haut des murailles, faisaient pleuvoir sur lui de face et des deux côtés, il n'était pas encore au cœur de la place; il traversait une cour oblongue D, resserrée entre les murs extérieurs et entre deux contreforts qui s'en détachaient à angle droit, et s'en allait briser à découvert une dernière poterne E, placée à dessein dans le recoin le plus incommode. Le principe qui présidait à la construction des portes était partout le même, mais les dispositions variaient au gré de l'ingénieur.

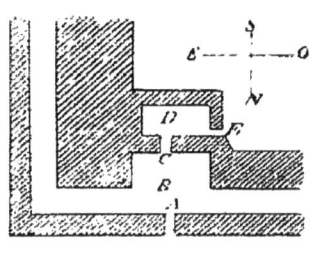

FIG. 26.

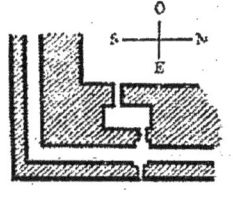

FIG. 27.

A la porte sud-est d'Abydos (fig. 27), la place d'armes située entre les deux enceintes a été supprimée, et la cour est tout entière dans l'épaisseur du mur; à Kom-el-Ahmar, en face d'El-Kab (fig. 28), le massif de briques, au milieu duquel la porte est percée, fait saillie sur le front de défense. Des poternes, réservées en différents endroits, facilitaient les mouvements de la garnison et lui permettaient de multiplier les sorties.

Le même tracé qu'on employait pour les forts isolés prévalait également pour les villes. Partout, à Héliopolis, à Sân, à Saïs, à Thèbes, ce sont des murs droits, sans tours ni bastions, formant des carrés ou des parallélogrammes allongés, sans fossés ni avancées; l'épaisseur des murs, qui varie entre 10 et 20 mètres, rendait ces précautions inutiles. Les portes, au moins les principales, avaient des jambages et un linteau en pierre, dé-

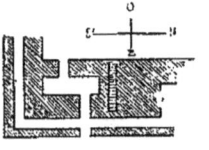

FIG. 28.

corés de tableaux et de légendes; témoin celle d'Ombos, que Champollion vit encore en place et qui date du règne de Thoutmos III. La plus vieille et la mieux conservée des villes fortes d'Égypte, celle d'El-Kab, remonte probablement jusqu'à l'ancien Empire (fig. 29). Le Nil en a détruit une partie depuis quelques années; au commencement du siècle,

FIG. 29.

elle formait un quadrilatère irrégulier, dont les grands côtés mesuraient 640 mètres et les petits environ un quart en moins. Le front sud présente la même disposition qu'au Kom-es-soultân, des panneaux où les lits de briques sont horizontaux, alternant avec d'autres panneaux où ils sont concaves. Sur les fronts nord et ouest, les lits sont ondulés régulièrement et sans interruption d'un bout à l'autre. L'épaisseur est de 11m,50, la hauteur moyenne de 9 mètres; des rampes larges et commodes mènent au chemin de ronde. Les portes sont placées irrégulièrement, une sur chacune des faces nord, est et ouest; la face méridionale n'en avait point. Elles sont trop mal conservées pour qu'on en reconnaisse le plan. L'enceinte renfermait une population considérable, mais inégalement répartie; le gros était concentré au nord et à l'ouest, où les fouilles ont découvert les restes d'un grand nombre de maisons. Les temples étaient rassemblés

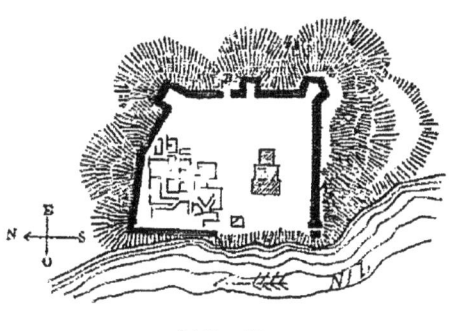

FIG. 30.

dans une enceinte carrée, qui avait le même centre que la première; c'était comme un réduit, où la garnison pouvait résister, longtemps après que le reste de la ville était aux mains des ennemis.

Le tracé à angle droit, excellent en plaine, n'était pas souvent applicable en pays accidenté; lorsque le point à fortifier était sur une colline, les ingénieurs égyptiens savaient adapter la ligne de défense au relief du terrain. A Kom-Ombo (fig. 30), les murs suivent exactement le contour de la butte isolée sur laquelle la ville était perchée, et présentaient à l'Orient un front hérissé de saillies irrégulières, dont le dessin rappelle grossièrement celui de nos bastions. A Koumméh et à Semnéh, en Nubie, à l'endroit où le Nil s'échappe des rochers de la seconde cataracte, les dispositions sont plus ingénieuses et témoignent d'une véritable habileté. Le roi Ousirtasen III avait fixé en cet endroit la frontière de l'Égypte; les forteresses qu'il y construisit devaient barrer la voie d'eau aux flottes des Nègres voisins. A Koumméh, sur la rive droite, la position était naturellement très forte (fig. 31). Sur une éminence bordée de rochers abrupts, on dessina un carré irrégulier de 60 mètres environ de côté; deux contreforts allongés dominent, l'un, au nord, les sentiers qui conduisent à la porte, l'autre, au sud, le cours du fleuve. L'avant-mur s'élève à 4 mètres en avant et suit fidèlement le mur principal, sauf en deux points, aux angles nord-ouest et sud-est, où il présente deux saillies en forme de bastion. Sur l'autre rive, à Semnéh, la position était moins bonne; le côté oriental était protégé par une ceinture de rochers qui descend à pic jusqu'au fleuve, mais les trois autres faces étaient à peu près nues (fig. 32). Un mur droit, haut de 15 mètres environ, fut établi le long du Nil; au contraire, les murs tournés vers la plaine montèrent jusqu'à la hauteur de 25 mètres et se hérissèrent de contreforts, longs de 15 mètres, épais de 9 mètres à la base et de 4 mètres au sommet et disposés à intervalles irréguliers selon les besoins de la défense. Ces éperons, non garnis de parapets, tenaient

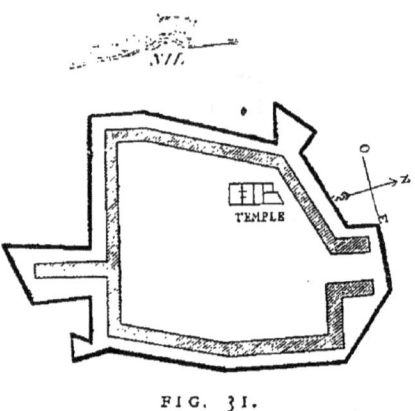

FIG. 31.

lieu de tours : ils augmentaient la force du tracé, défendaient l'accès du chemin de ronde et battaient en flanc les soldats qui auraient voulu tenter une attaque de haute main contre l'enceinte continue. L'intervalle qui les sépare est calculé de manière que les archers puissent balayer de leurs flèches tout le terrain compris entre eux. Courtines et saillants sont en briques crues entremêlées de poutres couchées horizontalement dans la maçonnerie ; la surface extérieure en est formée de deux parties, l'une à peu près verticale, l'autre inclinée de 160 degrés environ sur la première, ce qui rendait l'escalade sinon impossible, au moins fort difficile. Intérieurement tout l'espace compris dans l'enceinte avait été haussé presque jusqu'au niveau du chemin de ronde, en manière de terre-plein (fig. 33). Au dehors, l'avant-mur en pierres sèches était séparé du corps de la place par un fossé de 30 à 40 mètres de large ; il épousait

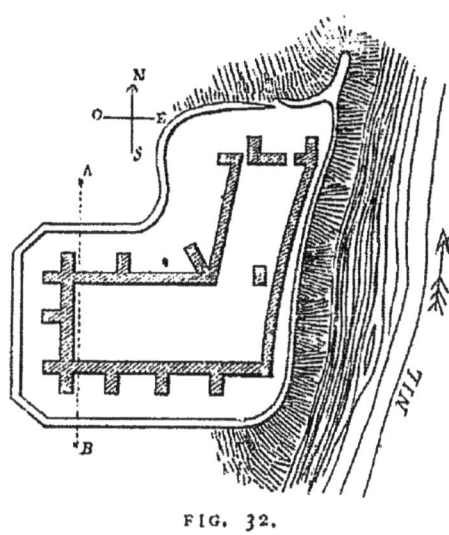

FIG. 32.

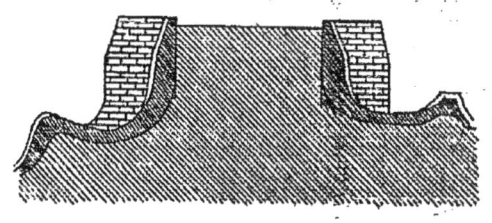

FIG. 33.
Coupe du terre-plein, sur A B
du plan précédent.

assez exactement le contour général et dominait la plaine de 2 ou 3 mètres, selon les endroits ; vers le nord, il était coupé par le chemin tournant qui descend en plaine. Ces dispositions, si habiles qu'elles fussent, n'empêchèrent point la place de succomber ; une large brèche pratiquée au sud, entre les deux saillants les plus rapprochés du fleuve, marque le point d'attaque choisi par l'ennemi.

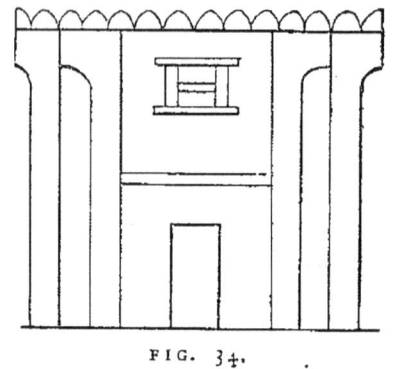

FIG. 34.

Les grandes guerres entreprises en Asie sous la XVIIIe dynastie révélèrent aux Égyptiens des formes nouvelles de fortifications. Les nomades de la Syrie méridionale avaient des fortins où ils se réfugiaient sous la menace de l'invasion (fig. 34). Les villes cananéennes et hittites, Ascalon, Dapour, Mérom, étaient entourées de murailles puissantes, le plus souvent en pierre et flanquées de tours (fig. 35) ; celles d'entre elles qui s'élevaient en plaine, comme Qodshou, étaient enveloppées d'un double fossé rempli d'eau (fig. 36). Les Pharaons transportèrent

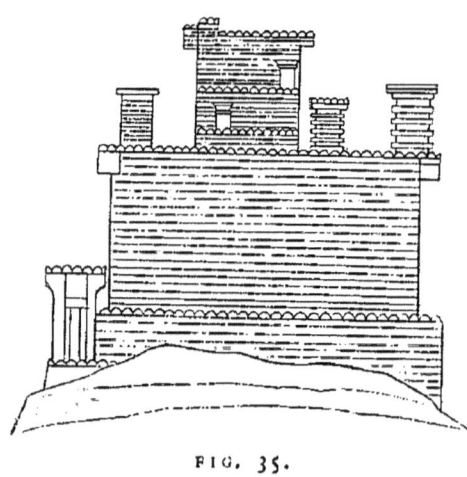

FIG. 35.
La ville de Dapoûr.

dans la vallée du Nil les types nouveaux dont ils avaient éprouvé l'efficacité dans leurs campagnes. Dès les commencements de la XIXe dynastie, la frontière

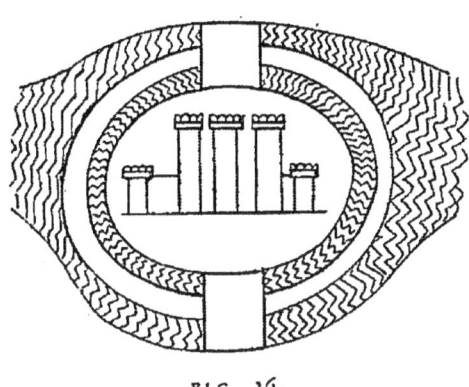

FIG. 36.

orientale du Delta, la plus faible de toutes, était couverte d'une ligne de forts analogues aux forts cananéens; non contents de prendre la chose, les Égyptiens avaient pris le mot et donnaient à ces tours de garde le nom sémitique de *magadîlou*. La brique ne parut plus dès lors assez solide, au moins pour les villes exposées aux incursions des peuplades asiatiques, et les murs d'Héliopolis, ceux de Memphis même, se revêtirent de pierre. Rien ne nous est resté jusqu'à présent de ces forteresses nouvelles, et nous en serions réduits à nous figurer, d'après les peintures, l'aspect qu'elles pouvaient avoir, si un caprice royal ne nous en

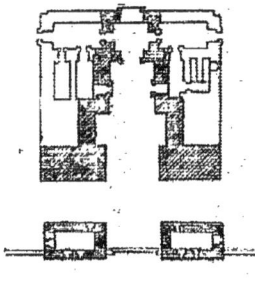

FIG. 37.
Plan du pavillon
de Médinét-Habou.

avait laissé un modèle dans un des endroits où on s'attendait le moins à le rencontrer, dans la nécropole de Thèbes. Quand Ramsès III établit son temple funéraire (fig. 37 et 38), il voulut l'envelopper d'une enceinte à l'apparence militaire, en souvenir de ses victoires syriennes. Un avant-mur en pierre, crénelé, haut de 4 mètres en moyenne, court le long du flanc est; la porte est pratiquée au milieu, sous la protection d'un gros bastion quadrangulaire. Elle était large de 1 mètre, et flanquée de deux petits corps de garde oblongs, dont les terrasses s'élèvent d'environ 1^m,50 au-dessus du rempart. Dès qu'on l'a franchie, on se trouve

FIG. 38.

devant un véritable *Migdol* : deux corps de logis, embrassant une cour qui va se rétrécissant par ressauts, et réunis par un bâtiment à deux étages, percé d'une porte longue. Les faces orientales des tours sont assises sur un soubassement incliné en talus, haut de 5 mètres environ. Il était à deux fins : d'abord il augmentait la force de résistance du mur à l'endroit où on pouvait le saper, ensuite les projectiles qu'on jetait d'en haut, ricochant avec force sur l'inclinaison du plan, tenaient l'assaillant à distance. La hauteur totale est de 22 mètres, et la largeur de 25 mètres sur le devant; les portions situées sur le derrière, à droite et à gauche de la porte, ont été détruites dès l'antiquité. Les détails de l'ornementation sont adaptés au caractère moitié religieux, moitié triomphal de l'édifice ; il n'est pas probable que les forteresses réelles fussent décorées de consoles et de bas-reliefs analogues à ceux qu'on voit sur les côtés de la place d'armes. Tel qu'il est, le *pavillon* de Médinét-Habou est un exemple unique des perfectionnements que les Pharaons conquérants avaient apportés à l'architecture militaire.

Passé le règne de Ramsès III, les documents nous font presque entièrement défaut. Vers la fin du XIe siècle avant notre ère, les grands prêtres d'Ammon réparèrent les murs de Thèbes, de Gébéléin et d'El-Hibéh en face de Feshn. Le morcellement du pays sous les successeurs de Sheshonq obligea les princes des nomes à augmenter le nombre des places fortes ; la campagne de Piônkhi, sur les bords du Nil, est une suite de sièges heureux. Rien, toutefois, ne nous autorise à penser que l'art de la fortification ait fait alors des progrès sensibles : quand les Pharaons grecs se substituèrent aux indigènes, ils le trouvèrent probablement tel que l'avaient constitué les ingénieurs de la XIXe et de la XXe dynastie.

§ 3. — LES TRAVAUX D'UTILITÉ PUBLIQUE.

Un réseau permanent de routes est inutile dans un pays comme l'Égypte ; le Nil y est le chemin naturel du commerce, et des sentiers courant entre les champs suffisent à la circulation des hommes, à la menée des bestiaux, au transport des denrées de village à village. Des bacs payants pour passer d'une rive à l'autre du fleuve, des gués partout où le peu de profondeur des eaux le permettait, des levées de terre jetées à demeure en travers des canaux, complétaient le système. Les ponts étaient rares; on n'en connaît jusqu'à présent qu'un seul sur le territoire égyptien, encore ne sait-on s'il était long ou court, en pierre ou en bois, supporté d'arches ou lancé d'une volée. Il franchissait, sous les murs mêmes de Zarou, le canal qui séparait le front oriental du Delta des régions désertes de l'Arabie Pétrée; une enceinte fortifiée en couvrait le débouché du côté de l'Asie (fig. 39). L'entretien des voies de communication, qui coûte si cher aux peuples modernes, entrait donc pour une très petite part dans la dépense des Pharaons; trois grands services restaient seuls à leur charge, celui des entrepôts,

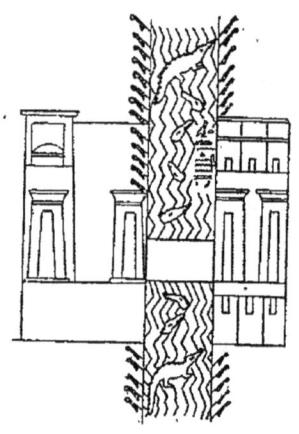

FIG. 39.

celui des irrigations, celui des mines et carrières.

Les impôts étaient perçus et les traitements des fonctionnaires payés en nature. On distribuait chaque mois aux ouvriers du blé, de l'huile et du vin, de quoi nourrir leur famille, et, du haut en bas de l'échelle hiérarchique, chacun recevait en échange de son travail des bestiaux, des étoffes, des objets manufacturés, certaines quantités de cuivre ou de métaux précieux. Les employés du fisc devaient donc avoir à leur disposition de vastes magasins où serrer les parties rentrées de l'impôt. Chaque catégorie avait son quartier distinct, clos de murs et fourni de gardiens vigilants, larges étables pour les bêtes, celliers où les amphores étaient empilées en couches régulières ou pendues en ligne le long des murs, avec la date de la récolte écrite sur la panse (fig. 40), greniers en forme de four, où le grain était versé par une lucarne pratiquée dans le haut et sortait par une trappe ménagée près du sol (fig. 41). A Toukou, la Pithom de M. Naville, ce sont des chambres rectangulaires (fig. 42), de taille différente, jadis parquetées et sans communication l'une avec l'autre : le blé, introduit par le toit, suivait, pour ressortir, le chemin qu'il avait pris pour entrer. Au Ramesséum de Thèbes, des milliers d'ostraca et de tampons de jarres ramassés sur les lieux prouvent que les ruines en briques situées immédiatement derrière le temple renfermaient les celliers du dieu ; les chambres sont de longs couloirs voûtés, accolés l'un à l'autre et surmontés autrefois d'une plate-forme unie (fig. 43). Philæ, Ombos, Daphnæ, la plupart des villes frontières du Delta possèdent des entrepôts de ce genre, et l'on en découvrira bien d'autres le jour où l'on s'avisera de les chercher sérieusement.

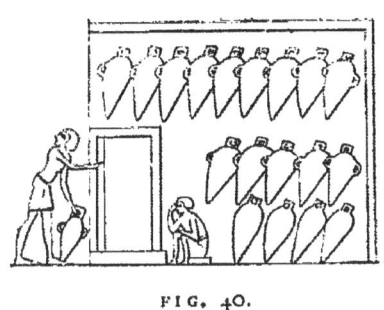

FIG. 40.

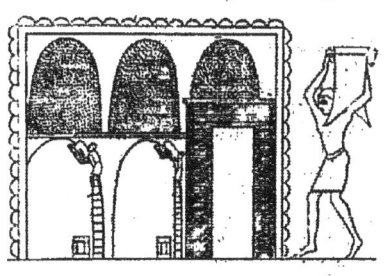

FIG. 41.

Le régime des eaux ne s'est pas modifié sensiblement depuis l'antiquité. Quelques canaux ont été creusés, un plus grand nombre se sont bouchés par la négligence des maîtres du pays ; mais les tracés et les méthodes de percement sont demeurés les mêmes. Elles n'exigent point de travaux d'art considérables. Partout où j'ai pu étudier les vestiges de canaux anciens, je n'ai relevé aucune trace de maçonnerie aux prises d'eau ou sur les points faibles du parcours. Ce sont de simples fossés à pic, larges de

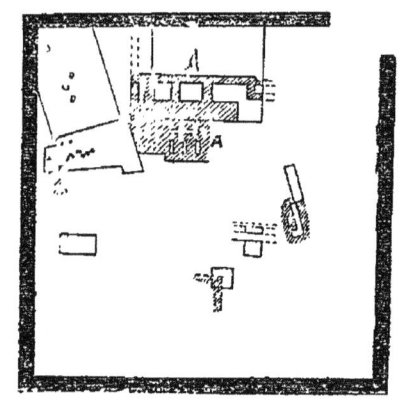

FIG. 42.

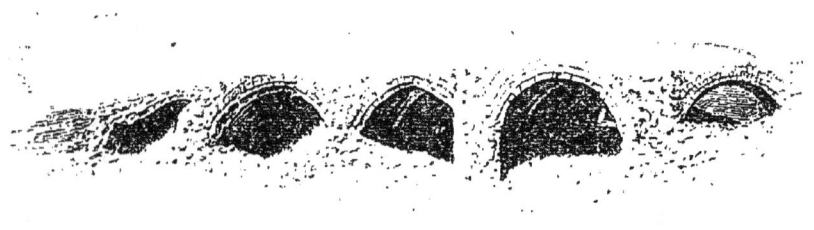

FIG. 43.

6 à 20 mètres ; les terres extraites pendant l'opération étaient rejetées à droite et à gauche, et formaient, au-dessus de la berge, des talus irréguliers de 2 à 4 mètres de haut. Ils marchent en ligne droite, mais sans obstination ; le moindre mouvement de terrain les décide à dévier et à décrire des courbes immenses. Des digues, tirées capricieusement de la montagne au Nil, les

coupent d'espace en espace et divisent la vallée en bassins, ou l'eau séjourne pendant les mois d'inondation. Elles sont d'ordinaire en terre, quelquefois en briques cuites, comme dans la province de Girgéh, très rarement en pierre de taille, comme cette digue de Koshéish que Mini construisit au début des temps, afin de détourner à l'orient la branche principale du Nil, et d'assainir l'emplacement où il fonda Memphis. Le réseau avait son origine près du Gebel-Silsiléh, et courait jusqu'à la mer sans s'écarter du fleuve, si ce n'est une fois près de Béni-Souef, pour jeter un de ses bras dans la direction du Fayoum. Il franchissait la montagne près d'Illahoun, par une gorge étroite et sinueuse, approfondie peut-être à main d'homme, et se ramifiant en patte d'oie; les eaux, après avoir arrosé le canton, s'écoulaient, les plus proches dans le Nil, par la route même qui les avait amenées; les autres, dans plusieurs lacs sans issue, dont le plus grand s'appelle aujourd'hui Birkét-Qéroun. S'il fallait en croire Hérodote, les choses ne se seraient point passées aussi simplement. Le roi Mœris aurait voulu établir au Fayoum un réservoir destiné à corriger les irrégularités de l'inondation; on l'appelait, d'après lui, le lac Mœris. La crue était-elle insuffisante ? L'eau, emmagasinée dans ce bassin, puis relâchée au fur et à mesure que le besoin s'en faisait sentir, maintenait le niveau à hauteur convenable sur toute la moyenne Égypte et sur les régions occidentales du Delta. L'année d'après, si la crue s'annonçait trop forte, le Mœris en recevait le surplus et le gardait jusqu'au moment où le fleuve commençait à baisser. Deux pyramides, couronnées chacune d'un colosse assis, représentant le roi fondateur et sa femme, se dressaient au milieu du lac. Voilà le récit d'Hérodote : il a singulièrement embarrassé les ingénieurs et les géographes. Comment en effet trouver dans le Fayoum un emplacement convenable pour un bassin qui n'avait pas moins de quatre-vingt-dix milles de pourtour? La théorie la plus accréditée de nos jours est celle de Linant, d'après laquelle le Mœris aurait occupé une dépression de terrain le long de la chaîne libyque, entre Illahoun et Médinéh; mais les explorations les plus récentes ont montré que les digues assignées pour limites à ce prétendu réservoir sont modernes et n'ont peut-être pas deux siècles de durée. Je ne crois plus à l'existence du Mœris. Si Hérodote a jamais visité le Fayoum, cela a dû être pendant l'été, au temps du haut Nil, quand le pays entier offre l'aspect d'une véritable mer. Il a pris pour la berge d'un lac permanent les levées qui divisent les bassins et font communiquer les villes entre elles. Son récit, répété par les écrivains anciens, a été accepté par nos contemporains, et l'Égypte, qui n'en pouvait mais, a été gratifiée après coup d'une œuvre gigantesque, dont l'exécution aurait été le vrai titre de gloire de ses ingénieurs, si elle avait jamais existé. Les seuls travaux qu'ils aient entrepris en ce genre ont de moindres prétentions; ce sont des barrages en pierre élevés à l'entrée de plusieurs des Ouadys qui descendent des montagnes jusque dans la vallée. L'un des plus importants a été signalé en 1885 par le docteur Schweinfurth, à sept kilomètres au sud-est des bains d'Hélouan, au débouché de l'Ouady Guerraouî (fig. 44).

Il servait à deux fins, d'abord à emmagasiner de l'eau pour les ouvriers qui exploitaient les carrières d'albâtre cristallin d'où sont sortis les blocs les plus grands des pyramides de Gizéh, puis à retenir les torrents qui se forment parfois dans le désert à la suite des pluies de l'hiver et du printemps. Le ravin qu'il fermait a soixante-six mètres de large et douze ou quinze mètres de hauteur moyenne. Trois couches successives d'une épaisseur totale de quarante-cinq mètres avaient été jugées suffisantes : en aval, une masse d'argile et de débris tirés des berges (A), puis un amas de gros blocs calcaires, enfin un mur de pierre de taille, dont les assises, disposées en retraite l'une sur l'autre, simulaient une sorte d'escalier monumental (B). Trente-deux degrés subsistent encore, sur trente-cinq qu'il y avait primitivement, et un quart environ du barrage s'est maintenu dans le voisinage de chacune des berges; le torrent a balayé la partie du milieu (fig. 45). Une digue analogue avait transformé le fond de l'Ouady Gennéh en un petit lac ou les mineurs du Sinaï venaient s'approvisionner d'eau. La plupart des localités d'où l'Égypte tirait ses métaux et ses pierres de choix étaient d'accès malaisé et n'auraient été d'aucun profit, si on

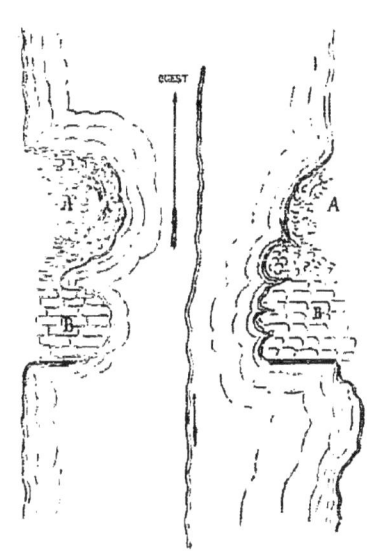

FIG. 44.

n'avait eu soin d'en faciliter les avenues et d'en rendre le séjour moins insupportable par des travaux de ce genre. Pour aller chercher le diorite et le granit gris de l'Ouady Hammamât, les Pharaons avaient jalonné la route de citernes taillées dans le roc. Quelques maigres sources, captées habilement et recueillies dans des réservoirs, avaient permis d'établir des villages entiers d'ouvriers aux carrières et aux mines d'or ou d'émeraude des bords de la mer Rouge ; des centaines d'engagés volontaires, d'esclaves ou de criminels condamnés par les tribunaux y vivaient misérablement, sous le bâton d'une dizaine de chefs de corvée, et sous la surveillance brutale d'une compagnie de soldats mercenaires, libyens ou nègres.

FIG. 45.

La moindre révolution en Égypte, une guerre malheureuse, un changement de règne troublé, compromettait l'existence factice de ces établissements : les ouvriers désertaient, les Bédouins harcelaient la colonie, les garde-chiourme s'impatientaient et rentraient dans la vallée du Nil, et l'exploitation cessait de se faire régulièrement. Aussi, les pierres de choix qu'on ne trouvait qu'au désert, le diorite, le basalte, le granit noir, le porphyre, les brèches vertes ou jaunes, n'étaient-elles pas d'usage fréquent en architecture ; comme il fallait mettre sur pied, pour les avoir, de véritables expéditions de soldats et d'ouvriers, on les réservait aux sarcophages et aux statues de prix. Les carrières de calcaire, de grès, d'albâtre, de granit rose, qui ont fourni les matériaux des temples et des monuments funéraires, étaient toutes dans la vallée et d'abord facile. Quand la veine qu'on avait résolu d'attaquer courait dans une des couches basses de la montagne, on y creusait des couloirs et des chambres qui s'enfoncent parfois assez loin. Des piliers carrés, ménagés d'espace en espace, soutenaient le plafond, et des stèles, gravées aux endroits les plus apparents, apprenaient à la postérité le nom du roi et des ingénieurs qui avaient commencé ou repris les travaux. Plusieurs de ces carrières épuisées ou abandonnées ont été transformées en chapelles; ainsi le Spéos-Artemidos, que Thoutmos III et Séti Ier consacrèrent à la déesse locale Pakhit. Les plus importantes de celles qui donnaient le calcaire sont à Tourah et à Massarah, presque en face de Memphis. La pierre en était très recherchée des sculpteurs et des architectes; elle se prête merveilleusement à toutes les délicatesses du ciseau, durcit à l'air et se revêt d'une patine dont les tons crémeux reposent l'œil. Les gisements de grès les plus vastes étaient à Silsilis (fig. 46), et on les exploitait à ciel ouvert. Ils offrent des escarpements de quinze à seize mètres, quelquefois dressés à pic dans toute leur hauteur, quelquefois divisés en étages où l'on arrive au moyen d'escaliers à peine assez larges pour un seul homme. Les parois en sont couvertes de stries parallèles, tantôt horizontales, tantôt inclinées alternativement de gauche à droite ou de droite à gauche, de manière à former des lignes de chevrons très obtus, et serrées, comme en un cadre rectangulaire, entre des rainures larges de trois ou quatre centimètres, longues de deux ou même de trois mètres; ce sont les cicatrices de l'outil antique, et elles nous montrent comment les Égyptiens s'y prenaient pour détacher les blocs. On les dessinait sur place à l'encre rouge, quelquefois en la forme qu'ils devaient avoir dans l'édifice projeté ; les membres de la commission d'Égypte copièrent dans les carrières du Gebel Abou-Fôdah les épures et la mise au carreau de plusieurs chapiteaux, un lotiforme, les autres à

FIG. 46.

tête d'Hathor (fig. 47). Ce premier travail achevé, on séparait les faces verticales à l'aide d'un long ciseau en fer qu'on enfonçait perpendiculairement ou obliquement à grands coups de maillet ; pour détacher les faces horizontales, on se servait uniquement de coins en bois ou en bronze, disposés dans le sens des couches de la montagne. Les blocs recevaient souvent une première façon sur le lit ; on voit à Syène un obélisque de granit, à Tehnéh des fûts de colonne à demi dégagés. Le transport s'opérait de diverses manières. A Syène, à Silsilis, au Gebel Sheikh Haridi, au Gebel Abou-Fôdah, les carrières sont baignées littéralement par les flots du Nil et la pierre descend presque directement de sa place aux chalands. A Kasr-es-Sayad, à Tourah, dans les localités éloignées de la rive, des canaux creusés exprès amenaient les barques jusqu'au pied de la montagne. Où l'on devait renoncer au transport par eau, la pierre était chargée sur des traîneaux tirés par des bœufs (fig. 48), ou cheminait jusqu'à destination à bras d'homme et sur des rouleaux.

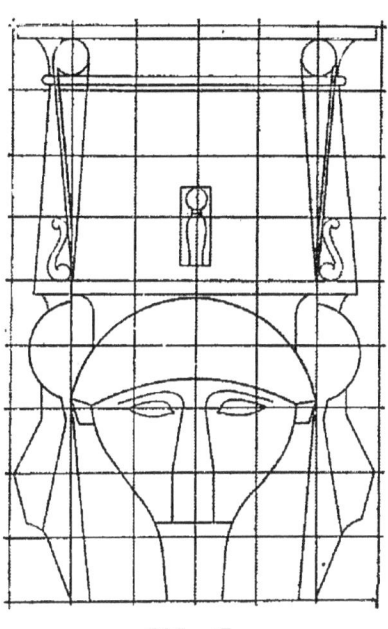

FIG. 47.

FIG. 48.

CHAPITRE II

L'ARCHITECTURE RELIGIEUSE

La brique fait presque tous les frais de l'architecture civile et militaire ; elle ne joue qu'un rôle secondaire dans l'architecture religieuse. Les Pharaons avaient l'ambition d'élever aux dieux des demeures éternelles, et la pierre seule leur paraissait assez durable pour résister aux attaques des hommes et du temps.

§ 1. — MATÉRIAUX ET ÉLÉMENTS DE LA CONSTRUCTION.

C'est un préjugé de croire que les Égyptiens ne mettaient en œuvre que des blocs de dimensions considérables. La grosseur de leurs matériaux variait beaucoup selon l'usage auquel ils les destinaient. Les architraves, les fûts de colonnes, les linteaux et les montants de porte atteignaient quelquefois des dimensions considérables. Les architraves les plus longues que l'on connaisse, celles qui recouvrent l'allée centrale de la salle hypostyle à Karnak, ont en moyenne 9^m,20 ; elles représentent chacune une masse de 31 mètres cubes et un poids de 65,000 kilogrammes environ. D'ordinaire, les blocs ne sont pas beaucoup plus forts que ceux dont on se sert aujourd'hui en France; la hauteur en est de 0^m,80 à 1^m,20, la longueur de 1 mètre à 2^m,50, l'épaisseur de 0^m,50 à 1^m,80.

Quelques temples sont en une seule sorte de pierre ; le plus souvent, les matériaux d'espèce différente sont juxtaposés à proportions inégales. Ainsi, le gros œuvre des temples d'Abydos est un calcaire très fin ; les colonnes, les architraves, les montants et les linteaux des portes, toutes les parties où l'on craignait que le calcaire n'eût pas une force de résistance suffisante, sont en grès dans l'édifice de Séti Ier, en grès, en granit ou en albâtre dans celui de Ramsès II. A Karnak, à Louxor, à Tanis, à Memphis, on remarque des mélanges analogues; au Ramesséum et dans quelques temples de Nubie, les colonnes reposent sur des massifs de briques crues. La pierre à pied d'œuvre, les ouvriers la taillaient avec plus ou moins de soin, selon qu'elle devait occuper telle ou telle position. Quand les murs étaient de médiocre épaisseur, comme c'est généralement le cas des murs de refend, on la parait exactement sur toutes les faces. Lorsqu'ils étaient épais, les blocs du noyau étaient dégrossis de manière à rappeler le plus possible la forme cubique et à s'empiler les uns sur les autres sans trop de difficulté, sauf à combler les vides avec des éclats plus petits, du caillou, du ciment; on coupait ceux du parement avec soin sur la face destinée à être vue, on dressait les joints aux deux tiers ou aux trois quarts de la longueur, et on piquait simplement le reste de la queue. Les pièces les plus fortes étaient réservées aux parties basses des édifices, et cette précaution était d'autant plus nécessaire que les architectes d'époque pharaonique ne descendaient pas les fondations des temples beaucoup plus qu'ils ne faisaient celles des maisons. A Karnak, elles ne s'enfoncent guère qu'à 2 ou 3 mètres ; à Louxor, dans la partie qui borde le fleuve, trois assises d'environ 0^m,80 de haut chacune forment un patin gigantesque sur lequel reposent les murs ; au Ramesséum, la couche de briques sèches sur laquelle pose la colonnade ne paraît pas avoir plus de 2 mètres ; ce sont là des profondeurs insignifiantes, mais l'expérience des siècles a prouvé qu'elles suffisaient. L'humus compact et dur qui compose partout le sol de la vallée subit chaque année, au moment du retrait des eaux, une contraction qui le rend à peu près incompressible ; le poids des maçonneries, augmentant graduellement au cours de la construction, lui fait bientôt atteindre le maximum de tassement et achève d'assurer à l'édifice une assiette solide. Partout où j'ai mis au jour le pied des murs, j'ai constaté qu'ils n'avaient pas bougé.

Le système de construction des anciens Égyptiens ressemble par bien des points à celui des Grecs. Les pierres y sont souvent posées à joint vif, sans lien d'aucune sorte, et le maçon se fie au poids propre des matériaux pour les tenir en place. Parfois elles sont attachées par des crampons en métal, ou, comme dans le temple de Séti Ier à Abydos, par des queues d'aronde en bois de sycomore au cartouche du roi fondateur. D'ordinaire, elles sont comme soudées les unes aux autres par des couches de mortier plus ou moins épaisses.

Tous les mortiers dont j'ai recueilli les échantillons sont jusqu'à présent de trois sortes : les uns, blancs et réduits aisément en poudre impalpable, ne contiennent que de la chaux ; les autres, gris et rudes au toucher, sont mêlés de chaux et de sable ; les autres doivent leur aspect rougeâtre à la poudre de brique pilée dont ils sont pénétrés. Grâce à l'emploi judicieux de ces procédés divers, les Égyptiens ont su, quand ils le voulaient, appareiller aussi bien que les Grecs des assises régulières, à blocs égaux, à joints verticaux symétriquement alternés ; s'ils ne l'ont pas toujours fait, cela tient surtout à l'imperfection des moyens mécaniques dont ils disposaient. Les murs d'enceinte, les murs de refend, ceux des façades secondaires étaient perpendiculaires au sol ; on se servait pour élever les matériaux d'une chèvre grossière plantée sur la crête. Les murs des pylônes, ceux des façades principales, parfois même ceux des façades secondaires étaient en talus, selon des pentes variables au gré de l'architecte ; on établissait pour les construire des plans inclinés, dont les rampes s'allongeaient à mesure que montait le monument. Les deux méthodes étaient également dangereuses ; si soigneusement qu'on enveloppât les blocs, ils couraient le risque de perdre en chemin leurs arêtes et leurs angles, ou même de se briser en éclats. Il fallait presque toujours les retoucher, et le désir d'avoir le moins de déchet possible portait l'ouvrier à leur prêter des coupes anormales (fig. 49). On retaillait en biseau une des faces latérales, et le joint, au lieu d'être vertical, s'inclinait sur le lit. Si la pierre n'avait plus la hauteur ou la largeur voulue, on rachetait la différence au moyen d'une dalle complémentaire. Parfois même, on laissait subsister une saillie, qui s'emboîtait, pour ainsi dire, dans un creux correspondant, ménagé à l'assise supérieure ou inférieure. Ce qui n'était d'abord qu'accident devenait bientôt négligence. Les maçons, qui avaient hissé par inadvertance un bloc trop gros, ne se souciaient pas de le redescendre, et se tiraient d'affaire avec l'un des expédients dont je viens de parler. L'architecte ne surveillait pas assez attentivement la taille et la pose des pierres. Il souffrait que les assises n'eussent pas toutes la même hauteur, et que les joints verticaux de deux ou trois d'entre elles fussent dans un même prolongement. Le gros œuvre achevé, on ravalait la pierre, on reprenait les joints, on les noyait sous une couche de ciment ou de stuc, coloré à la teinte de l'ensemble, et qui dissimulait les fautes du premier travail. Les murs ne se terminent presque jamais en arête vive. Ils sont comme cernés d'un tore autour duquel court un ruban sculpté, et couronnés soit de la gorge évasée que surmonte une bande plate (fig. 50), soit, comme à Semnéh, d'une corniche carrée, soit, comme à Médinét-Habou, d'une ligne de créneaux. Ainsi encadrés, on dirait autant de panneaux unis, levés chacun sur un seul bloc, sans saillies et presque sans ouvertures. Les fenêtres, toujours très rares, ne sont que de simples soupiraux, destinés à

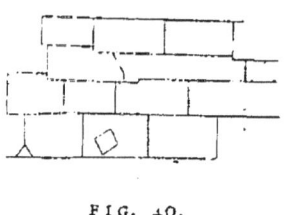

FIG. 49.

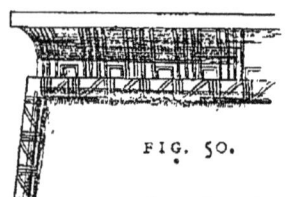

FIG. 50.

éclairer des escaliers comme au second pylône d'Harmhabi, à Karnak, ou à recevoir des pièces de charpente décorative les jours de fête. Les portes ne présentent que peu de relief sur le corps de l'édifice (fig. 51), sauf le cas où le linteau est surhaussé de la gorge et de la plate-bande. Seul, le pavillon de Médînét-Habou possède des fenêtres réelles; mais il était construit sur le plan d'une forteresse et ne doit être rangé qu'à titre d'exception parmi les monuments religieux.

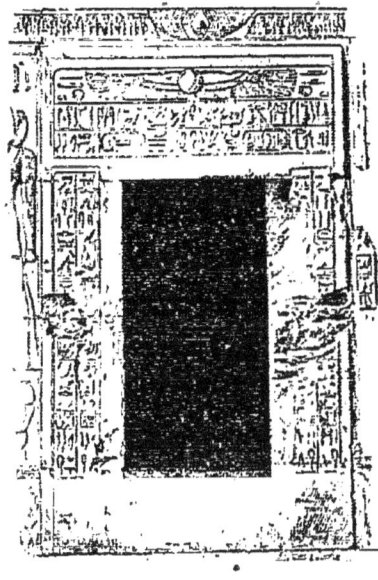

FIG. 51.

Le sol des cours et des salles était revêtu de dalles rectangulaires assez régulièrement ajustées, sauf dans l'intervalle des colonnes où, désespérant de raccorder à l'ensemble les lignes courbes de la base, les architectes ont accumulé des fragments de petite dimension sans ordre ni méthode (fig. 52). Au contraire de ce qu'ils pratiquaient pour les maisons, ils n'ont presque jamais employé la voûte dans les temples. On ne la rencontre guère qu'à Déir-el-Baharî et dans les sept sanctuaires parallèles d'Abydos, encore est-elle obtenue

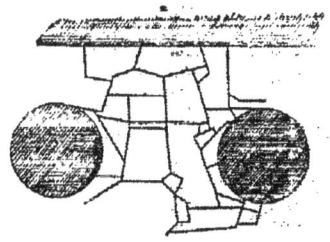

FIG. 52.
Pavé du portique d'Osiris dans le temple de Séti Ier à Abydos.

par encorbellement. La courbe en est dessinée dans trois ou quatre assises horizontales, placées en porte à faux l'une au-dessus de l'autre, puis évidées au ciseau, suivant une ligne continue (fig. 53). La couverture ordinaire consiste en dalles plates juxtaposées. Quand les vides entre les murs ne sont pas trop considérables, elle les franchit d'une seule volée; sinon, on l'étayait de supports d'autant plus multipliés que l'espace à couvrir est plus étendu. Ils étaient alors reliés par d'immenses poutres en pierre, les architraves, sur lesquelles s'appuient les dalles dont le toit se compose.

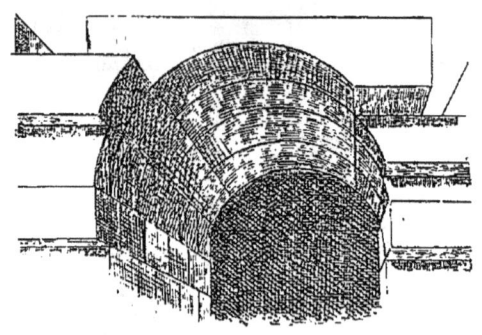

FIG. 53.

Les supports sont de deux types différents : le pilier et la colonne. On en connaît d'un seul bloc. Les piliers du temple du Sphinx, les plus anciens qui aient été découverts jusqu'à présent, ont 5 mètres de hauteur sur 1^m,40 de côté. Des colonnes en granit rose, éparses au milieu des ruines d'Alexandrie, de Bubaste, de Memphis, et qui remontent aux règnes d'Harmhabi et de Ramsès II, mesurent 6 et 8 mètres d'une même venue. Ce n'est là qu'une exception. Colonnes et piliers sont bâtis en assises souvent inégales et irrégulières, comme celles des murailles environnantes. Les grandes colonnes de Louxor ne sont pleines qu'au tiers du diamètre : elles ont un noyau de ciment jaunâtre, qui n'a plus de consistance et tombe en poudre sous les doigts. Le chapiteau de la colonne de Taharqou, à Karnak, contient trois assises hautes chacune d'environ 0^m,123. La dernière, la plus saillante, se compose de vingt-six pierres, dont les joints verticaux tendent au centre, et qui ne sont maintenues en place que par le poids du dé superposé. Les mêmes négligences que nous avons signalées dans l'appareil des murs, on les retrouve toutes dans celui des colonnes.

Le pilier quadrangulaire, à côtés parallèles ou légèrement inclinés, le plus souvent sans base ni chapiteau, est fréquent dans les tombes de l'ancien Empire. Il apparaît encore à Médinét-Habou, dans le temple de Thoutmos III, ou à Karnak, dans ce qu'on appelle le promenoir. Les faces en sont souvent habillées de tableaux peints ou de légendes, et la face extérieure reçoit un motif spécial de décoration : des tiges de lotus ou de papyrus en saillie, sur les piliers-stèles de Karnak, une tête d'Hathor coiffée du sistre, au petit spéos d'Ibsamboul (fig. 54), une figure debout, Osiris dans la première cour de Médinét-Habou, Bisou à Dendérah et au Gebel-Barkal. A Karnak, dans l'édifice construit probablement par Harmhabi avec les débris d'un sanctuaire d'Amenhotpou II, le pilier est surmonté d'une gorge qu'un mince abaque sépare de l'architrave (fig. 55). Abattant les quatre angles, on le transforme en un prisme octogonal; puis, abattant les huit angles nouveaux, en un prisme à seize

FIG. 54.

pans. C'est le type de certains piliers des tombeaux d'Assouân et de Beni-Hassan, du promenoir de Thoutmos III, à Karnak (fig. 56), et des chapelles de Déir-el-Baharî. A côté de ces formes régulièrement déduites on en remarque dont la dérivation est irrégulière, à six pans, à douze, à quinze, à vingt, ou qui aboutissent presque au cercle parfait. Les piliers du portique d'Osiris à Abydos sont au terme de la série; le corps en offre une section curviligne à peine interrompue par une bande lisse aux deux extrémités d'un même diamètre. Le plus souvent les pans se creusent légèrement en cannelures; parfois, comme à Kalabshéh, les cannelures sont divisées en quatre groupes de cinq par autant de bandes (fig. 57). Le pilier polygonal a toujours un socle large et bas, arrondi

FIG. 55.

en disque. A El-Kab, il porte une tête d'Hathor appliquée à la face antérieure (fig. 58). Presque partout ailleurs, il est surmonté d'un simple tailloir carré qui

FIG. 56.

le réunit à l'architrave. Ainsi constitué, il présente un air de famille avec la colonne dorique, et l'on comprend que Jomard et Champollion ont pu lui donner, dans l'enthousiasme de la découverte, le nom peu justifié de *dorique primitif*.

La colonne ne repose pas immédiatement sur le sol. Elle est toujours pourvue d'un socle analogue à celui du pilier polygonal, au profil tantôt droit, tantôt légèrement arrondi, nu ou sans autre ornement qu'une ligne d'hiéroglyphes. Les formes principales se ramènent à trois types : 1º la colonne à chapiteau en campane ; 2º la colonne à chapiteau en bouton de lotus ; 3º la colonne hathorique.

1º *Colonne à chapiteau campaniforme.* — D'ordinaire, le fût est lisse ou simplement gravé d'écriture et de bas-reliefs. Quelquefois pourtant, ainsi à Médamout, il est composé de six grandes et de six petites colonnettes alternées. Aux temps pharaoniques, il s'arrondit, par le bas, en bulbe décoré de triangles curvilignes enchevêtrés, simulant de larges feuilles ; la courbe est alors calculée de telle

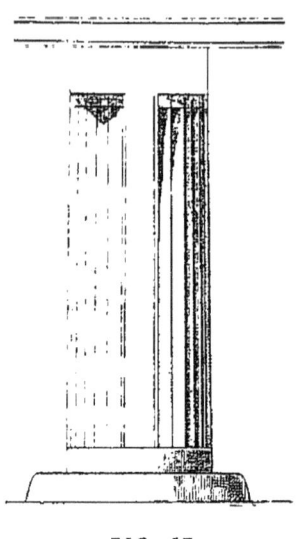

FIG. 57.

sorte que le diamètre inférieur soit sensiblement égal au diamètre supérieur. A l'époque ptolémaïque, le

FIG. 58.

bulbe disparaît souvent, probablement sous l'influence des idées grecques : les colonnes qui bordent la première cour du temple d'Edfou s'enlèvent d'aplomb sur leur socle. Le fût subit toujours une diminution de la base au sommet. Il se termine par trois ou cinq plates-bandes superposées. A Médamout, où il est fasciculé, l'architecte a pensé sans doute qu'une seule attache au sommet paraîtrait insuffisante à maintenir les douze colonnettes, et il a indiqué deux autres anneaux de plates-bandes à intervalles réguliers. Le chapiteau,

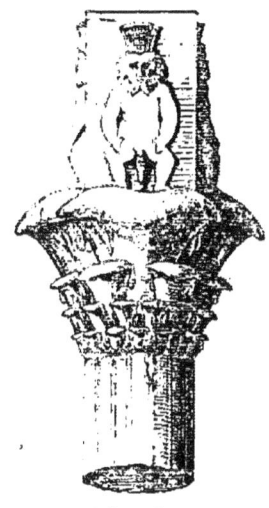

FIG. 59.

évasé en forme de cloche, est garni à la naissance d'une rangée de feuilles, semblables à celles de la base, et sur lesquelles s'implantent des tiges de lotus et de papyrus en fleurs et en boutons. La hauteur et la saillie sur le nu de la colonne varient au gré de l'architecte. A Louxor, les campanes ont 3^m,50 de diamètre à la gorge, 5^m,50 à la partie supérieure, et une hauteur de 3^m,50; à Karnak, dans la salle hypostyle, la hauteur est de 3^m,75 et le plus grand diamètre de 21 pieds. Un dé cubique surmonte le tout. Il est assez peu élevé et presque entièrement masqué par la courbure du chapiteau; rarement, comme au petit temple de Dendérah, il s'élève et reçoit sur chaque face une figure du dieu Bîsou (fig. 59).

La colonne à chapiteau campaniforme (fig. 60) se rencontre de préférence dans la travée centrale des salles hypostyles, à Karnak, au Ramesséum, à Louxor; mais elle n'est pas restreinte à cet emploi, et on la voit dans les portiques, à Médinét-Habou, à Edfou, à Philæ. Le

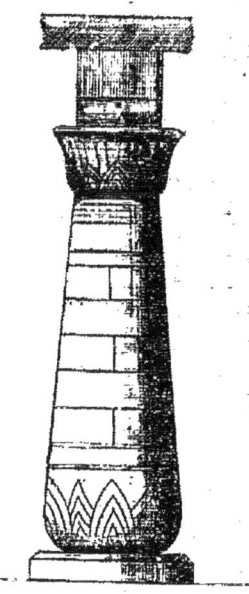

FIG. 60.

promenoir de Thoutmos III, à Karnak, en renferme une variété des plus curieuses (fig. 61) : la campane est retournée, et la partie amincie du fût s'enfonce dans le socle, tandis que la partie la plus large se soude à l'évasement du chapiteau. Cet arrangement disgracieux n'eut pas de succès; on n'en trouve aucune trace hors du promenoir. D'autres innovations furent plus heureuses, celles surtout qui permirent aux artistes de grouper autour de la campane des éléments empruntés à la flore du pays. C'est d'abord, à Soleb, à Sesébî, à Bubaste, à Memphis, une bordure de palmes plantées droites sur les bandes plates et dont la tête se courbe sous le poids de l'abaque (fig. 62).

FIG. 61.

Plus tard, aux approches de l'époque ptolémaïque, des régimes de dattes (fig. 63) et des lotus entr'ouverts vinrent s'ajouter aux branches de palmier. Sous les Ptolémées et sous les Césars, le chapiteau finit par devenir une véritable corbeille de fleurs et de feuilles étagées régulièrement et peintes des couleurs les plus vives (fig. 64). A Edfou, à Ombos, à Philæ, on dirait que le constructeur s'est juré de ne pas répéter deux fois une

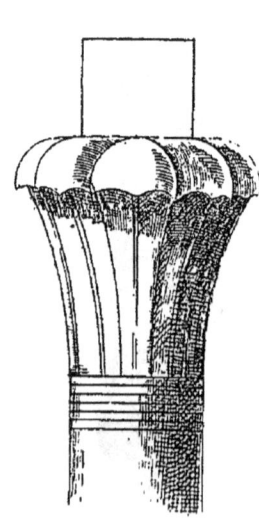

FIG. 62.

FIG. 63.

même coupe de chapiteau d'un même côté du portique.

2° *Colonne à chapiteau lotiforme.* — Elle représentait peut-être à l'origine un faisceau de tiges de lotus dont les boutons, serrés au cou par un lien, se réunissent en bouquet pour former le chapiteau. La colonne de Beni-Hassan comporte quatre tiges arrondies (fig. 65). Celles du labyrinthe, celles du promenoir de Thoutmos III, celles de Médamout en ont huit qui présentent à la surface une arête saillante (fig. 66). Le pied est bulbeux et paré de feuilles triangulaires. La gorge est entourée de trois ou de cinq anneaux. Une moulure, composée de trois bandes verticales accolées, descend du dernier de ces anneaux dans l'intervalle de deux tiges; c'est comme

FIG. 64.

FIG. 65.

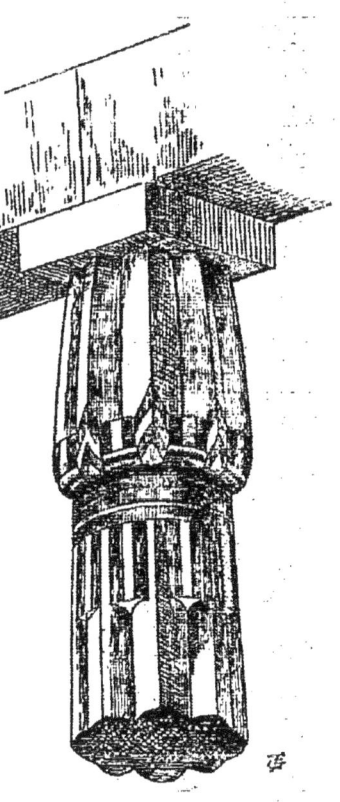

FIG. 66.

une frange qui garnit le haut de la colonne. Une surface aussi accidentée ne prêtait guère à la décoration hiéroglyphique; aussi en arriva-t-on progressivement à supprimer toutes les saillies et à lisser le pourtour du fût. Dans la salle hypostyle de Gournah, il est divisé en trois segments : celui du milieu est uni et chargé de sculptures, celui du haut et celui du bas sont encore fasciculés. Au temple de Khonsou, dans les bas côtés de la salle hypostyle de Karnak, sous le portique de Médinét-Habou, le fût est entièrement lisse; seulement la frange subsiste sous les anneaux, et une arête légère ménagée de trois en trois bandes rappelle l'existence des tiges (fig. 67). Le chapiteau se dégrade de la même manière. A Beni-Hassan, il est fasciculé nettement dans toute sa hauteur. Au

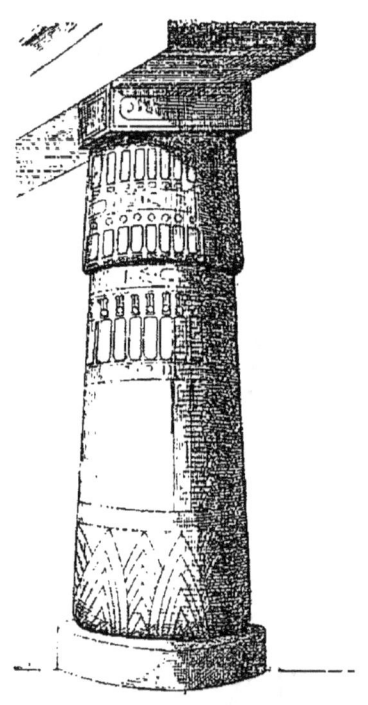

FIG. 67.
Colonne des bas côtés de la salle hypostyle à Karnak.

promenoir de Thoutmos III, à Louxor, à Médamout, un cercle de petites feuilles pointues et de cannelures règne autour de la base et amoindrit l'effet : ce n'est plus guère qu'un cône tronqué et côtelé. Dans la salle hypostyle de Karnak, à Abydos, au Ramesséum, à Médinét-Habou, des ornements de nature diverse, feuilles triangulaires, légendes hiéroglyphiques, bandes de cartouches flanqués d'uræus, remplacent les côtes et se partagent l'espace conquis. L'abaque ne se dissimule pas comme dans la colonne campaniforme : il déborde hardiment et reçoit la légende du roi fondateur.

3º *La colonne hathorique.* — On en a des exemples aux temps anciens, dans le temple de Déir-el-Baharî; mais c'est par les monuments d'époque ptolémaïque, par Contra-Latopolis, par Philæ, par Dendérah surtout, qu'on la connaît le mieux. Le fût et la base ne présentent aucun caractère spécial : c'est le fût et la base de la colonne campaniforme. Le chapiteau a deux étages. Au plus bas, un bloc carré, sur chaque face duquel une tête de femme, à oreilles pointues de génisse, se détache en haut relief; la coiffure, maintenue sur le front par trois bandelettes verticales, passe derrière les oreilles et tombe le long du cou. Chaque tête porte une corniche cannelée, sur laquelle s'élève un naos encadré entre deux volutes; un mince dé carré couronne le tout (fig. 68). La colonne a donc pour chapiteau quatre têtes d'Hathor. Aperçue de loin, elle rappelle immédiatement à l'esprit un des sistres que les bas-reliefs nous montrent entre les mains des reines et des déesses. C'est un sistre en effet, mais où les proportions normales des diverses parties ne sont pas observées : le manche est gigantesque, tandis que la moitié supérieure de l'instrument est réduite outre mesure. Ce motif plut tellement

FIG. 68.

qu'on n'hésita pas à le combiner avec des éléments empruntés à d'autres ordres. Les quatre têtes d'Hathor, mises par-dessus un chapiteau campaniforme, fournirent le type composite que Nectanébo employa au pavillon de Philæ (fig. 69). Je ne saurais dire que le mélange soit très satisfaisant : vue en place, la colonne est moins disgracieuse qu'on ne serait tenté de le croire d'après les gravures.

Fig. 69.

Les supports ne sont pas soumis à des règles fixes de proportions et d'agencement. L'architecte pouvait attribuer, si cela lui plaisait, une hauteur égale à des supports de diamètre très différent, et en dessiner chacun des éléments à l'échelle qui lui convenait le mieux, sans autre souci que d'une certaine harmonie générale: les dimensions du chapiteau n'étaient pas en rapport immuable avec celles du fût, et la hauteur du fût ne dépendait nullement du diamètre de la colonne. A Karnak, les colonnes campaniformes de la salle hypostyle ont 3 mètres de haut pour le chapiteau, un peu moins de 17 pour le fût, 3^m,57 de diamètre inférieur ; à Louxor, 3^m,50 pour le chapiteau, 15 pour le fût, 3^m,45 au bulbe; au Rameséum, 11 mètres pour le chapiteau et pour le fût et 2 mètres au bulbe. L'étude des colonnes lotiformes nous amène à des résultats semblables. A Karnak, sur les bas côtés de la salle hypostyle, elles ont 3 mètres de haut pour le chapiteau, 10 pour le fût, 2^m,08 de diamètre sur le socle; au Ramesséum, 1ᵐ,70 pour le chapiteau, 7ᵐ,50 pour le fût, 1ᵐ,78 de diamètre sur le socle. Même irrégularité dans la disposition des architraves : rien n'en détermine l'élévation que le caprice du maître ou les nécessités de la construction. Même irrégularité dans les entre-

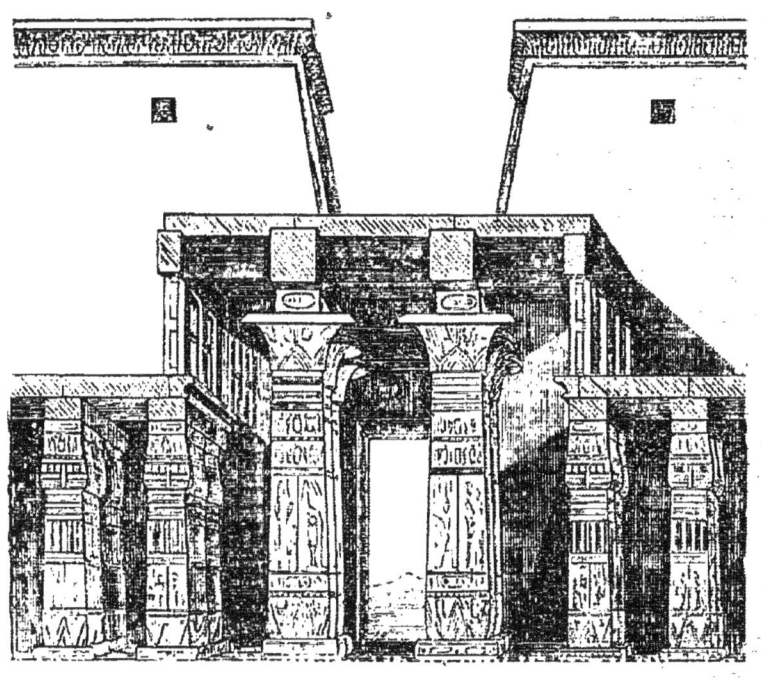

FIG 70. — Coupe de la salle hypostyle de Karnak pour montrer l'agencement des deux ordres campaniforme et lotiforme.

colonnements : non seulement la largeur en diffère beaucoup de temple à temple et de chambre à chambre, mais parfois, comme dans la première cour de Médinét-Habou, ils sont inégaux pour un même portique. Voilà pour les types employés séparément. Quand on les associait dans un seul édifice, on ne s'astreignait pas à leur donner des proportions fixes par rapport l'un à l'autre.

Dans la salle hypostyle de Karnak les colonnes à campanes soutiennent la travée la plus haute, et les colonnes en bouton de lotus sont reléguées aux bas côtés (fig. 70). Il y a des salles du temple de Khonsou, où c'est la colonne lotiforme qui est la plus élevée, d'autres où c'est la colonne campaniforme. A Médamout, lotiformes et campaniformes ont partout la même hauteur dans ce qui subsiste de l'édifice. L'Égypte n'a jamais eu d'ordres définis comme en a possédé la Grèce. Elle a essayé toutes les combinaisons auxquelles se prêtaient les éléments de la colonne, sans jamais en chiffrer aucune avec assez de précision pour qu'étant donné un des membres, on puisse en déduire, même approximativement, les dimensions de tous les autres.

§ 2. — LE TEMPLE.

La plupart des sanctuaires célèbres, Dendérah, Edfou, Abydos, avaient été fondés avant Mini par les *serviteurs d'Hor;* mais, vieillis ou ruinés au cours des âges, ils avaient été restaurés, remaniés, reconstruits l'un après l'autre sur des devis nouveaux. Nul débris ne nous est resté de l'appareil primitif pour nous montrer ce que l'architecture égyptienne était à ses commencements. Les temples funéraires bâtis par les rois de la IVe dynastie ont laissé plus de traces. Celui de la seconde pyramide, à Gizéh, était assez bien conservé encore dans les premières années du xviiie siècle, pour que de Maillet y ait vu quatre gros piliers debout. La destruction est à peu près complète aujourd'hui; mais cette perte a été compensée, vers 1853, par la découverte d'un temple situé à quarante mètres environ au sud du Sphinx (fig. 71). La façade ne paraît pas, cachée qu'elle est sous le sable; l'extérieur seul a été déblayé en partie. Le noyau de la maçonnerie est en calcaire fin de Tourah. Le revêtement, les piliers, les architraves, la couverture, étaient en blocs d'albâtre ou de granit gigantesques. Le plan est des plus simples. Au centre (A), une grande salle en forme de T, ornée de seize piliers carrés, hauts de cinq mètres; à l'angle nord-ouest, un couloir étroit, en plan incliné (B) par lequel on pénètre aujourd'hui dans l'édifice; à l'angle sud-ouest, un retrait qui contient six niches superposées deux à deux (C). Une galerie oblongue (D), ouverte à chaque extrémité sur un cabinet rectangulaire enseveli sous les décombres (E, F), complète cet ensemble. Point de porte monumentale, point de fenêtre, et le corridor d'entrée était trop long pour amener la lumière; elle ne pénétrait que par des fentes obliques ménagées dans la couverture, et dont les traces sont visibles encore à la crête des murs (e, e), de chaque côté de la pièce principale. Inscriptions, bas-reliefs, peintures, ce qu'on est habitué à rencontrer

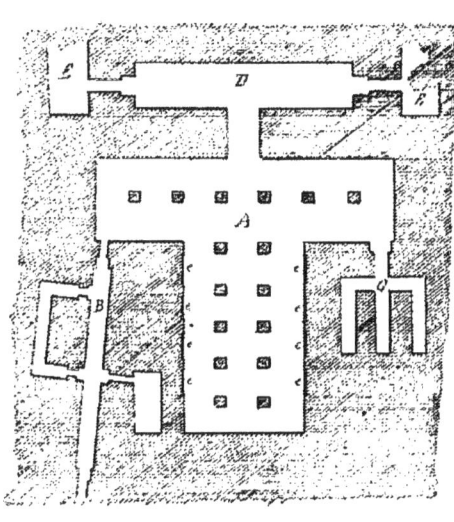

FIG. 71.

partout en Égypte manque là, et pourtant ces murailles nues produisent sur le spectateur un effet aussi puissant que les temples les mieux décorés de Thèbes. L'architecte est arrivé à la grandeur et presque au sublime rien qu'avec des blocs de granit et d'albâtre ajustés, par la pureté des lignes et par l'exactitude des proportions.

Quelques ruines éparses en Nubie, au Fayoum, au Sinaï, ne nous permettent pas de décider si les temples de la XIIe dynastie méritaient les éloges que leur prodiguent les inscriptions contemporaines. Ceux des rois thébains, des Ptolémées, des Césars, subsistent encore, plusieurs intacts, presque tous faciles à rétablir, le jour où on les aura étudiés consciencieusement sur le terrain. Rien de plus varié, au premier abord, que les dispositions qu'ils présentent : quand on les regarde de près, ils se ramènent aisément au même type. D'abord, le sanctuaire. C'est une pièce rectangulaire, petite, basse, obscure, inaccessible à d'autres qu'aux Pharaons ou aux prêtres de service. On n'y trouvait ni statue ni emblème établis à demeure; mais une barque sainte ou un tabernacle en bois peint posé sur un piédestal, une niche réservée dans l'épaisseur du mur ou dans un bloc de pierre isolé, recevaient à certains jours la figure ou le symbole inanimé du dieu, un animal vivant ou l'image de l'animal qui lui était consacré. Un temple pouvait ne renfermer que cette seule pièce et n'en être pas moins un temple, au même titre que les édifices les plus compliqués; cependant il était rare, au moins dans les grandes villes, qu'on se contentât d'attribuer aux dieux ce strict nécessaire. Des chambres destinées au matériel de l'offrande ou du sacrifice, aux fleurs, aux parfums, aux étoffes, aux vases précieux, se groupaient autour de la *maison divine;* puis on bâtissait, en avant du massif compact qu'elles formaient, une ou plusieurs salles à colonnes où les prêtres et les dévots s'assemblaient, une cour entourée de portiques, où la foule pénétrait en tout temps, une porte flanquée de deux tours et précédée de statues ou d'obélisques, une enceinte de briques, une avenue bordée de sphinx, où les processions manœuvraient à l'aise les jours de fête. Rien n'empêchait un Pharaon d'élever une salle plus somptueuse en avant de celles que ses prédécesseurs avaient édifiées, et ce qu'il faisait là, d'autres pouvaient le faire après lui. Des zones successives de chambres et de cours, de pylônes et de portiques, s'ajoutaient de règne en règne au noyau primitif. La vanité ou la piété aidant, le temple se développait en tous sens, jusqu'à ce que l'espace ou la richesse manquât pour l'agrandir encore.

Les temples les plus simples étaient parfois les plus élégants. C'était le cas pour ceux qu'Amenhotpou III consacra dans l'île d'Éléphantine, que les membres de l'expédition française dessinèrent à la fin du siècle dernier, et que le gouverneur turc d'Assouân détruisit en 1822. Le mieux conservé, celui du sud (fig. 72), n'avait qu'une seule chambre en grès, haute de $4^m,25$, large de $9^m,50$, longue de 12 mètres. Les murs, droits et couronnés de la corniche ordinaire, reposaient sur un soubassement creux en maçonnerie, élevé de $2^m,25$ au-dessus du sol, et entouré d'un parapet à hauteur d'appui. Un portique régnait tout autour. Il était composé, sur chacun des côtés, de sept piliers carrés, sans chapiteau ni base, sur chacune des façades, de deux colonnes à chapiteau lotiforme. Piliers et colonnes s'appuyaient directement sur le parapet, sauf à l'est, où un perron de dix ou douze marches, resserré entre deux murs de même hauteur que le soubassement, donnait accès à la cella. Les deux colonnes qui encadraient le haut de

FIG. 72.

l'escalier étaient plus espacées que celles de la face opposée, et la large baie qu'elles formaient laissait apercevoir une porte richement décorée. Une seconde porte ouvrait à l'autre extrémité, sous le portique. Plus tard, à l'époque romaine, on tira parti de cette ordonnance pour modifier l'aspect du monument. On remplit les entre-colonnements du fond et on obtint une salle nouvelle, grossière et sans ornements, mais suffisante aux besoins du culte. Les temples d'Éléphantine rappellent assez exactement le temple périptère des Grecs, et cette ressemblance avec une des formes de l'architecture classique à laquelle nous sommes le plus habitués, explique peut-être l'admiration sans bornes que les savants français ressentirent à les voir. Ceux de Méshéïkh, d'El-Kab, de Sharonnah, présentaient une disposition plus compliquée. Il y a trois pièces à El-Kab (fig. 73), une salle à quatre colonnes (A), une chambre (B), soutenue par quatre piliers hathoriques, et dans la muraille du fond, en face de la porte, une niche (C) à laquelle on montait par quatre marches. Le modèle le plus complet qui nous soit parvenu de ces oratoires de petite ville appartient à l'époque ptolémaïque : c'est le temple d'Hathor, à Déir-el-Médinéh (fig. 74). Il est deux fois plus long qu'il n'est large. Les faces en sont inclinées et nues à l'extérieur, la porte exceptée, dont le cadre en saillie est chargé de tableaux finement sculptés. L'intérieur est divisé en trois parties: un portique (B) de deux colonnes campaniformes, un pronaos (C), auquel on arrive par un escalier de quatre marches, et qui est séparé du portique par un mur à hauteur d'homme, tracé entre deux colonnes campaniformes et deux piliers d'antes à chapiteaux hathoriques; enfin, le sanctuaire (D), flanqué de deux cellules (E, E) éclairées par des lucarnes carrées, pratiquées dans le toit. On monte à la terrasse par un escalier (F) fort

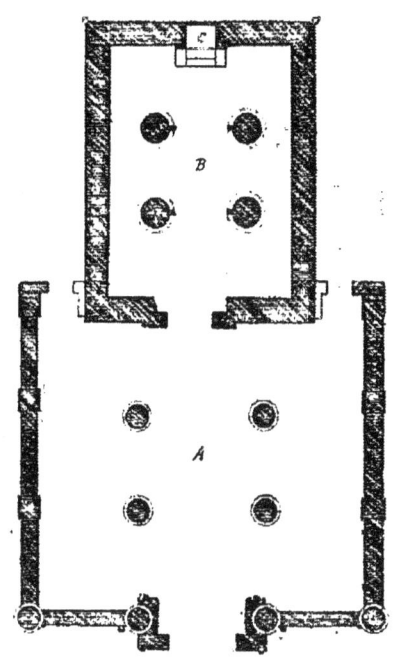

FIG. 73.
Temple d'Amenhotpou III, à El-Kab.

ingénieusement relégué dans l'angle sud du portique, et muni d'une jolie fenêtre à claire-voie. Ce n'est qu'un temple en miniature, mais les membres en sont si bien proportionnés dans leur petitesse qu'on ne saurait rien concevoir de plus fin et de plus gracieux.

On n'est point tenté d'en dire autant du temple que les Pharaons de la XXe dynastie construisirent au sud de Karnak, en l'honneur du dieu Khonsou (fig. 75); mais si le style n'en est pas irréprochable, le plan en est si clair qu'on est porté à le prendre pour type du temple égyptien, de préférence à d'autres monuments plus élégants ou plus majestueux. Il se résout, à l'analyse, en deux parties séparées par un

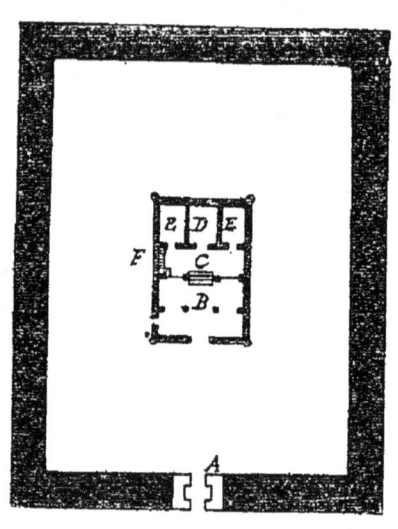

FIG. 74.

mur épais (A, A). Au centre de la plus petite, le Saint des Saints (B), ouvert aux deux extrémités et entièrement isolé du reste de l'édifice par un couloir (C) large de 3 mètres; à droite et à gauche, des cabinets obscurs (D, D); par derrière, une halle à quatre colonnes (E), où débouchent sept autres pièces (F, F). C'était la maison du dieu. Elle ne communiquait avec le dehors que par deux portes (G, G), percées dans le mur méridional (A, A), et qui donnaient sur une salle hypostyle (H) plus large que longue, divisée en trois nefs. La nef centrale repose sur quatre colonnes campaniformes de 7 mètres de haut; les latérales ne renferment chacune que deux colonnes lotiformes de $5^m,50$; le plafond de la travée médiale est donc plus élevé de $1^m,50$ que celui des bas côtés. On en profita pour régler l'éclairage : l'intervalle entre la terrasse inférieure et la supérieure fut garni de claires-voies en pierre qui laissaient filtrer la lumière. La cour (I) était carrée, bordée d'un portique à deux rangs de colonnes. On y avait accès par quatre poternes latérales (J, J) et par un portail monumental, pris entre deux tours quadrangulaires à pans inclinés. Ce pylône (K) mesure 32 mètres de long, 10 de large, 18 de haut. Il ne contient aucune chambre, mais un escalier étroit, qui monte droit au couronnement de la porte, et de là, au sommet des tours. Quatre longues cavités prismatiques rayent la façade jusqu'au tiers de la hauteur, correspondant à autant de trous carrés qui traversent l'épaisseur de la construction. On y plantait de grands mâts en bois, formés de poutres entées l'une sur l'autre, consolidées d'espace en espace par des espèces d'agrafes et saisies par des charpentes engagées dans les trous carrés : de longues banderoles de diverses couleurs flottaient au sommet (fig. 76). Tel était le temple de Khonsou; telles sont, dans leurs lignes principales, la

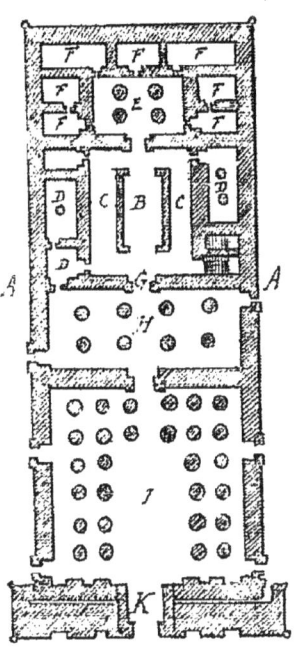

FIG. 75.

plupart des grands monuments d'époque thébaine ou ptolémaïque, Louxor, le Ramesséum, Médinét-Habou, Philæ, Edfou, Dendérah. Même ruinés à demi, l'aspect en a quelque chose d'étouffé et d'inquiétant. Comme les dieux égyptiens aimaient à s'envelopper de mystère, le plan est conçu de manière à ménager insensiblement la transition entre le plein soleil du monde extérieur et l'obscurité de leur retraite. A l'entrée, ce sont encore de vastes espaces où l'air et la lumière descendent librement. La salle hypostyle est déjà noyée dans un demi-jour discret, le sanctuaire est plus qu'à moitié perdu sous un vague crépuscule, et au fond, dans les dernières salles, la nuit

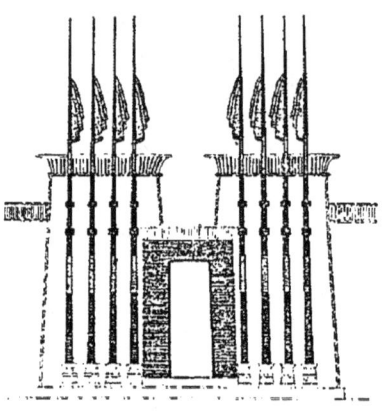

FIG. 76.

FIG. 77. — Le Ramesséum restauré, pour montrer le relèvement du sol.

règne presque complète. L'effet de lointain que produit à l'œil cette dégradation successive de la lumière était augmenté par divers artifices de construction. Toutes les parties ne sont pas de plain-pied. Le sol se relève à mesure qu'on s'éloigne de l'entrée (fig. 77), et il faut toujours enjamber quelques marches pour passer d'un plan à l'autre. La différence de niveau ne dépasse pas 1ᵐ,60 au temple de Khonsou, mais elle se combine avec un mouvement de descente de la toiture, qui est

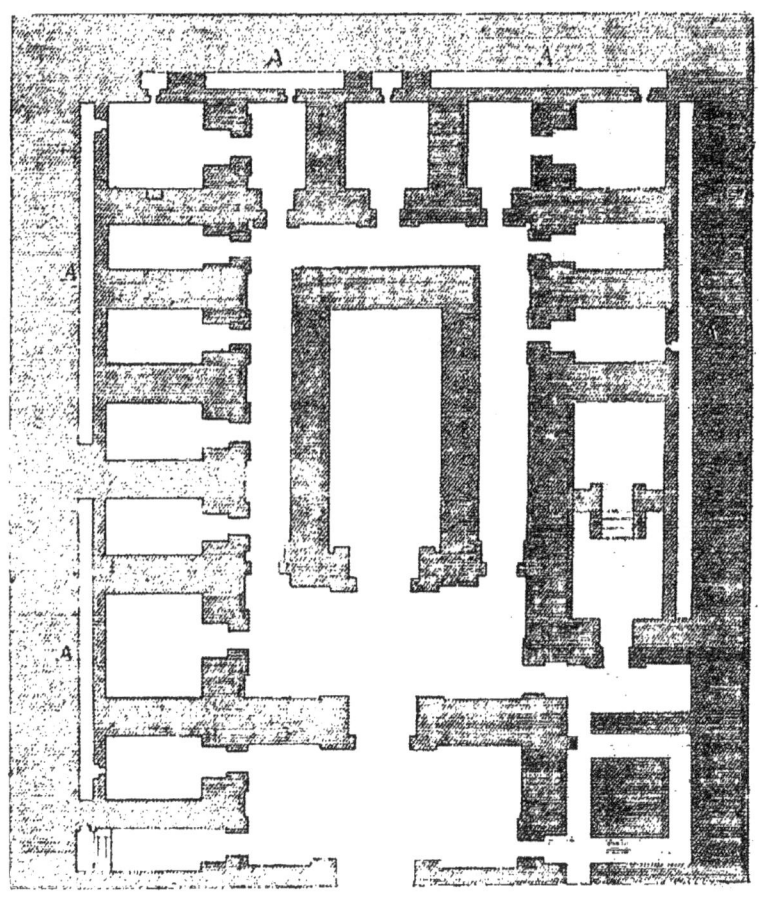

Fig. 78. — Les cryptes dans l'épaisseur des murs, autour du sanctuaire à Dendérah.

d'ordinaire accentué vigoureusement. Du pylône au mur de fond, la hauteur décroît progressivement : le péristyle est plus élevé que l'hypostyle, celui-ci domine le sanctuaire, la salle à colonnes et la dernière chambre sont de moins en moins hautes. Les architectes de l'époque ptolémaïque ont changé certains détails d'arrangement. Ils ont creusé dans les murs des couloirs secrets et des cryptes où cacher les tré-

FIG. 79. — Le pronaos d'Edfou, vu du haut du pylône oriental.

sors du Dieu (fig. 78). Ils ont placé des chapelles et des reposoirs sur les terrasses. Ils n'ont introduit au plan primitif que deux modifications importantes. Le sanctuaire avait jadis deux portes opposées, ils ne lui en ont laissé qu'une. La colonnade qui garnissait le fond de la cour ou la façade du temple, quand la cour n'existait pas, est devenue une chambre nouvelle, le pronaos. Les colonnes de la rangée extérieure subsistent, mais reliées, jusqu'à mi-hauteur environ, par un mur couronné d'une corniche, qui forme écran et empêchait la foule d'apercevoir ce qui se passait au delà (fig. 79). La salle est soutenue par deux, trois ou même quatre rangs de colonnes, selon la grandeur de l'édifice qui s'étend derrière elle. Pour le reste, comparez le plan du temple d'Edfou (fig. 80) à celui du temple de Khonsou, et vous verrez combien peu ils diffèrent l'un de l'autre.

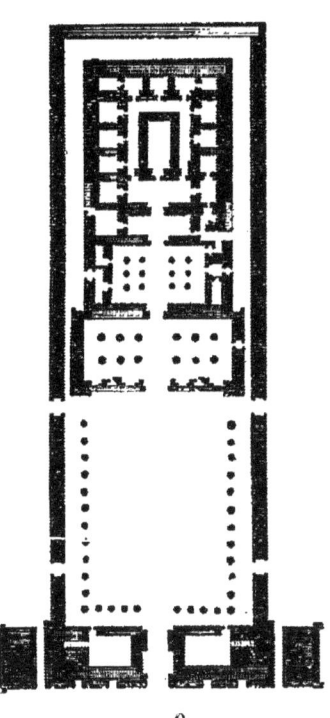

FIG. 80.

Ainsi conçu, l'édifice suffisait à tous les besoins du culte. Lorsqu'on voulait l'accroitre, on ne s'attaquait pas d'ordinaire au sanctuaire ni aux chambres qui l'entouraient, mais bien aux parties d'apparat, hypostyles, cours ou pylônes. Rien n'est plus propre que l'histoire du grand temple de Karnak à illustrer le procédé des Égyptiens en pareille circonstance. Osirtasen Ier l'avait fondé, probablement sur le site d'un temple plus ancien (fig. 81). C'était un édifice de petites dimensions, construit en calcaire et en grès avec portes en granit : des piliers à seize pans unis en décoraient l'intérieur. Amenemhat II et III y travaillèrent, les princes de la XIIIe et de la XIVe dynastie y consacrèrent des statues et des tables d'offrandes ; il était encore intact au xviiie siècle avant notre ère, lorsque Thoutmos Ier, enrichi par la guerre, résolut de l'agrandir. Il éleva en avant de ce qui existait déjà deux chambres, précédées d'une cour et flanquées de chapelles isolées, puis trois pylônes échelonnés l'un derrière l'autre. Le tout présentait l'aspect d'un vaste rectangle posé debout sur un autre rectangle allongé en travers. Thoutmos II et Hatshopsitou cou-

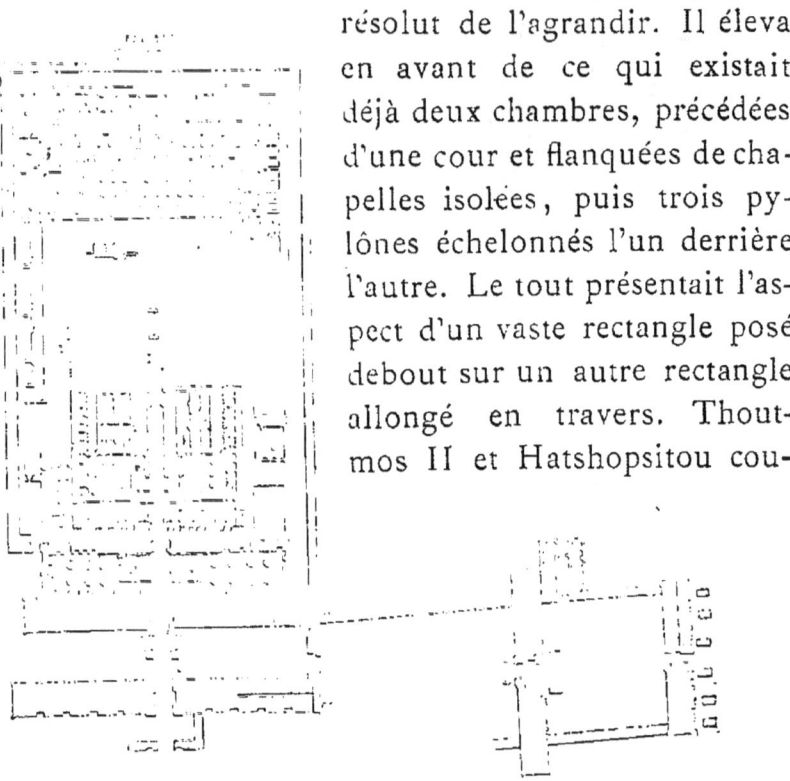

Fig. 81. — Le temple de Karnak jusqu'au règne d'Amenhotpou III.

vrirent de bas-reliefs les murs que leur père avait bâtis, mais n'ajoutèrent rien ; seulement, la régente, pour amener ses obélisques entre deux des pylônes, pratiqua une brèche dans le mur méridional et abattit seize des colonnes qui se trouvaient en cet endroit. Thoutmos III reprit d'abord certaines parties qui lui paraissaient sans doute indignes de son dieu, le double sanctuaire qu'il refit en granit de Syène, le premier pylône. Il réédifia, à l'est, d'anciennes chambres, dont la plus importante, celle qui porte le nom de *Promenoir*, servait de station et de reposoir lors des processions, enveloppa l'ensemble d'un mur de pierre, creusa le lac sur lequel on lançait les barques sacrées les jours de fête; puis, changeant brusquement de direction, il érigea deux pylônes tournés vers le sud. Il rompit de la sorte la juste proportion qui avait existé jusqu'alors entre le corps et la façade : l'enceinte extérieure devint trop large pour les premiers pylônes et ne se raccorda plus exactement au dernier. Amenhotpou III corrigea ce défaut : il éleva un sixième pylône plus massif, partant, plus propre à servir de façade. Le temple en fût resté là, qu'il surpassait déjà tout ce qu'on avait entrepris jusqu'alors de plus audacieux; les Pharaons de la XIXe dynastie réussirent à faire mieux encore. Ils ne construisirent qu'une salle hypostyle (fig. 82) et qu'un pylône, mais l'hypostyle a 50 mètres de long sur 100 de large. Au milieu, une avenue de douze colonnes à chapiteau campaniforme, les plus hautes qu'on ait jamais employées à l'intérieur d'un édifice; dans les bas côtés, 122 colonnes à chapiteau lotiforme, rangées en quinconce sur neuf files. Le plafond de la travée centrale était à 23 mètres au-dessus du sol, et le pylône le dominait d'environ 15 mètres. Trois rois peinèrent pendant un siècle avant d'amener l'hypostyle à perfection. Ramsès Ier conçut l'idée, Sèti Ier termina le gros œuvre, Ramsès II acheva presque entièrement la décoration. Les Pharaons des dynasties suivantes se disputèrent quelques places vides le long des colonnes, pour y graver leur nom et participer à la gloire des trois fondateurs, mais ils n'allèrent pas plus loin. Pourtant le monument, arrêté à ce point, demeurait incomplet : il lui manquait un dernier pylône et une cour à portiques. Près de trois siècles s'écoulèrent avant qu'on songeât à reprendre les travaux. Enfin, les Bubastites se décidèrent à commencer les portiques, mais faiblement, comme il convenait à leurs faibles ressources. Un moment, l'Éthiopien Taharqou imagina qu'il était de taille à rivaliser avec les Pharaons thébains et devisa une salle hypostyle plus large que l'ancienne, mais ses mesures étaient mal prises. Les colonnes de la travée centrale, les seules qu'il eut le temps d'ériger, étaient trop éloignées pour qu'on pût y établir la couverture : elles ne portèrent jamais rien et ne subsistèrent que pour marquer son impuissance. Enfin les Ptolémées, se conformant à la tradition des rois indigènes, se mirent à l'ouvrage ; mais les révoltes de Thèbes interrompirent leurs projets, le tremblement de terre de l'an 27 détruisit une partie du temple, et le pylône resta à jamais inachevé. L'histoire de Karnak est celle de tous les grands temples égyptiens. A l'étudier de près, on comprend la raison

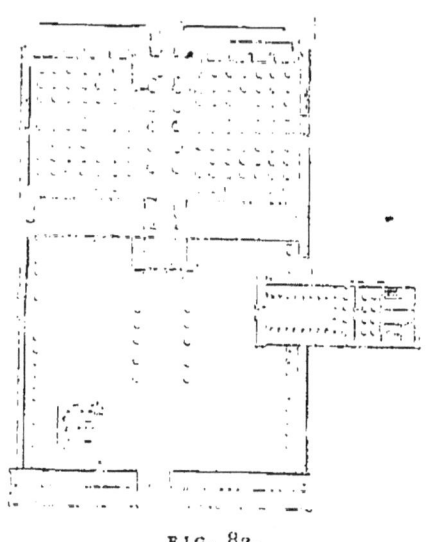

FIG. 82.

des irrégularités qu'ils présentent pour la plupart. Le plan est partout sensiblement le même, et la croissance se produit de la même manière, mais les architectes ne prévoyaient pas toujours l'importance que leur œuvre acquerrait, et le terrain qu'ils lui avaient choisi ne se prêtait pas jusqu'au bout au développement normal. A Louxor (fig. 83), le progrès marcha méthodiquement sous Amenhotpou III et sous Séti Ier; mais, quand Ramsès II voulut ajouter à ce qu'avaient fait ses prédécesseurs, un coude secondaire de la rivière l'obligea à se rejeter vers l'est. Son pylône n'est point parallèle à celui d'Amenhotpou III, et ses portiques forment un angle marqué avec l'axe général des constructions antérieures. A Philæ (fig. 84), la déviation est plus forte encore. Non seulement le pylône le plus grand n'est pas dans l'alignement du plus petit, mais les deux colonnades ne sont point parallèles entre elles et ne se raccordent pas naturellement au pylône. Ce n'est point là, comme on l'a dit souvent, négligence ou parti pris. Le plan premier était aussi

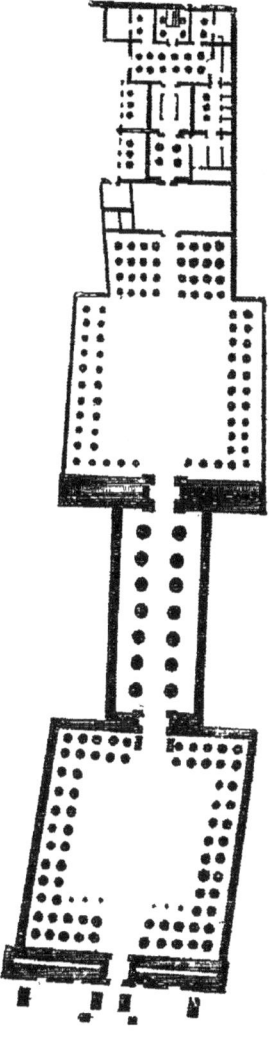

FIG. 83.

juste que peut l'exiger le dessinateur le plus entiché de symétrie; mais il fallait le plier aux exigences du site, et les architectes n'eurent plus souci dès lors que de tirer le meilleur parti des irrégularités auxquelles la configuration du sol les condamnait. Cette contrainte les a souvent inspirés : Philæ nous montre jusqu'à quel point ils savaient faire de ce désordre obligé un élément de grâce et de pittoresque.

L'idée du temple-caverne dut venir de bonne heure aux Égyptiens ; ils taillaient la maison des morts dans la montagne, pourquoi n'y auraient-ils pas taillé la maison des dieux? Pourtant, les spéos les plus anciens que nous possédions ne remontent qu'aux premiers règnes de la XVIII⁰ dynastie. On les rencontre de préférence dans les endroits où la bande de terre cultivable était le moins large, près de Beni-Hassan, au Gebel

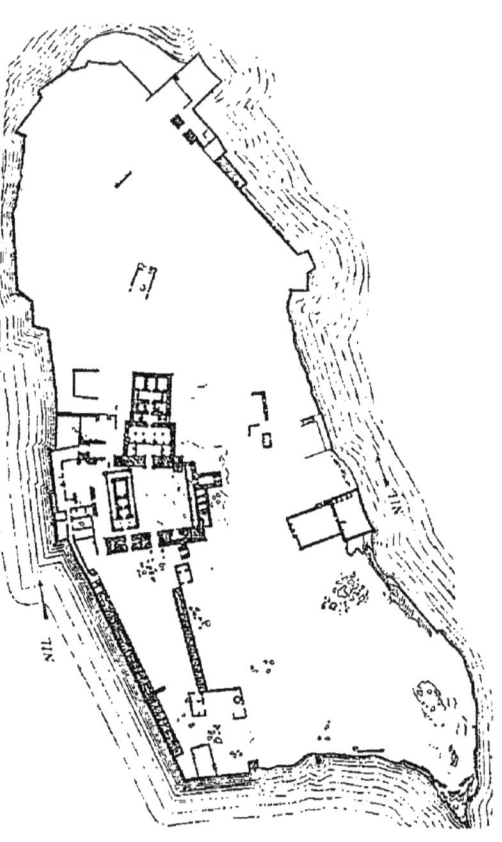

FIG. 84.
Plan de l'île de Philæ.

Silsiléh, en Nubie. Toutes les variantes du temple isolé se retrouvent dans le souterrain, plus ou moins modifiées par la nature du milieu. Le Spéos Artémidos s'annonce par un portique à piliers, mais ne renferme qu'un naos carré avec une niche de fond pour la statue de la déesse Pakhit. Kalaat-Addah présente au fleuve (fig. 85) une façade (A) plane, étroite, où l'on accède par un escalier assez raide; vient ensuite une salle hypostyle flanquée de deux réduits (C), puis un sanctuaire à deux étages superposés (D).

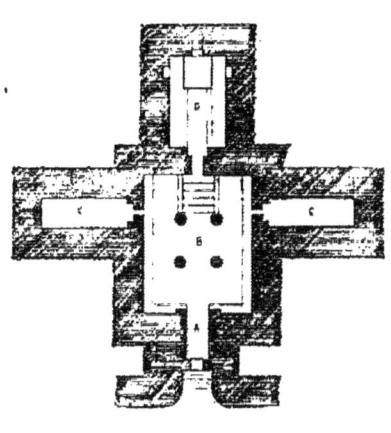

FIG. 85.

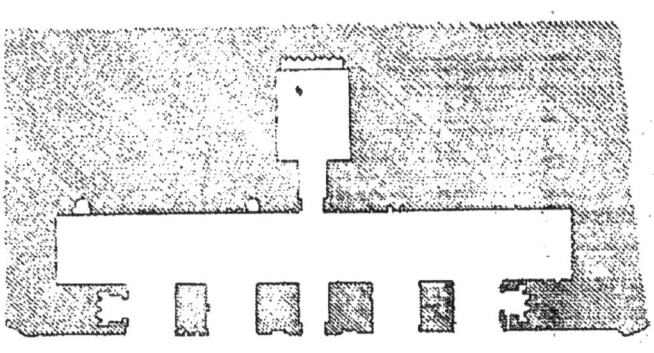

FIG. 86.

La chapelle d'Harmhabi (fig. 86), au Gebel Silsiléh, se compose d'une galerie parallèle au Nil, étayée de quatre piliers massifs réservés dans la roche vive, et sur laquelle la chambre débouche à angle droit.

A Ibsamboul, les deux temples sont entièrement dans la falaise. La face du plus grand (fig. 87) simule un pylône en talus, couronné d'une corniche, et gardé, selon l'usage, par quatre colosses assis, accompagnés de statues plus petites ; seulement les colosses ont ici près de 20 mètres.

Au delà de la porte s'étend une salle de 40 mètres de long sur 18 de large, qui tient lieu du péristyle ordinaire. Huit Osiris, le dos à autant de piliers, semblent porter la montagne sur leur tête. Au delà, un hypostyle, une galerie transversale qui isole le sanctuaire, enfin le sanctuaire lui-même entre deux pièces plus petites.

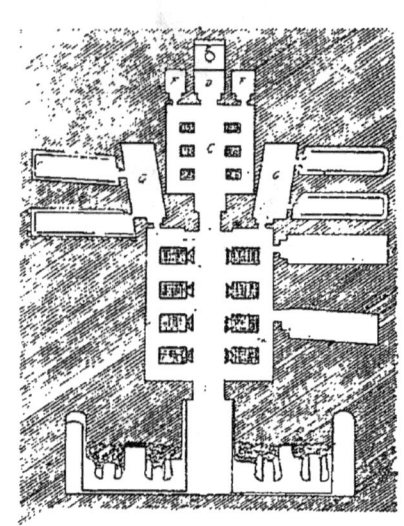

FIG. 87.

Huit cryptes, établies à un niveau plus bas que celui de l'excavation principale, se répartissent inégalement à droite et à gauche du péristyle. Le souterrain entier mesure 55 mètres du seuil au fond du sanctuaire. Le petit spéos d'Hathor, situé à quelque cent pas vers le nord, n'offre pas des dimensions aussi considérables ; mais la façade est ornée de colosses debout, dont quatre représentent Ramsès, et deux sa femme Nofritari. Le péristyle manque (fig. 88) ainsi que les cryptes, et les chapelles sont placées aux deux extrémités du couloir transversal, au lieu d'être parallèles au sanctuaire ; en revanche, l'hypostyle a six piliers avec tête d'Hathor. Ou l'espace le permettait, on n'a fait entrer qu'une partie du temple dans le rocher ; les avancées ont été construites en plein air, de blocs rapportés, et le spéos devient une moitié de caverne, un hémi-spéos. Le péristyle seul à Derr, le pylône et la cour à Beit-el-Oualli, le pylône, la cour rectangulaire, l'hypostyle à Gerf Hosseïn et à Ouady-es-Seboua, sont au dehors de la montagne. Le plus célèbre et le plus original des

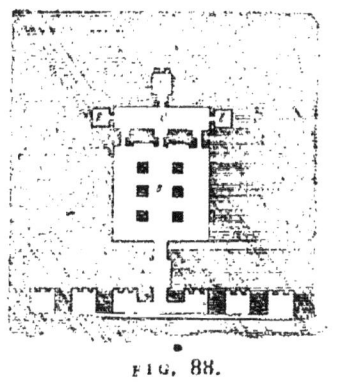

FIG. 88.

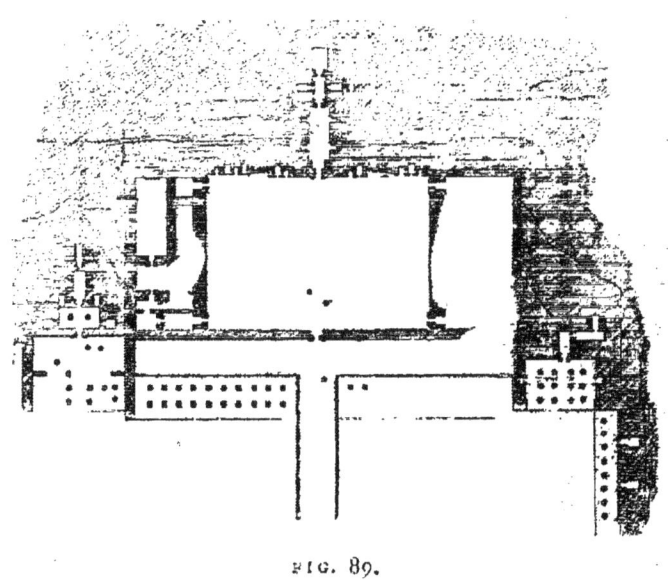

FIG. 89.

hémi-spéos est à Deïr-el-Bahari, dans la nécropole thébaine, et fut bâti par la reine Hatshopsitou fig. 89).

Le sanctuaire et les deux chapelles qui l'accompagnent, selon la coutume, étaient creusés à 30 mètres environ au-dessus du niveau de la vallée. Pour y atteindre, on traça des rampes et on étagea des terrasses, dont l'insuffisance des fouilles entreprises jusqu'à présent ne permet pas de saisir l'agencement. Entre l'hémispéos et le temple isolé, les Égyptiens avaient encore quelque chose d'intermédiaire, le temple adossé à la montagne, mais qui n'y pénètre point. Le temple du Sphinx à Gizéh, celui de Séti Ier à Abydos sont deux bons exemples du genre. J'ai déjà parlé du premier ; l'aire du second (fig. 90) a été découpée dans une bande de sable étroite et basse qui sépare la plaine du désert. Il était enterré jusqu'au toit, la crête des murs sortait à peine du sol, et l'escalier qui montait aux terrasses conduisait également au sommet de la colline. L'avant-corps, qui se détachait en plein relief, n'annonçait rien d'extraordinaire : deux pylônes, deux cours, un portique droit à piliers carrés, les bizarreries ne commençaient qu'au delà. C'étaient d'abord deux hypostyles au lieu d'un seul. Ils sont séparés par un mur

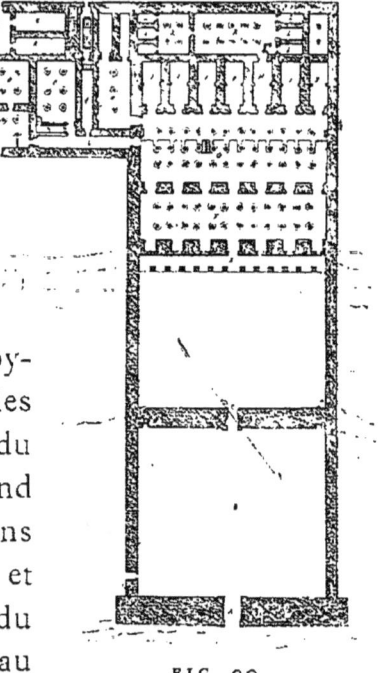

FIG. 90.

percé de sept portes, n'ont point de nef centrale, et le sanctuaire donne directement sur le second. C'est, comme d'ordinaire, une chambre oblongue percée aux deux extrémités; mais les pièces qui, ailleurs, l'enveloppaient sans le toucher, sont ici placées côte à côte sur une même ligne, deux à droite, quatre à gauche; de plus, elles sont surmontées de voûtes en encorbellement et ne reçoivent de jour que par la porte. Derrière le sanctuaire, même changement; la salle hypostyle s'appuie au mur du fond, et ses dépendances sont distribuées inégalement à droite et à gauche. Et, comme si ce n'était pas assez, on a construit, sur le flanc gauche, une cour, des chambres à colonnes, des couloirs, des réduits obscurs, une aile entière, qui se détache en équerre du bâtiment principal et n'a pas de contrepoids sur la droite. L'examen des lieux explique ces irrégularités. La colline n'est pas large en cet endroit, et le petit hypostyle en touche presque le revers. Si on avait suivi le plan normal sans rien y changer, on l'aurait percée de part en part, et le temple n'aurait plus eu ce caractère de temple adossé, que le fondateur avait voulu lui donner. L'architecte répartit donc en largeur les membres qu'on disposait d'ordinaire en longueur, et même en rejeta une partie sur le côté. Quelques années plus tard, quand Ramsès II éleva, à une centaine de mètres vers le nord-ouest, un monument consacré à sa propre mémoire, il se garda bien d'agir comme son père. Son temple, assis au sommet de la colline, eut l'espace nécessaire à s'étendre librement, et le plan ordinaire s'y déploie dans toute sa rigueur.

La plupart des temples, même les plus petits, sont enveloppés d'une enceinte quadrangulaire. A Médinét-Habou, elle est en grès, basse et crénelée ; c'est une fantaisie de Ramsès III qui, en prêtant à son monument l'aspect extérieur d'une forteresse, a voulu perpétuer le souvenir de ses victoires syriennes. Partout ailleurs, les portes sont en pierre, les murailles en briques sèches, à assises tordues. L'enceinte n'était pas destinée, comme on l'a dit souvent, à isoler le temple et à dérober aux yeux des profanes les cérémonies qui s'y accomplissaient. Elle marquait la limite où s'arrêtait la maison du dieu, et servait au besoin à repousser les attaques d'un ennemi dont les richesses accumulées dans le sanctuaire auraient allumé la cupidité. Des allées de sphinx, ou, comme à Karnak, une suite de pylônes échelonnés, menaient des portes aux différentes entrées, et formaient autant de larges voies triomphales. Le reste du terrain était occupé, en partie par les étables, les celliers, les greniers des prêtres, en partie par des habitations privées. De même qu'en Europe, au moyen âge, la population s'amassait plus dense autour des églises et des abbayes, en Égypte, elle se pressait autour des temples, pour profiter de la tranquillité qu'assuraient au dieu la terreur de son nom et la solidité de ses remparts. Au début, on avait réservé un espace vide le long des pylônes et des murs, puis les maisons envahirent ce chemin de ronde et s'appuyèrent à la paroi même. Détruites et rebâties sur place pendant des siècles, le sol s'exhaussa si bien de leurs débris, que la plupart des temples finirent par s'enterrer peu à peu et se trouvèrent en contrebas des quartiers environnants. Hérodote le raconte de Bubaste, et l'examen des lieux montre qu'il en était de même dans beaucoup d'endroits. A Ombos, à Edfou, à Dendérah, la cité entière tenait dans la même enceinte que la maison divine. A El-Kab, l'enceinte du temple était distincte de celle de la ville; elle formait une sorte

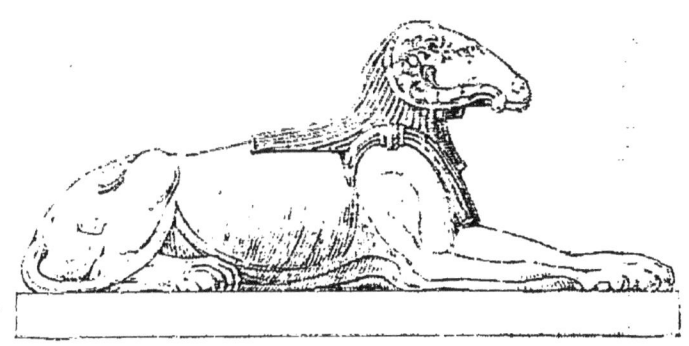

FIG. 91.

de donjon où la garnison pouvait chercher un dernier abri. A Memphis, à Thèbes, il y avait autant de donjons que de temples principaux, et ces forteresses divines, d'abord isolées au milieu des maisons, furent, à partir de la XVIIIe dynastie, réunies entre elles par des avenues bordées de sphinx. C'était le plus souvent des androsphinx à tête d'homme et au corps de lion, mais on trouve aussi des criosphinx à corps de lion et à tête de bélier (fig. 91), ou même, dans les endroits où le culte local comportait une pareille substitution, des béliers agenouillés qui tiennent une figure du souverain dédicateur entre leurs pattes de devant (fig. 92). L'avenue qui va de Louxor à Karnak était composée de ces éléments divers. Elle a 2 kilomètres de long et s'infléchit à diverses reprises, mais n'y reconnaissez pas une preuve nouvelle de l'horreur des Égyptiens pour la symétrie. Les enceintes des deux temples n'étaient pas orientées de la même manière, et les avenues tracées perpendiculairement sur le front de chacune d'elles ne se seraient jamais raccordées, si on ne

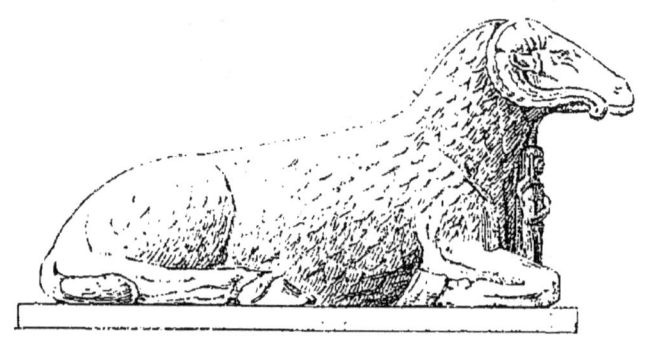

FIG. 94.

les avait fait dévier de leur direction première. En résumé, les habitants de Thèbes voyaient de leurs temples presque tout ce que nous en voyons. Le sanctuaire et ses dépendances immédiates leur étaient fermés ; mais ils avaient accès à la façade, aux cours, même à la salle hypostyle, et ils pouvaient admirer les chefs-d'œuvre de leurs architectes presque aussi librement que nous faisons aujourd'hui.

§ 3. — LA DÉCORATION.

La tradition antique affirmait que les premiers temples égyptiens ne renfermaient aucune image sculptée, aucune inscription, aucun symbole, et de fait le temple du Sphinx est nu. C'est là toutefois un exemple unique. Les fragments d'architrave et de parois employés comme matériaux dans la pyramide septentrionale de Lisht, et qui portent le nom de Khâfrî, montrent qu'il n'en était déjà plus ainsi dès le temps de la IV⁰ dynastie. A l'époque thébaine, toutes les surfaces lisses, pylônes, parements des murs, fûts des colonnes, étaient couvertes de tableaux et de légendes. Sous les Ptolémées et sous les Césars, lettres et figures étaient tellement pressées, qu'il semble que la pierre disparaisse sous la masse des ornements dont elle est chargée. Un coup d'œil rapide suffit à montrer que les scènes ne sont pas jetées au hasard. Elles s'enchaînent, se déduisent les unes des autres et forment comme un grand livre mystique, où les relations officielles des dieux avec l'homme et de l'homme avec les dieux sont clairement expliquées à qui sait le comprendre. Le temple était bâti à l'image du monde, tel que les Égyptiens le connaissaient. La terre était pour eux une sorte de table plate et mince, plus longue que large. Le ciel s'étendait au-dessus, semblable, selon les uns, à un immense plafond de fer, selon les autres, à une voûte surbaissée. Comme il ne pouvait rester suspendu sans être appuyé de quelque support qui l'empêchât de tomber, on avait imaginé de le maintenir en place au moyen de quatre étais ou de quatre piliers gigantesques. Le dallage du temple représentait naturellement la terre. Les colonnes et, au besoin, les quatre angles des chambres figuraient les piliers. Le toit, voûté à Abydos, plat partout ailleurs, répondait exactement à l'opinion qu'on se faisait du ciel. Chaque partie recevait une décoration appropriée à sa signification. Ce qui touchait au sol se revê-

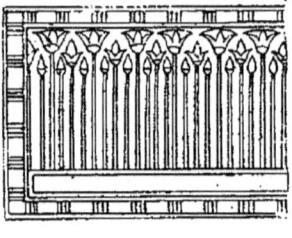

FIG. 93.

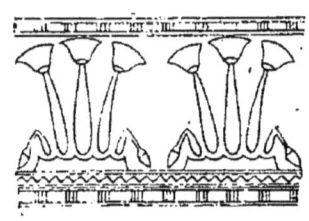

FIG. 94.

tait de végétation. La base des colonnes était entourée de feuilles, le pied des murs se garnissait de longues

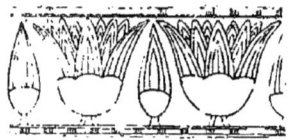

FIG. 95.

FIG. 96.

tiges de lotus ou de papyrus (fig. 93), au milieu desquelles passaient quelquefois des animaux. Des bou-

FIG. 97.

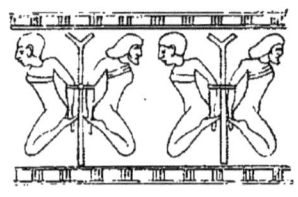

FIG. 98.

quets de plantes fluviales, émergeant de l'eau (fig. 94), égayaient les soubassements de certaines chambres. Ailleurs, c'étaient des fleurs épanouies, entremêlées de boutons isolés (fig. 95) ou reliées par des cordes (fig. 96), des emblèmes indiquant la réunion des deux Égyptes entre les mains d'un seul Pharaon (fig. 97), des oiseaux à bras d'hommes assis en adoration sur le signe des fêtes solennelles, ou des prisonniers accroupis et liés au poteau deux à deux, un nègre avec un Asiatique (fig. 98). Des Nils mâles et femelles s'agenouillaient (fig. 99), ou s'avançaient majestueusement en procession, au ras de terre, les mains chargées de fleurs et de fruits. Ce sont les nomes de l'Égypte, les lacs, les districts qui apportent leurs produits au dieu. Une fois même, à Karnak, Thoutmos III

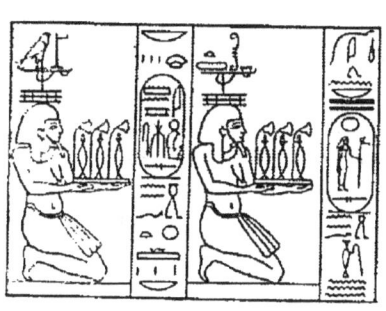

FIG. 99.

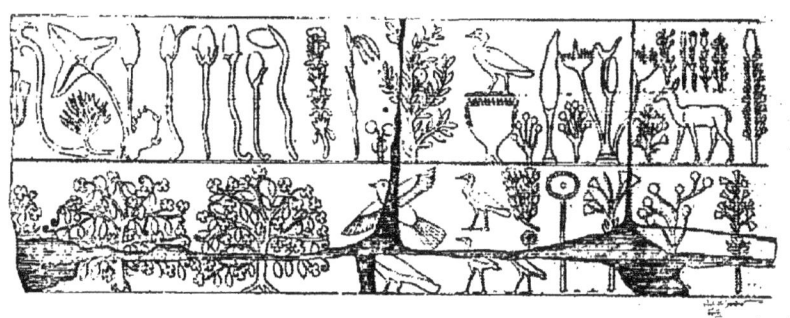

FIG. 100.

a gravé sur le soubassement les fleurs, les plantes et les animaux des pays étrangers qu'il avait vaincus (fig. 100). Le plafond, peint en bleu, était semé d'étoiles jaunes à cinq branches, auxquelles se mêlent par endroits les cartouches du roi fondateur. De longues bandes d'hiéroglyphes rompaient d'espace en espace la monotonie de ce ciel d'Égypte. Les vautours de Nekhab et d'Ouazit, les déesses du midi et du nord, cou-

FIG. 101.

ronnés et armés d'emblèmes divins (fig. 101), planent dans la travée centrale des salles hypostyles, dans les soffittes des portes, par-dessus la route que le roi suivait pour se rendre au sanctuaire. Au Ramesséum, à Edfou, à Philæ, à Dendérah, à Ombos, à Esnéh, les profondeurs du firmament semblent s'ouvrir et révéler leurs habitants aux yeux des fidèles. L'Océan céleste déroule ses eaux, où le soleil et la lune naviguent, escortés des planètes, des constellations et des décans, où les génies des mois et des jours marchent en longues files. A l'époque ptolémaïque, des zodiaques, composés à l'imitation des zodiaques grecs, se placent à côté des tableaux astronomiques d'origine purement égyptienne (fig. 102). La décoration des architraves qui portaient les dalles de la couverture était complètement indépendante de celle de la couverture proprement dite. On n'y voyait que des légendes hiéroglyphiques en gros caractères, où les beautés du temple, le nom des rois qui y avaient travaillé, la gloire des dieux auxquels il était consacré, sont célébrés avec emphase. En résumé, l'ornementation du soubassement et celle du plafond étaient restreintes à un petit nombre de sujets toujours les mêmes ; les tableaux les plus importants et les plus variés étaient comme suspendus entre ciel et terre, a la paroi des chambres et des pylônes.

Ils illustrent les rapports officiels de l'Égypte avec les dieux. Les gens du commun n'avaient pas le droit de commercer directement avec la divinité. Il leur fallait un médiateur qui, tenant à la fois de la nature humaine et de la nature divine, fût en état de les percevoir également l'une et l'autre. Seul, le roi, fils du soleil, était d'assez haute extraction pour contempler le dieu du temple, le servir et lui parler face à face. Les sacrifices ne se faisaient que par lui ou par délégation de lui ; même l'offrande aux morts était censée passer par ses mains, et la famille se prévalait de son nom (*souten di hotpou*) pour l'envoyer dans l'autre monde. Le roi est donc partout dans le temple, debout, assis, agenouillé, occupé à égorger la victime, à en présenter les morceaux, à verser le vin, le lait, l'huile, à brûler l'en-

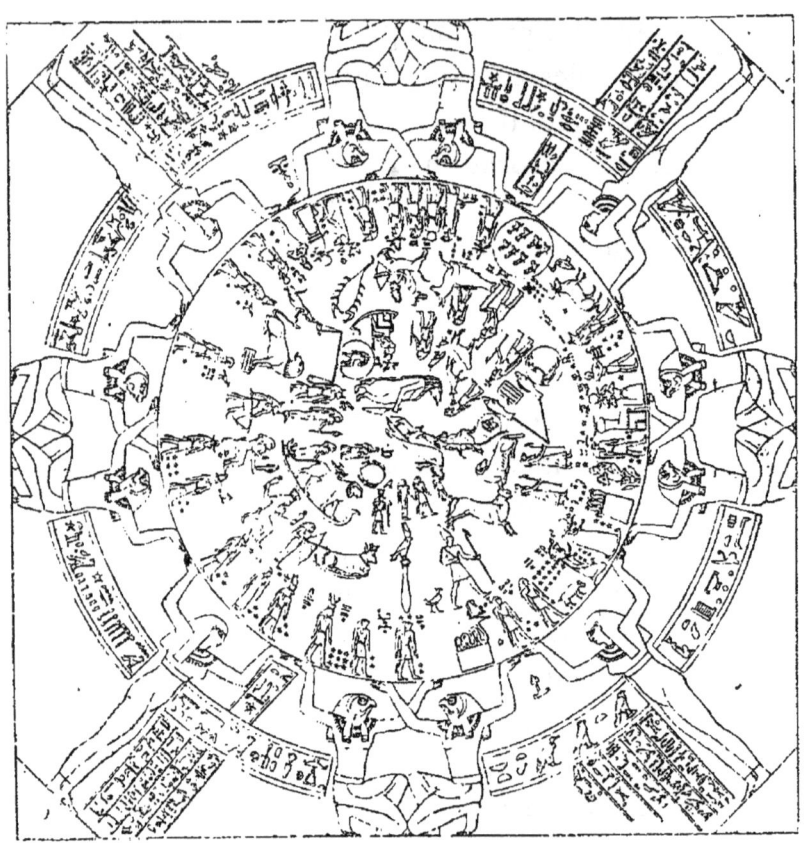

Fig. 102. — Zodiaque circulaire de Dendérah.

cens : c'est l'humanité entière qui agit en lui et accomplit ses devoirs envers la divinité. Lorsque la cérémonie qu'il exécute exige le concours de plusieurs personnes, alors seulement des aides mortels, autant que possible des membres de sa famille, paraissent à ses côtés. La reine, debout derrière lui, comme Isis derrière Osiris, lève la main pour le protéger, agite le sistre ou bat le tambourin pour éloigner de lui les mauvais esprits, tient le bouquet ou le vase à libation. Le fils aîné tend le filet ou lasse le taureau, et récite la prière pour lui, tandis qu'il lève vers le dieu chaque objet prescrit par le rituel. Un prêtre remplace parfois le prince, mais les autres hommes n'ont jamais que des rôles infimes : ils sont bouchers ou servants, ils portent la barque ou le palanquin du dieu. Le dieu, de son côté, n'est pas toujours seul; il a sa femme et son fils à côté de lui, puis les dieux des nomes voisins et, d'une manière générale, les dieux de l'Égypte entière. Du moment que le temple est l'image du monde, il doit comme le monde même renfermer tous les dieux grands et petits. Ils sont le plus souvent rangés derrière le dieu principal, assis ou debout, et partagent avec lui l'hommage du souverain. Quelquefois cependant, ils prennent une part active aux cérémonies. Les esprits d'On et de Khonou s'agenouillent devant le soleil et l'acclament. Hor et Sit ou Thot amènent Pharaon à son père Amon-Râ, ou remplissent à côté de lui les fonctions réservées ailleurs au prince ou au prêtre : ils l'aident à renverser la victime, à prendre dans le filet les oiseaux destinés au sacrifice, ils versent sur sa tête l'eau de jeunesse et de vie qui doit le laver de ses souillures. La place et la fonction de ces dieux synèdres était définie strictement par la théologie. Le soleil, allant d'Orient en Occident, coupait, disent les textes, l'univers en deux mondes, celui du midi et celui du nord. Le temple était double comme l'univers, et une ligne idéale, passant par l'axe du sanctuaire, le divisait en deux temples, le temple du midi à droite, le temple du nord à gauche. Les dieux et leurs différentes formes étaient répartis entre ces deux temples, selon qu'ils appartenaient au midi ou au nord. Et cette fiction de dualité était poussée plus loin encore : chaque chambre se divisait, à l'imitation du temple, en deux moitiés dont l'une, celle de droite, était du midi et l'autre était du nord. L'hommage du roi, pour être complet, devait se faire dans le temple du midi et dans celui du nord, aux dieux du midi et à ceux du nord, avec les produits du midi et avec ceux du nord. Chaque tableau devait donc se répéter au moins deux fois dans le temple, sur une paroi de droite et sur une paroi de gauche. Amon, à droite, recevait le blé, le vin, les liqueurs du midi ; à gauche, le blé, le vin, les liqueurs du nord, et ce qui est vrai d'Amon l'est de Mout, de Khonsou, de Montou, de bien d'autres. Dans la pratique, le manque d'espace empêchait qu'il en fût toujours ainsi, et on ne rencontre souvent qu'un seul tableau où produits du nord et produits du midi étaient confondus, devant un Amon qui représentait à lui seul l'Amon du midi et l'Amon du nord. Cette dérogation à l'usage n'est jamais que momentanée : la symétrie se rétablissait dès que le permettaient les circonstances.

Aux temps pharaoniques, les tableaux ne sont pas très serrés l'un contre l'autre. La surface à couvrir, arrêtée en bas par une ligne tracée au-dessus de la décoration du soubassement, est limitée vers le haut, soit par la corniche normale, soit par une frise composée d'uræus, de faisceaux de lotus alignés côte à côte, de cartouches royaux (fig. 103), entourés de symboles divins, d'emblèmes empruntés au culte local, des têtes d'Hathor, par exemple, dans un temple d'Hathor, ou d'une dédicace horizontale en belles lettres gravées profondément. Le panneau ainsi encadré ne formait souvent qu'un seul registre, souvent aussi se divisait en deux registres superposés; il fallait une muraille bien haute pour que ce nombre fût dépassé. Figures et légendes étaient espacées largement et les scènes se succédaient à la file presque sans séparation maté-

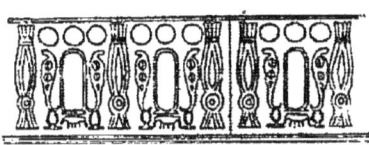

FIG. 103.

rielle; c'était affaire au spectateur d'en discerner le commencement et la fin. Les têtes du roi étaient de véritables portraits dessinés d'après nature, et la figure des dieux en reproduisait les traits aussi exactement que possible. Puisque Pharaon était fils des dieux, la façon la plus sûre d'obtenir la ressemblance était de modeler leur visage sur le visage de Pharaon. Les acteurs secondaires n'étaient pas moins soignés que les autres, mais quand il y en avait trop, on les distribuait sur deux ou trois registres, dont la hauteur totale ne dépasse jamais celle des personnages principaux. Les offrandes, les sceptres, les bijoux, les vêtements, les coiffures, les meubles, tous les accessoires étaient traités avec un souci très réel de l'élégance et de la vérité. Les couleurs, enfin, étaient combinées de telle façon qu'une tonalité générale dominât dans une même localité. Il y avait dans les temples des pièces qu'on pouvait appeler à juste titre : la *salle bleue*, la *salle rouge*, la *salle d'or*. Voilà pour l'époque classique. A mesure qu'on descend vers les bas temps, les scènes se multiplient. Sous les Grecs et

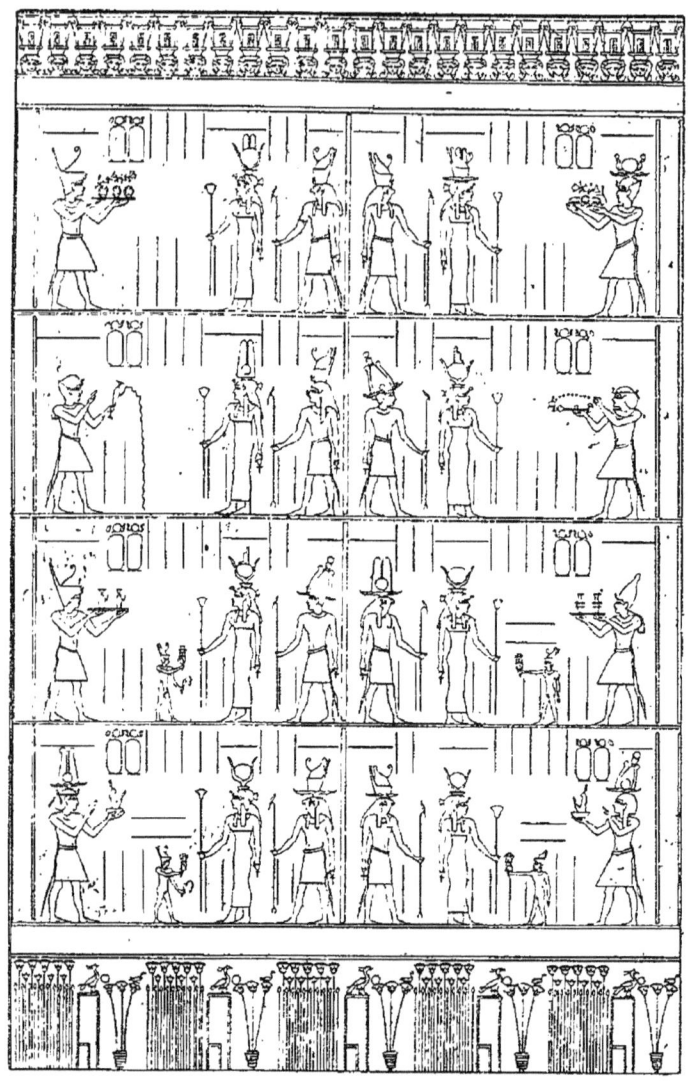

FIG. 104. — Paroi d'une chambre à Dendérah, pour montrer la disposition des tableaux.

sous les Romains, elles sont si nombreuses que la plus

petite muraille ne peut les contenir à moins de quatre
(fig. 104), cinq, six, huit registres. Les figures principales
semblent se contracter sur elles-mêmes pour occuper
moins de place, et des milliers de menus hiéroglyphes
envahissent tout l'espace qu'elles ne remplissent pas.
Les dieux et les rois ne sont plus des portraits du souverain régnant, mais des types de convention sans
vigueur et sans vie. Quant aux figures secondaires et
aux accessoires, on n'a plus qu'un souci, c'est de
les entasser aussi serré que possible. Ce n'est pas là
faute de goût; une idée religieuse a décidé et précipité ces changements. La décoration n'avait pas seulement pour objet le plaisir des yeux. Qu'on l'appliquât à un meuble, à un cercueil, à une maison, à un
temple, elle possédait une vertu magique, dont chaque
être ou chaque action représentée, chaque parole
inscrite ou prononcée au moment de la consécration,
déterminait la puissance et le caractère. Chaque tableau
était donc une amulette en même temps qu'un ornement. Tant qu'il durait, il assurait au dieu le bénéfice
de l'hommage rendu ou du sacrifice accompli par le
roi; il confirmait au roi, vivant ou mort, les grâces que
le dieu lui avait accordées en récompense, il préservait
contre la destruction le pan de mur sur lequel il était
tracé. A la XVIII° dynastie, on pensait qu'une ou deux
amulettes de ce genre suffisaient à obtenir l'effet qu'on
en attendait. Plus tard, on crut qu'on ne saurait trop
en augmenter la quantité, et on en mit autant que la
muraille pouvait en recevoir. Une chambre moyenne
d'Edfou et de Dendérah fournit à l'étude plus de matériaux que la salle hypostyle de Karnak, et la chapelle

d'Antonin à Philæ, si elle avait été terminée, renfermerait autant de scènes que le sanctuaire de Louxor et le couloir qui l'enveloppe.

En voyant la variété des sujets traités sur les murs d'un même temple, on est d'abord tenté de croire que la décoration ne forme pas un ensemble suivi d'un bout à l'autre, et que, si plusieurs séries sont, à n'en pas douter, le développement d'une seule idée historique ou dogmatique, d'autres sont jetées simplement à la file, sans aucun lien qui les rattache entre elles. A Louxor et au Ramesséum, chaque face de pylône est un champ de bataille, sur lequel on peut étudier presque jour à jour la lutte de Ramsès II contre les Khiti, en l'an V de son règne, le camp des Égyptiens attaqué de nuit, la maison du roi surprise pendant la marche, la défaite des barbares, leur fuite, la garnison de Qodshou sortie au secours des vaincus, les mésaventures du prince de Khiti et de ses généraux. Ailleurs la guerre n'est point représentée, mais le sacrifice humain qui marquait jadis la fin de chaque campagne : le roi saisit aux cheveux les prisonniers prosternés à ses pieds, et lève la massue comme pour écraser leurs têtes d'un seul coup. A Karnak, le long du mur extérieur, Séti Ier fait la chasse aux Bédouins du Sinaï. Ramsès III, à Médinét-Habou, détruit la flotte des peuples de la mer, ou reçoit les mains coupées des Libyens que ses soldats lui apportent en guise de trophées. Puis, sans transition, on aperçoit un tableau pacifique, où Pharaon verse à son père Amon une libation d'eau parfumée. Il semble qu'on ne puisse établir aucun lien entre ces scènes, et pourtant l'une est la conséquence nécessaire des autres. Si le dieu n'avait pas donné la victoire au roi, le roi à son tour n'aurait pas institué les cérémonies qui s'accomplissaient dans le temple. Le sculpteur a transporté les événements sur la muraille, dans l'ordre où ils s'étaient passés, la victoire, puis le sacrifice, le bienfait du dieu d'abord et les actions de grâces du roi. A y regarder de près, tout se suit, tout s'enchaîne de la même manière dans cette multitude d'épisodes. Tous les tableaux, et ceux-là dont la présence s'explique le moins au premier coup d'œil, représentent les moments d'une action unique, qui commence à la porte et se déroule, à travers les salles, jusqu'au fond du sanctuaire. Le roi entre au temple. Dans les cours, le souvenir de ses victoires frappe partout ses regards; mais voici que le dieu sort à sa rencontre, caché dans une châsse et environné de prêtres. Les rites prescrits en pareil cas sont retracés sur les murs de l'hypostyle où ils s'exécutaient, puis roi et dieu prennent ensemble le chemin du sanctuaire. Arrivés à la porte qui donne accès de la partie publique dans la partie mystérieuse du temple, le cortège humain s'arrête, et le roi, franchissant le seuil, est accueilli par les dieux. Il fait l'un après l'autre tous les exercices religieux auxquels l'oblige la coutume; ses mérites s'accroissent par la vertu des prières, ses sens s'affinent, il prend place parmi les types divins, et pénètre enfin dans le sanctuaire, où le dieu se révèle à lui sans témoin et lui parle face à face. La décoration reproduit fidèlement le progrès de cette présentation mystique : accueil bienveillant des divinités, gestes et offrandes du roi, les vêtements qu'il dépouille ou revêt successivement, les couronnes dont il se coiffe, les prières qu'il récite et les grâces qui lui sont conférées, tout est gravé sur les murs en ses lieu et place. Le roi et les rares personnes qui l'accompagnent ont le dos tourné à la porte d'entrée, la face tournée à la porte du fond. Les dieux au contraire, ceux du moins qui ne font point partie pour le moment de l'escorte royale, ont la face à la porte, le dos au sanctuaire. Si, au cours d'une cérémonie, le roi officiant venait à manquer de mémoire, il n'avait qu'à lever les yeux vers la muraille pour y trouver ce qu'il devait faire.

Et ce n'est pas tout : chaque partie du temple avait son décor accessoire et son mobilier. La face extérieure des pylônes était garnie, non seulement des mâts à banderoles dont j'ai déjà parlé, mais de statues et d'obélisques. Les statues, au nombre de quatre ou de six, étaient en calcaire, en granit ou en grès. Elles représentaient toujours le roi fondateur et atteignaient parfois une taille prodigieuse. Les deux Memnon qui siégeaient à l'entrée de la chapelle d'Amenhotpou III, à Thèbes, mesurent environ seize mètres de haut. Le Ramsès II du Ramesséum a dix-sept mètres et demi, celui de Tanis vingt mètres au moins. Le plus grand nombre ne dépassait pas six mètres. Elles montaient la garde en avant du temple, la face au dehors, comme pour faire front à l'ennemi. Les obélisques de Karnak sont presque tous perdus au milieu des cours intérieures ; même ceux de la reine Hatshopsitou ont été encastrés, jusqu'à cinq mètres au-dessus du sol, dans des massifs de maçonnerie qui en cachaient la base. Ce sont là des accidents faciles à expliquer. Chacun des pylônes qu'ils précèdent a été

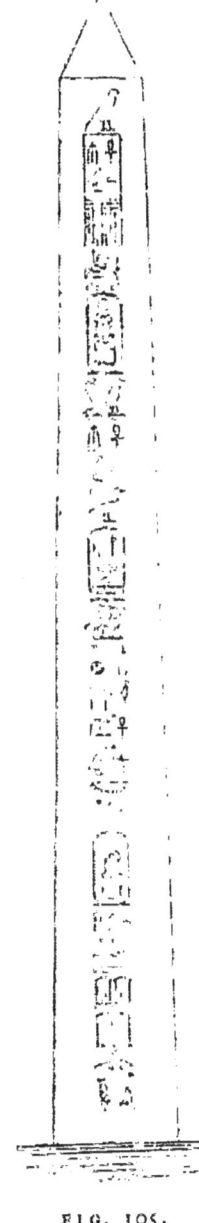

Fig. 105.

tour à tour la façade du temple, et ne s'est trouvé relégué aux derniers plans que par les travaux successifs des Pharaons. La place réelle des obélisques est en avant des colosses, de chaque côté de la porte ; ils ne vont jamais que par paire, de hauteur souvent inégale. On a prétendu reconnaître en eux l'emblème d'Amon-Générateur, un doigt de dieu, l'image d'un rayon de soleil. A dire le vrai, ils ne sont que la forme régularisée de ces pierres levées, qu'on plantait en commémoration des dieux et des morts chez les peuples à demi sauvages. Les tombes de la IV⁰ dynastie en renferment déjà, qui n'ont guère plus d'un mètre, et sont placés à droite et à gauche de la stèle, c'est-à-dire de la porte qui conduit au logis du défunt ; ils sont en calcaire et ne nous apprennent qu'un nom et des titres. A la porte des temples, ils sont en granit et prennent des dimensions considérables, $20^m,75$ à Héliopolis (fig. 105), $23^m,59$ et $23^m,03$ à Louxor. Le plus élevé de ceux que l'on possède aujourd'hui, celui de la reine Hatshopsitou à Karnak, monte jusqu'à $33^m,20$. Faire voyager des masses pareilles et les calibrer exactement était déjà chose difficile, et l'on a peine à comprendre comment les Égyptiens réussissaient à les dresser rien qu'avec des cordes et des caissons de sable. La reine Hatshopsitou se vante d'avoir taillé, transporté, érigé les siens en sept mois, et nous n'avons aucune raison de douter de sa parole. Les obélisques étaient presque tous établis sur plan carré, avec les faces légèrement convexes et une pente insensible de haut en bas. La base était d'un seul bloc carré, orné de légendes ou de cynocéphales en ronde bosse, adorant le soleil. La pointe était coupée en pyramidion et revêtue, par exception, de bronze ou de cuivre doré. Des scènes d'offrandes à Râ-Harmakhis, Hor, Atoum. Amon, sont gravées sur les pans du pyramidion et s'étagent à la partie supérieure du prisme; le plus souvent, les quatre faces verticales n'ont d'autre ornement que des inscriptions en lignes parallèles consacrées exclusivement à l'éloge du roi. Voilà l'obélisque ordinaire : on en rencontre çà et là d'un type différent. Celui de Bégig, au Fayoum (fig. 106), est sur plan rectangulaire et s'arrondit en pointe mousse. Une entaille, pratiquée au sommet, prouve qu'il se terminait par quelque emblème en métal, un épervier peut-être, comme l'obélisque représenté sur une stèle votive du Musée de Boulaq. Cette forme, qui dérive ainsi que la première de la pierre levée, dura jusqu'aux derniers jours de l'art égyptien : on la signale encore à Axoum, en pleine Éthiopie, vers le IVe siècle de notre ère, à une époque où l'on se contentait en Égypte de transporter les anciens obélisques, sans plus songer à en élever de nouveaux. Telle était la décoration accessoire du pylône. Les cours intérieures et les salles hypostyles renfermaient encore des colosses. Les uns, adossés à la face externe des piliers ou des murs, étaient à demi engagés dans la maçonnerie et bâtis par assise ; ils présentaient le roi, debout, muni des insignes d'Osiris. Les autres, placés à Louxor sous le péristyle, à Karnak des deux côtés de la travée centrale, entre chaque colonne, étaient aussi à l'image du Pharaon, mais du Pharaon triomphant et revêtu de son costume d'apparat. Le droit de consacrer une statue dans le temple était avant tout un droit régalien ; cependant le roi permettait quelquefois à des particuliers d'y dédier leurs statues à côté des siennes. C'était alors une grande faveur, et l'inscription de ces monuments mentionne toujours qu'ils ont été déposés *par la grâce du roi* à la place qu'ils occupent. Si rarement que ce privilège fût accordé par le souverain, les statues votives avaient fini par s'accumuler avec les siècles, et les cours de certains temples en étaient remplies. A Karnak, l'enceinte du sanctuaire était garnie extérieurement d'une sorte de banc épais, construit à hauteur d'appui en façon de socle allongé. C'est là que les statues étaient placées, le dos au mur. Elles étaient accompagnées chacune d'un bloc de pierre rectangulaire, muni sur l'un des côtés d'une saillie creusée en gouttière : c'est ce que l'on appelle la table d'offrandes (fig. 107). La face supérieure en est évidée plus ou moins profondément

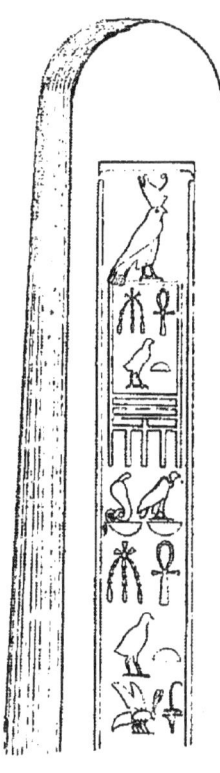

FIG. 106.

et porte souvent en relief des pains, des cuisses de bœuf, des vases à libations couchés à plat, et les autres objets qu'on avait accoutumé de présenter aux morts ou aux dieux. Celles du roi Amoni-Entouf-Amenemhâït, à Boulaq, sont des blocs de plus d'un mètre de long, en grès rouge, dont la face supérieure est chargée de godets creusés régulièrement; une offrande particulière répondait à chaque godet.

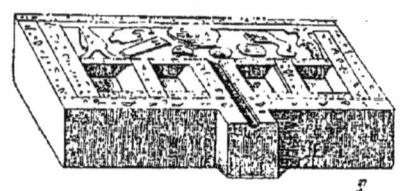

FIG. 107.

Un culte était en effet attaché aux statues, et les tables étaient de véritables autels, sur lesquels on déposait, pendant le sacrifice, les portions de la victime, les gâteaux, les fruits, les légumes.

Le sanctuaire et les pièces qui l'environnent contenaient le matériel du culte. Les bases d'autel sont, les unes carrées et un peu massives, les autres polygonales ou cylindriques; plusieurs de ces dernières ressemblent assez à un petit canon pour que les Arabes leur en donnent le nom. Les plus anciennes sont de la Ve dynastie; la plus belle, déposée aujourd'hui à Boulaq, a été dédiée par Séti Ier. Le seul autel complet que je connaisse a été découvert à Menshiéh en 1884 (fig. 108). Il est en calcaire blanc, compact, poli comme le marbre, et a pour pied un cône très allongé, sans ornement qu'un tore d'environ dix centimètres au-dessous du sommet. Un vaste bassin hémisphérique s'em-

FIG. 108.

boîte dans une entaille carrée, qui sert comme de gueule au canon. Les naos sont de petites chapelles de pierre ou de bois (fig. 109) où logeait en tout temps l'esprit, à certaines fêtes, le corps même du dieu. Les barques sacrées étaient bâties sur le modèle de la bari

FIG. 109. — Naos en bois du musée de Turin.

dans laquelle le soleil accomplissait sa course journalière. Un naos s'élevait au milieu, recouvert d'un voile qui ne permettait pas aux spectateurs de voir ce qu'il renfermait; l'équipage était figuré, chaque dieu à son poste de manœuvre, les pilotes d'arrière au gouvernail, la vigie à l'avant, le roi à genoux, devant la porte du naos. Nous n'avons trouvé jusqu'à présent aucune des statues qui servaient aux cérémonies du culte, mais nous savons l'aspect qu'elles avaient, le rôle qu'elles jouaient, les matières dont elles étaient composées.

Elles étaient animées et avaient, outre leur corps de pierre, de métal, ou de bois, une âme enlevée par magie à l'âme de la divinité qu'elles représentaient. Elles parlaient, remuaient, agissaient, réellement et non par métaphore. Les derniers Ramessides n'entreprenaient rien sans les consulter; ils s'adressaient à elles, leur exposaient l'affaire, et, après chaque question, elles approuvaient en secouant la tête. Dans la stèle de Bakhtan, une statue de Khonsou impose quatre fois les mains sur la nuque d'une autre statue, pour lui transmettre le pouvoir de chasser les démons. La reine Hatshopsitou envoya une escadre à la recherche des Pays de l'Encens, après avoir conversé avec la statue d'Amon dans l'ombre du sanctuaire. En théorie, l'âme divine était censée produire seule des miracles : dans la pratique, la parole et le mouvement étaient le résultat d'une fraude pieuse. Avenues interminables de sphinx, obélisques gigantesques, pylônes massifs, salles aux cent colonnes, chambres mystérieuses où le jour ne pénétrait jamais, le temple égyptien tout entier était bâti pour servir de cachette à une poupée articulée, dont un prêtre agitait les fils.

CHAPITRE III

LES TOMBEAUX

Les Égyptiens composaient l'homme de plusieurs êtres différents, dont chacun avait ses fonctions et sa vie propre. C'était d'abord le corps, puis le double (ka), qui est le second exemplaire du corps en une matière moins dense que la matière corporelle, une projection colorée, mais aérienne de l'individu, le reproduisant trait pour trait, enfant, s'il s'agissait d'un enfant, femme s'il s'agissait d'une femme, homme s'il s'agissait d'un homme. Après le double venait l'âme (bi, baï), que l'imagination populaire se représentait sous la figure d'un oiseau, et après l'âme, le lumineux (khou), parcelle de flamme détachée du feu divin. Aucun de ces éléments n'était impérissable par nature; mais, livrés à eux-mêmes, ils n'auraient pas tardé à se dissoudre et l'homme à mourir une seconde fois, c'est-à-dire à tomber dans le néant. La piété des survivants avait trouvé le moyen d'empêcher qu'il en fût ainsi. Par l'embaumement, elle suspendait pour les siècles la décomposition des corps; par la prière et par l'offrande, elle sauvait le double, l'âme et le lumineux de la seconde mort, et elle leur procurait ce qui leur était nécessaire à prolonger leur existence. Le double ne quittait jamais le lieu où reposait la momie.

L'âme et le lumineux s'en éloignaient pour suivre les dieux, mais y revenaient sans cesse, comme un voyageur qui rentre au logis après une absence. Le tombeau était donc une maison, la *maison éternelle* du mort, au prix de laquelle les maisons de cette terre sont des hôtelleries, et le plan sur lequel il était établi répondait fidèlement à la conception que l'on se faisait de l'autre vie. Il devait renfermer les appartements privés de l'âme, où nul vivant ne pouvait pénétrer sans sacrilège, passé le jour de l'enterrement, les salles d'audience du double, où les prêtres et les amis venaient apporter leurs souhaits et leurs offrandes, et, entre les deux, des couloirs plus ou moins longs. La manière dont ces trois parties étaient disposées variait beaucoup selon les époques, les localités, la nature du terrain, la condition et le caprice de chaque individu. Souvent les pièces accessibles au public étaient bâties au-dessus du sol et formaient un édifice isolé. Souvent encore, elles étaient creusées entièrement dans le flanc d'une montagne avec le reste du tombeau. Souvent enfin, le réduit où la momie reposait et le couloir étaient dans un endroit, tandis qu'elles s'élevaient au loin dans la plaine. Mais, si l'on remarque des variantes nombreuses dans les détails et dans le groupement des parties, le principe est toujours le même : la tombe est un logis, dont l'agencement doit favoriser le bien-être et assurer la perpétuité du mort.

1° LES MASTABAS.

Les tombes monumentales les plus anciennes sont toutes réunies dans la nécropole de Memphis, d'Abou-

Roâsh à Dahshour, et appartiennent au type des mastabas. Le mastaba (fig. 110) est une construction quadrangulaire qu'on prendrait de loin pour une pyramide tronquée. Plusieurs ont 10 ou 12 mètres de haut, 50 mètres de façade, 25 mètres de profondeur; d'autres n'atteignent pas 3 mètres de hauteur et 5 mètres de largeur. Les faces sont inclinées symétriquement et le plus souvent unies; parfois cependant les assises sont en retraite et forment presque gradins. Les matériaux employés sont la pierre ou la brique. La pierre est toujours le calcaire, débité en blocs, longs d'environ 0^m,80 sur 0^m,50 de hauteur et sur 0^m,60 de profondeur. On rencontre trois sortes de calcaire : pour les tombes soignées, le beau calcaire blanc de Tourah ou le calcaire siliceux compact de Saqqarah ; pour les tombes ordinaires, le calcaire marneux de la montagne Libyque. Ce dernier, mêlé à des couches minces de sel marin et traversé par des filons de gypse cristallisé, est friable à l'excès et prête peu à l'ornementation. La brique est de deux espèces, et simplement séchée au soleil. La plus ancienne, dont l'usage cesse vers la VIe dynastie, est de petites dimensions (0^m,22 × 0^m,11 × 0^m,14), d'aspect jaunâtre, et ne renferme que du sable mêlé d'un peu d'argile et de gravier ; l'autre est de la terre mêlée de paille, noire, compacte, moulée avec soin et d'assez grand module (0^m,38 × 0^m,18 × 0^m,14). La façon de la maçonnerie interne n'est pas la même selon la nature

FIG. 110.

des matériaux que l'architecte a employés. Neuf fois sur dix, les mastabas en pierre n'ont d'appareil régulier qu'à l'extérieur. Le noyau est en moellons grossièrement équarris, en gravats, en fragments de calcaire, rangés sommairement par couches horizontales, et noyés dans de la terre délayée, ou même entassés au hasard, sans mortier d'aucune sorte. Les mastabas en briques sont presque toujours de construction homogène; les parements extérieurs sont cimentés avec soin, et les lits reliés à l'intérieur par du sable fin coulé dans les interstices. La masse devait être orientée canoniquement, les quatre faces aux quatre points cardinaux, le plus grand axe dirigé du nord au sud; mais les maçons ne se sont point préoccupés de trouver le nord juste, et l'orientation est rarement exacte. A Gizéh, les mastabas sont distribués selon un plan symétrique et rangés le long de véritables rues; à Saqqarah, à Abousîr, à Dahshour, ils s'élèvent en désordre à la surface du plateau, espacés ou pressés par endroits. Le cimetière musulman de Siout présente encore aujourd'hui une disposition analogue à celle qu'on observe à Saqqarah, et nous permet d'imaginer ce que pouvait être la nécropole memphite dans les derniers temps de l'ancien Empire.

Une plate-forme unie, non dallée, formée par la dernière couche du noyau, s'étend au sommet du cube en maçonnerie. Elle est semée de vases en terre cuite, enterrés presque à fleur de sol, nombreux au-dessus des vides intérieurs, rares partout ailleurs. Les murs sont nus. Les portes sont tournées vers l'est, quelquefois vers le nord ou vers le sud, jamais vers l'ouest. On en comptait deux, l'une réservée aux morts, l'autre accessible aux vivants; mais celle du mort n'était qu'une niche étroite et haute, ménagée dans la face est, à côté de l'angle nord-est, et au fond de laquelle étaient tracées des raies verticales, encadrant une baie fermée. Souvent même on supprimait ce simulacre d'entrée, et l'âme se tirait d'affaire comme elle pouvait. La porte des vivants avait plus ou moins d'importance, selon le plus ou moins de développement de la chambre à

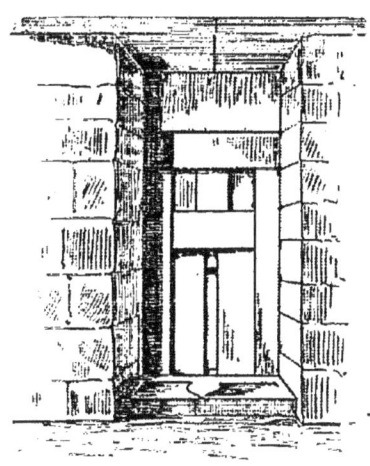

FIG. 111.

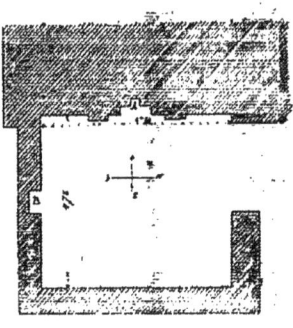

FIG. 112.

laquelle elle conduisait. Chambre et porte se confondent plus d'une fois en un réduit sans profondeur, décoré d'une stèle et d'une table d'offrandes (fig. 111), et protégé à l'occasion par un mur qui fait saillie sur la façade. On a alors une sorte d'avancée, ouvrant vers le nord, carrée au tombeau de Kaâpîr (fig. 112), irrégulière dans celui de Nofirhotpou à Saqqarah (fig. 113). Quand le plan comporte l'existence d'une ou de plusieurs chambres, la porte est pratiquée au milieu d'une petite façade architecturale (fig. 114), ou sous un petit portique soutenu par deux piliers carrés, sans base et sans abaque (fig. 115). Elle est d'une simplicité extrême : deux jambages, ornés de bas-reliefs représentant le défunt et surmontés d'un tambour cylindrique gravé aux titre et au nom du propriétaire. Dans le tombeau de Pohounika, à Saqqarah, les montants figurent deux pilastres, cou-

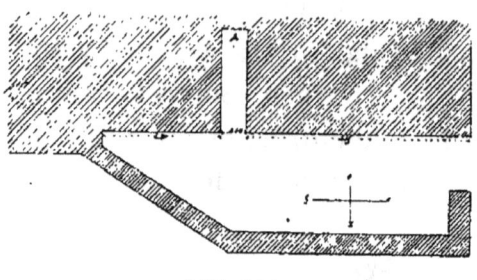

FIG. 113.

FIG. 114.

ronnés chacun de deux fleurs de lotus en relief : c'est là un fait unique jusqu'à ce jour.

La chapelle était généralement petite et se perdait dans la masse de l'édifice (fig. 116); mais aucune règle précise n'en déterminait l'étendue. Dans le tombeau de Ti, on rencontre d'abord un portique (A), puis une antichambre carrée avec piliers (B), puis un couloir (C), flanqué d'un cabinet sur la

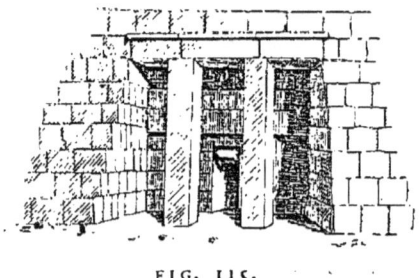

FIG. 115.

droite (D) et débouchant dans une dernière chambre (E) (fig. 117). Il y a là de l'espace pour plusieurs personnes, et, en effet, la femme de Ti repose à côté de son mari. Quand le monument appartenait à un seul personnage, pareille complication n'était pas nécessaire. Un boyau étranglé et court mène dans une pièce oblongue, où il tombe à angle droit, par le milieu.

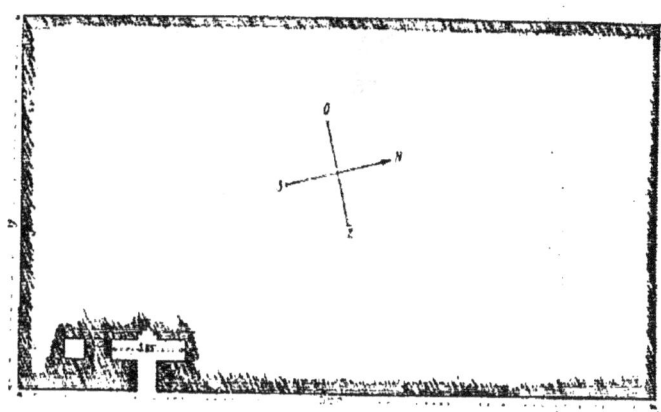

FIG. 116.

Souvent la muraille du fond est lisse, et l'ensemble offre l'aspect d'une sorte de marteau à têtes égales (fig. 118); souvent aussi, elle se creuse en face de

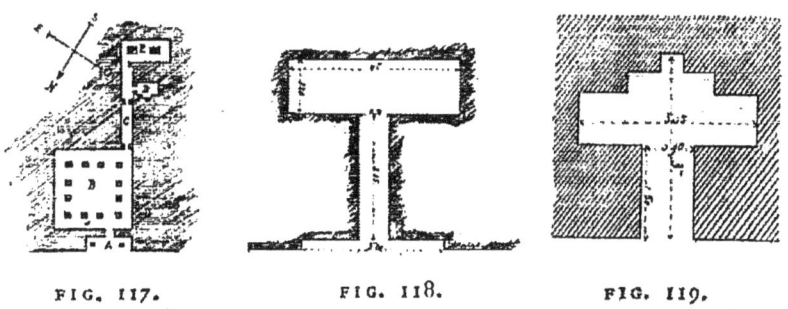

FIG. 117.   FIG. 118.   FIG. 119.

l'entrée, et l'on dirait une croix dont le chevet serait plus ou moins découpé (fig. 119). C'était la distribution la plus fréquente, mais l'architecte était libre de la rejeter, si bon lui semblait. Telle chapelle consiste de deux couloirs parallèles, soudés par un passage transversal (fig. 120). Dans telle autre, la chambre s'emmanche sur le couloir par un des angles (fig. 121). Ailleurs, dans le tombeau de Phtahhotpou, le terrain concédé était resserré entre des constructions antérieures et ne suffisait pas : on a rattaché le mastaba nouveau au mastaba ancien, de manière à leur donner une entrée commune, et la chapelle de l'un s'est agrandie de tout l'espace que couvrait celle de l'autre (fig. 122).

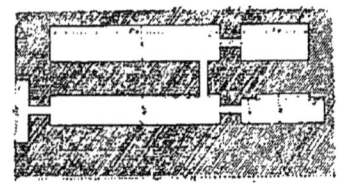

FIG. 120.

La chapelle était la salle de réception du double. C'est là que les parents, les amis, les prêtres célébraient

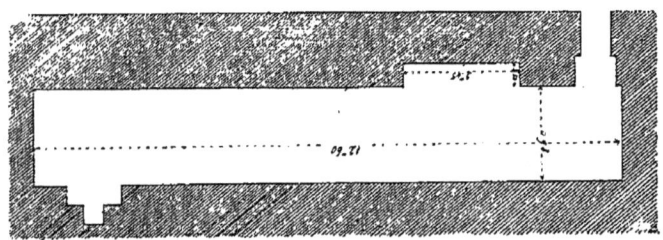

FIG. 121.

le sacrifice funéraire aux jours prescrits par la loi, « aux fêtes du commencement des saisons, à la fête de « Thot, au premier jour de l'an, à la fête d'Ouaga, à la « grande fête de la canicule, à la procession du dieu « Mînou, à la fête des pains, aux fêtes du mois et de « la quinzaine et chaque jour ». Ils déposaient l'offrande dans la pièce principale, au pied de la paroi ouest, au point précis où se trouvait l'entrée de la *maison éternelle* du mort. Ce point n'était pas, comme la *kiblah* des mosquées ou des oratoires musulmans, orienté toujours vers la même région du compas. On le trouve assez souvent à l'ouest, mais cette position

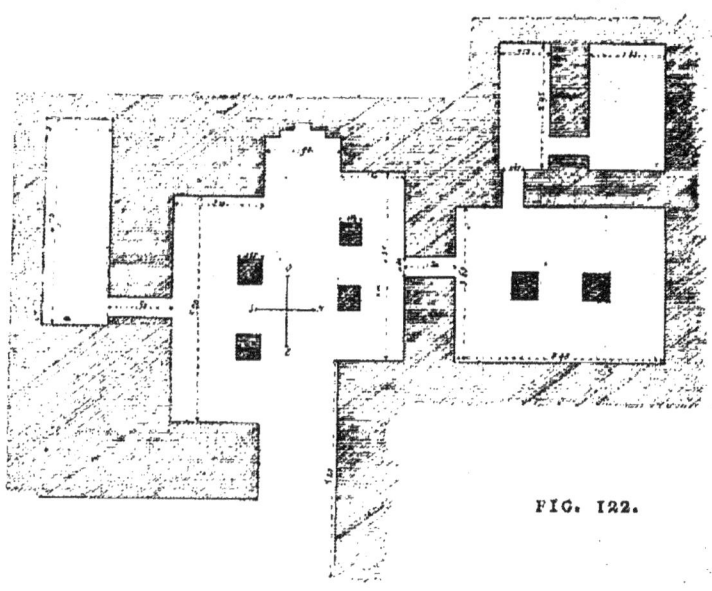

FIG. 122.

n'était pas réglementaire. Il était marqué au début par une véritable porte, étroite et basse, encadrée et décorée comme la porte d'une maison ordinaire, mais dont la baie n'était point percée. Une inscription, tracée sur le linteau en gros caractères bien lisibles, commémorait le nom et le rang du maître. Des figures en pied ou assises étaient gravées sur les côtés et rappelaient son portrait aux visiteurs. Un tableau, sculpté ou peint sur les blocs qui fermaient la baie de la porte, le montrait assis devant un guéridon et allongeant la main vers le repas qu'on lui apportait. Une table d'offrandes plate encastrée dans le sol, entre les deux montants, recevait les mets et les boissons. Les vivants partis, le

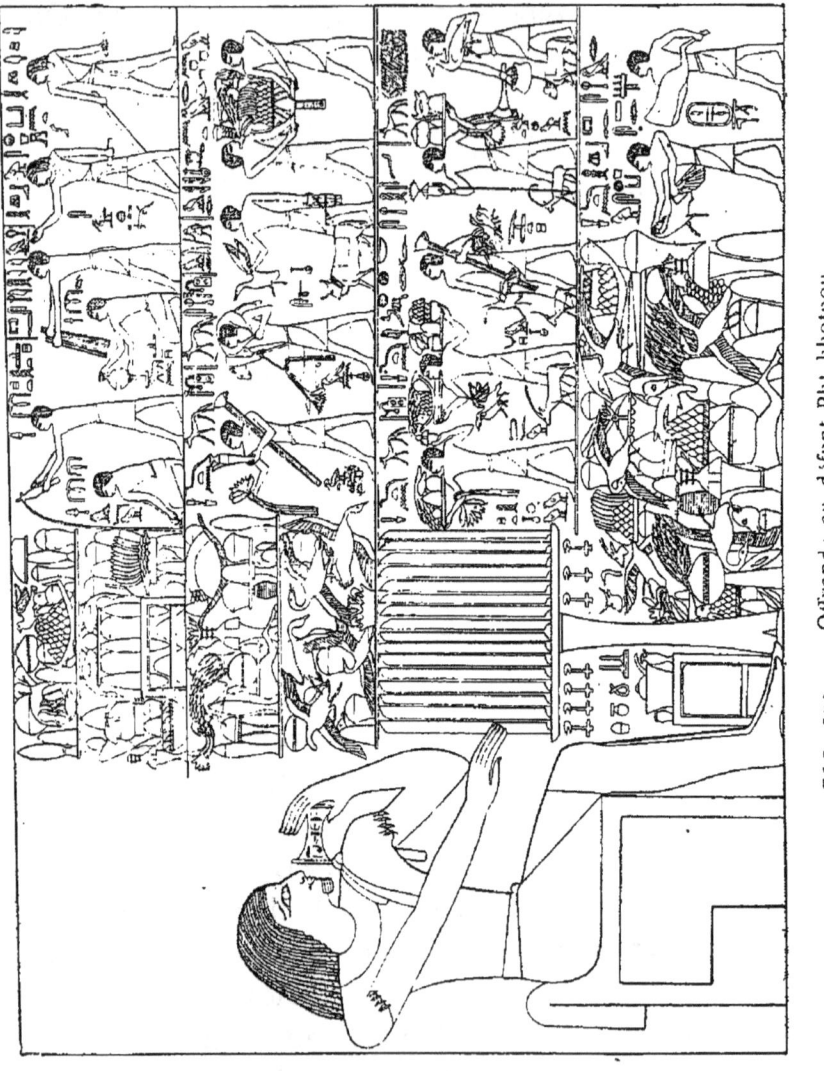

FIG. 123. — Offrande au défunt Phtahhotpou.

double sortait de chez lui et mangeait. En principe, la cérémonie devait se renouveler d'année en année, jusqu'à la consommation des siècles; mais il n'avait pas fallu longtemps aux Égyptiens pour s'apercevoir qu'il n'en pouvait être ainsi. Au bout de deux ou trois générations, les morts d'autrefois étaient délaissés au profit des morts plus récents. Lors même qu'on établissait des fondations pieuses, dont le revenu payait le repas funèbre et les prêtres chargés de le préparer, on ne faisait que reculer l'heure de l'oubli. Le moment arrivait tôt ou tard, où le double en était réduit à chercher pâture parmi les rebuts des villes, parmi les excréments, parmi les choses ignobles et corrompues qui gisaient abandonnées sur le sol. Pour obtenir que l'offrande consacrée le jour des funérailles conservât ses effets à travers les âges, on imagina de la dessiner et de l'écrire sur les murs de la chapelle (fig. 123). La reproduction en peinture ou en sculpture des personnes et des choses assurait à celui au bénéfice de qui on l'exécutait la réalité des personnes et des choses reproduites : le double se voyait sur la muraille mangeant et buvant, et il mangeait et buvait. L'idée une fois admise, les théologiens et les artistes en tirèrent rigoureusement les conséquences. On ne se borna pas à donner des provisions simulées, on y joignit l'image des domaines qui les produisaient, des troupeaux, des ouvriers, des esclaves. S'agissait-il de fournir la viande pour l'éternité ? On pouvait se contenter de dessiner les membres d'un bœuf ou d'une gazelle déjà parés pour la cuisine, l'épaule, la cuisse, les côtes, la poitrine, le cœur et le foie, la tête ; mais on pouvait aussi reprendre de très haut l'histoire de l'animal, sa naissance, sa vie au pâturage, puis la boucherie, le dépeçage, la présentation des morceaux. De même, à propos des gâteaux et des pains, rien n'empêchait qu'on retraçât le labourage, les semailles, la moisson, le battage des grains, la rentrée

FIG. 124.

au grenier, le pétrissage de la pâte. Les vêtements, les parures, le mobilier servaient de prétexte à introduire

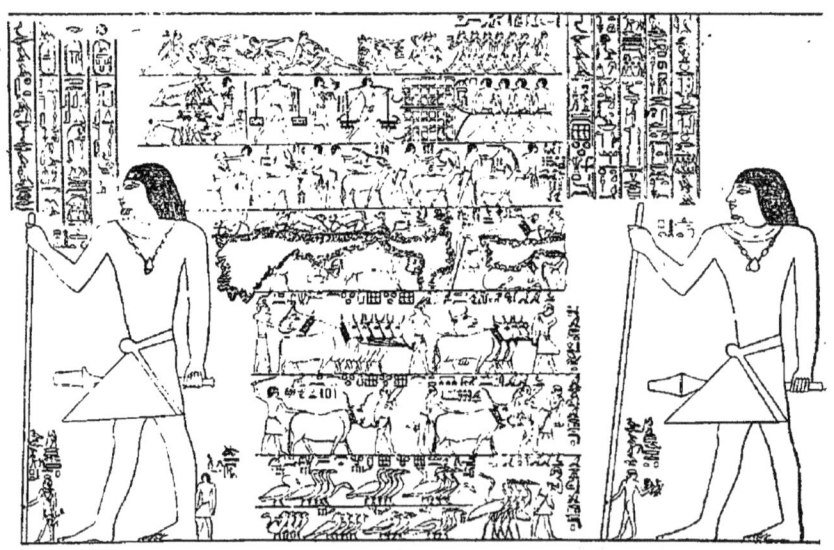

FIG. 125. — Phtahhotpou surveillant la rentrée des animaux domestiques.

les fileuses, les tisserands, les orfèvres, les menuisiers. Le maître domine bêtes et gens de sa taille surhumaine. Quelques tableaux discrets le montrent courant à toutes voiles vers l'autre monde, sur le bateau des funérailles, le jour où il avait pris possession de son logis nouveau (fig. 124). Dans les autres, il est en pleine activité et surveille ses vassaux fictifs comme il surveillait jadis ses vassaux réels (fig. 125). Les scènes, si variées et si désordonnées qu'elles semblent être, ne sont pas rangées au hasard. Elles convergent toutes vers le semblant de porte qui était censé communiquer avec l'intérieur. Les

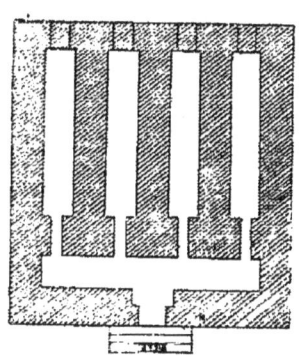

FIG. 126.

plus rapprochées représentent les péripéties du sacrifice et de l'offrande. Au fur et à mesure que l'on s'éloigne, les opérations et les travaux préliminaires s'accomplissent chacun à son tour. A la porte, la figure du maître semble attendre les visiteurs et leur souhaiter la bienvenue. Les détails changent à l'infini, les inscriptions s'allongent ou s'abrègent au caprice de l'écrivain, la fausse porte perd son caractère architectonique et n'est plus souvent qu'une pierre de taille médiocre, une stèle, sur laquelle on consigne le nom du maître et son état civil : grande ou petite, nue ou décorée richement, la chapelle reste toujours comme la salle à manger, ou plutôt comme le garde-manger, où le mort puise à son gré quand il a faim.

De l'autre côté du mur se cachait une cellule étroite et haute, ou mieux un couloir, d'où le nom de *serdab*, que les archéologues lui prêtent à l'exemple des Arabes. La plupart des mastabas n'en ont qu'un ; d'autres en contiennent trois ou quatre (fig. 126). Ils ne communiquent pas entre eux ni avec la chapelle, et sont comme noyés dans la maçonnerie (fig. 127). S'ils sont reliés au monde extérieur, c'est par un conduit ménagé à hauteur d'homme (fig. 128) et tellement resserré qu'on a peine à y glisser la main. Les prêtres venaient murmurer des prières et brûler des parfums à l'orifice ;

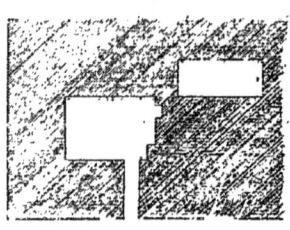 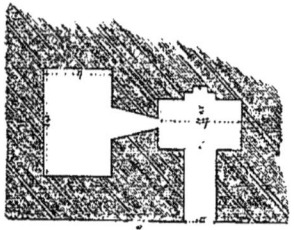

FIG. 127.   FIG. 128.

le double était au delà et profitait de l'aubaine ou du moins ses statues l'accueillaient en son nom. Comme sur la terre, l'homme avait besoin d'un corps pour subsister ; mais le cadavre défiguré par l'embaumement ne rappelait plus que de loin la forme du vivant. La momie était unique, facile à détruire ; on pouvait la brûler, la démembrer, en disperser les morceaux. Elle disparue, qu'adviendrait-il du double? Les statues qu'on enfermait dans le serdab devenaient, par la consécration, les corps de pierre ou de bois du défunt. La piété des parents les multipliait, et, par suite, multipliait aussi les supports du double ; un seul corps était une seule chance de durée pour lui, vingt représentaient vingt chances. C'est dans une intention analogue qu'on joignait aux statues du mort celles de sa femme, de ses enfants, de ses serviteurs, saisis dans les différents actes de la domesticité, broyant le grain, pétrissant la pâte, poissant les jarres destinées à contenir le vin. Les figures plaquées à la muraille de la chapelle s'en détachaient et prenaient dans le serdab un corps solide. Ces précautions n'empêchaient pas d'ailleurs qu'on n'employât tous les moyens pour mettre ce qui restait du corps de chair à l'abri des causes naturelles de destruction et des attaques de l'homme. Au tombeau de Ti, un couloir rapide, qui affleure le sol au milieu de la première salle, conduit du dehors au caveau; mais c'est là une exception presque unique; on y descend par un puits perpendiculaire, creusé rarement dans un coin de la chapelle, d'ordinaire au centre de la plate-forme (fig. 129). La profondeur en varie entre 3 et 30 mètres. Il traverse la maçonnerie, pénètre dans le rocher; au fond, vers le sud, un couloir, trop bas pour qu'on y chemine debout, donne accès à une chambre. C'est là que la momie repose, dans un grand sarcophage en calcaire blanc, en granit rose ou en basalte. Il porte rarement une inscription, le nom et les titres du mort, plus rarement des ornements; on en connaît pourtant qui simulent la décoration d'une maison égyptienne avec ses portes et ses fenêtres. Le mobilier est des plus simples : des vases en albâtre pour les parfums, des godets où le prêtre avait versé quelques gouttes des liqueurs offertes au mort, de grandes jarres en terre cuite rouge pour l'eau, un chevet en albâtre ou en bois, une palette votive de scribe. Après avoir scellé la momie dans la cuve qui l'attendait, les ouvriers dispersaient sur le sol les quartiers du bœuf ou de la gazelle qu'on venait de sacrifier; puis ils muraient avec soin l'entrée du couloir et remplissaient le puits jusqu'à la bouche d'éclats de pierre mêlés de sable et de terre. Le tout, largement arrosé, finissait par s'agglutiner en un béton presque impénétrable, dont la dureté défiait tout essai de profanation. Le corps, livré à lui-même, ne recevait plus d'autre visite que celle de son âme. L'âme quittait de temps en temps la région céleste où elle voyageait en compagnie des dieux, et descendait se réunir à la momie. Le caveau était sa maison, comme la chapelle était la maison du double.

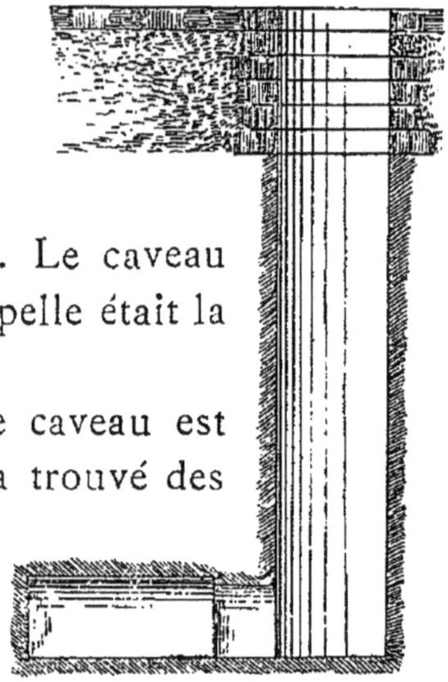

Jusqu'à la VIe dynastie, le caveau est nu ; une seule fois Mariette y a trouvé des lambeaux d'inscriptions appartenant au *Livre des morts*. J'ai découvert à Saqqarah, en 1881, des tombes où il est orné de préférence à la chapelle. Elles

FIG. 129.

sont en grosses briques et n'ont pour le sacrifice qu'une niche renfermant la stèle. A l'intérieur, le puits est remplacé par une petite cour rectangulaire, dans la partie occidentale de laquelle on ajustait le sarcophage. Au-dessus du sarcophage, on bâtissait en calcaire une chambre aussi large et aussi longue que lui, haute d'environ 1 mètre et recouverte de dalles posées à plat. Au fond ou sur la droite, on réservait une niche qui tenait lieu de serdab. On ménageait au-dessus du toit plat une voûte de décharge d'environ 0^m,50 de rayon, et, par-dessus la voûte, on plaçait des lits horizontaux de briques jusqu'au niveau de la plate-forme. La chambre occupe les deux tiers environ de la cavité et a l'aspect d'un four, dont la gueule serait restée béante. Quelquefois, les murs de pierre reposent sur le couvercle même du sarcophage, et la chambre n'était achevée qu'après l'enterrement (fig. 130). Le plus souvent, ils s'appuient sur deux montants de briques, et le sarcophage pouvait être ouvert ou fermé à volonté. La décoration, tantôt peinte, tantôt sculptée, est la même partout. Chaque paroi était comme une maison où étaient déposés les objets dessinés ou énumérés à la surface; aussi avait-on soin d'y figurer une porte monumentale, par laquelle le mort avait accès à son bien. Il trouvait sur la paroi de gauche un monceau de provisions (fig. 131) et la table d'offrandes; sur celle du fond, des ustensiles de ménage, du linge, des parfums, avec le nom et l'indication des quantités. Ces tableaux sont un résumé de ceux qu'on voit dans la chapelle des mastabas communs. Si on les a distraits de leur place primitive, c'est qu'en les transportant au caveau, on les garantissait contre les dangers de destruction, qui les menaçaient dans des salles accessibles au premier venu, et que leur conservation assurait plus longtemps au mort la possession des biens qu'ils représentaient.

FIG. 130.

LES PYRAMIDES.

Les tombes royales ont la forme de pyramides à base rectangulaire et sont l'équivalent, en pierre ou en brique, du tumulus en terre meuble qu'on amoncelait

FIG. 131.

sur le corps des chefs de guerre, aux époques antéhistoriques. Les mêmes idées prévalaient sur les âmes des rois qui avaient cours sur celles des particuliers. Le plan de la pyramide comporte donc les trois parties de celui des mastabas : la chapelle, les couloirs, les chambres funéraires.

La chapelle est toujours isolée. A Saqqarah, on n'en a découvert aucune trace. Elle était probablement, comme plus tard à Thèbes, située dans le faubourg de la ville le plus proche de la montagne. A Gizèh, à Abousîr, à Dahshour, les débris en sont encore visibles sur le front de la façade orientale ou septentrionale. C'était alors un véritable temple avec chambres, cours et passages. Les fragments de bas-reliefs qui sont parvenus jusqu'à nous montrent les scènes du sacrifice et prouvent que la décoration était identique à celle des salles publiques du mastaba. La pyramide proprement dite ne renferme que les couloirs et le caveau funèbre. La plus ancienne dont les textes nous certifient l'existence, au nord d'Abydos, est celle de Snofrou; les plus modernes appartiennent aux princes de la XIIe dynastie. La construction de ces monuments a donc été, pendant treize ou quatorze siècles, une opération courante, prévue par l'administration. Le granit, l'albâtre, le basalte destinés au sarcophage et à certains détails, étaient les seuls matériaux dont l'emploi et la quantité ne fussent pas réglés à l'avance et qu'il fallût aller chercher au loin. Pour se les procurer, chaque roi envoyait un des principaux personnages de la cour en mission aux carrières de la haute Égypte, et la célérité avec laquelle on rapportait les blocs était un titre puissant à la faveur du souverain. Le reste n'exigeait pas tant de frais. Si le gros œuvre était en brique, on moulait la brique sur place, avec la terre prise dans la plaine au pied de la colline. S'il était en pierre, les parties du plateau les plus voisines fournissaient le calcaire marneux à profusion. On réservait d'ordinaire à la construction des chambres et au revêtement le calcaire de Tourah, qu'on n'avait même pas la peine de faire venir spécialement de l'autre côté du Nil. Memphis avait des entrepôts toujours pleins, où l'on puisait sans cesse pour les édifices publics, et par conséquent pour la tombe royale. Les blocs, pris dans ces réserves et apportés en barque jusque sous la montagne, montaient à l'emplacement choisi par l'architecte, le long de chaussées inclinées doucement. La disposition intérieure, la longueur des couloirs, la hauteur sont très variables; la pyramide de Khéops culminait à 145 mètres environ au-dessus du sol, la plus petite n'atteignait pas 10 mètres. Comme il est malaisé de concevoir aujourd'hui quels motifs ont déterminé les Pharaons à choisir des proportions aussi différentes, on a pensé que la masse bâtie était en proportion directe du temps consacré à la bâtir, c'est-à-dire de la durée de chaque règne. Dès qu'un prince montait sur le trône, on aurait commencé par lui ériger à la hâte une pyramide assez vaste pour contenir les parties essentielles du tombeau; puis, d'année en année, on aurait ajouté des couches nouvelles autour du noyau primitif, jusqu'au moment où la mort arrêtait à jamais la croissance du monument. Les faits ne justifient pas cette hypothèse. La moindre des pyramides de Saqqarah appartient à Ounas, qui régna trente ans; mais les deux imposantes pyramides de Gizèh ont été édifiées par Khéops et par Khéphrên, qui gouvernèrent l'Égypte l'un vingt-quatre, l'autre vingt-trois ans. Mirinrî, qui mourut fort jeune, a une pyramide aussi grande que Pepi II, qui prolongea sa vie au delà de quatre-vingt-dix ans. Le plan de chaque pyramide était tracé une fois pour toutes par l'architecte, selon les instructions qu'il avait reçues et les ressources qu'on plaçait à sa disposition. Une fois mis en train, l'exécution s'en poursuivait jusqu'à complet achèvement des travaux, sans se développer ni se restreindre.

Les pyramides devaient avoir les faces aux quatre points cardinaux, comme les mastabas; mais, soit maladresse, soit négligence, la plupart ne sont pas orientées exactement, et plusieurs s'écartent sensiblement du nord vrai. Sans parler des ruines d'Abou-Roash et de Zaouiét-el-Aryân, qui n'ont pas encore été étudiées d'assez près, elles se partagent naturellement en six groupes, distribués du nord au sud sur la lisière du plateau de Libye, de Gizèh au Fayoum, par Abousîr, Saqqarah, Dahshour et Lisht. Le groupe de Gizèh en compte neuf, et, dans le nombre, celles de Khéops, de Khéphrên et de Mykérinos, que l'antiquité classait parmi les merveilles du monde. Le terrain sur lequel le Khéops repose était assez irrégulier, au moment de la construction. Un petit tertre qui le dominait fut taillé rudement (fig. 132) et englobé dans la maçonnerie, le reste fut aplani et garni de grosses dalles dont quelques-unes subsistent encore. La pyramide même avait une hauteur de cent quarante-cinq mètres et une base de deux cent trente-trois, que l'injure du temps a réduites respectivement à cent trente-sept et deux cent vingt-sept. Elle garda, jusqu'à la conquête arabe, un parement en pierres de couleurs diverses, si habilement assemblées qu'on aurait dit un seul bloc du pied au sommet. Le travail de revêtement avait commencé par le haut : la pointe avait été placée la première, puis les assises s'étaient recouvertes de proche en proche jusqu'à ce qu'on eût gagné le bas. A l'intérieur, tout avait été calculé de manière à cacher le site exact du sarcophage et à décourager les fouilleurs que le hasard ou leur persévérance auraient mis sur la bonne voie. Le premier point était, pour eux, de découvrir l'entrée sous le revêtement qui le masquait. Elle était à peu près au milieu de la face nord (fig. 132), mais au niveau de la dix-huitième assise, à quarante-cinq pieds environ au-dessus du sol. Les dalles qui l'obstruaient une fois déplacées, on pénétrait dans un couloir incliné, haut de 1^m,06, large de 1^m,22, prati-

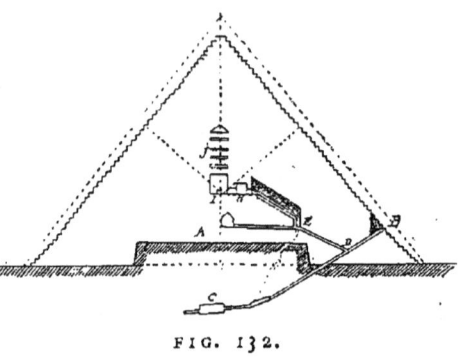

FIG. 132.

qué en partie dans la roche vive. Il descend l'espace de quatre-vingt-dix-sept mètres, traverse une chambre inachevée (C) et se termine dix-huit mètres plus loin en cul-de-sac. C'était un premier désappointement. Si pourtant on ne se laissait pas rebuter, et qu'on examinât le passage avec soin, on distinguait dans le plafond, à dix-neuf mètres de la porte, un bloc de granit qui tranchait sur le calcaire environnant (D). Il était si dur que les chercheurs, après avoir travaillé vainement à le briser ou à le déchausser, prirent le parti de se frayer un chemin à travers les parties de la maçonnerie construites en une pierre plus tendre. L'obstacle tourné, ils débouchèrent dans un couloir ascendant, qui se raccorde au premier sous un angle de 120 degrés et se divise en deux branches (E). L'une s'enfonce horizontalement vers le centre de la pyramide et se perd dans une chambre en granit à toit pointu, qu'on appelle, sans raison valable, *Chambre de la Reine* (F). L'autre, tout en continuant à monter, change de forme et d'aspect. C'est maintenant une galerie longue de 45 mètres, haute de 8^m,50, bâtie en belle pierre du Mokatam, si polie et si finement appareillée qu'on a peine à glisser entre les joints « une aiguille ou même un cheveu ». Les assises les plus basses portent d'aplomb l'une sur l'autre, les sept suivantes s'avancent en encorbellement, de manière que les dernières ne soient plus séparées au plafond que par un intervalle de 0^m,60. Un obstacle nouveau se dressait à l'extrémité (G). Le couloir qui mène à la chambre du sarcophage était clos d'une seule plaque de granit; venait ensuite un petit vestibule (H), coupé à espaces égaux par quatre herses, également en granit, qu'il fallait briser. Le caveau royal (I) est une chambre en granit, à toit plat, haute de 5^m,81, longue de 10^m,43, large de 5^m,20; on n'y voit ni figure ni inscription, rien qu'un sarcophage en granit mutilé et sans couvercle. Telles étaient les précautions prises contre les hommes : l'événement a prouvé qu'elles étaient efficaces, car la pyramide garda son dépôt plus de quatre mille ans. Mais le poids même des matériaux était un danger plus sérieux pour elle. On empêcha le caveau d'être écrasé par les cent mètres de pierre qui le protégeaient, en ménageant au-dessus de lui cinq pièces de décharge, basses et superposées (J). La dernière est abritée par un toit pointu, formé de deux énormes dalles appuyées par le haut l'une à l'autre. Grâce à cet artifice, la pression centrale fut rejetée presque entière sur les faces latérales, et le caveau fut respecté. Aucune des pierres qui le revêtent n'a été écrasée, aucune n'a cédé d'une ligne depuis le jour où les ouvriers l'ont scellée en sa place.

Les pyramides de Khéphrên et de Mykérinos ont été bâties à l'intérieur sur un plan différent de celle de Khéops. Khéphrên a deux issues, toutes deux tournées vers le nord, l'une sur l'esplanade, l'autre à 15 mètres au-dessus du sol. Mykérinos possède encore les débris de son revêtement de granit rose. Le couloir d'entrée descend à un angle de 26°,2′ et pénètre rapidement dans le roc. La première salle qu'il traverse est décorée de panneaux sculptés dans la pierre et fermée à la sortie par trois herses en granit. La seconde pièce paraissait être inachevée, mais ce n'était là qu'une ruse destinée à tromper les fouilleurs : un couloir ménagé dans le sol et soigneusement dissimulé donnait accès au caveau. Là reposait la momie dans un sarcophage de basalte sculpté, encore intact au commencement du siècle : enlevé par Vyse, il a sombré sur la côte d'Espagne avec le navire qui le transportait en Angleterre. La même variété de disposition prévaut dans le groupe d'Abousîr et dans une partie de celui de Saqqarah. La grande pyramide de Saqqarah n'est pas orientée exactement : la face nord s'écarte de 4°,35 du nord vrai. Elle n'a point pour base un carré parfait, mais un rectangle allongé de l'est à l'ouest, de 120ᵐ,60 sur 107ᵐ,30 de côté. Elle est haute de 59ᵐ,68 et se compose de six cubes à pans inclinés, en retraite l'un sur l'autre de 2 mètres environ : le plus rapproché du sol a 11ᵐ,48 d'élévation, le plus éloigné 8ᵐ,89 (fig. 133). Elle est construite entièrement avec le calcaire de la montagne environnante. Les matériaux sont petits et mal taillés, les lits d'assise concaves, selon la méthode qu'on appliquait également à la construction des quais et des forteresses. Quand on explore les brèches de la maçonnerie, on reconnaît que la face externe de chaque gradin est comme habillée de deux enveloppes, dont chacune a son parement régulier. La masse est pleine, les

FIG. 133.

chambres sont creusées dans le roc au-dessous de la pyramide. La principale des quatre entrées donne au nord, et les couloirs forment un véritable dédale au milieu duquel il est périlleux de s'aventurer : portique à colonnes, galeries, chambres, tout aboutit à une sorte de puits, au fond duquel était pratiquée une cachette, destinée sans doute à contenir les objets les plus précieux du mobilier funéraire. Les pyramides qui entourent ce monument extraordinaire ont été presque toutes édifiées sur un modèle unique (fig. 134) et ne se distinguent que par les proportions. La porte s'ouvre juste au-dessous de la première assise, vers le milieu de la face septentrionale, et le couloir (B) descend, par une pente assez douce, entre des murs en calcaire. Il est bouché sur toute son étendue de gros blocs qu'on doit briser avant de parvenir à la salle d'attente (C). Au sortir de cette salle, il marche quelque temps encore dans le

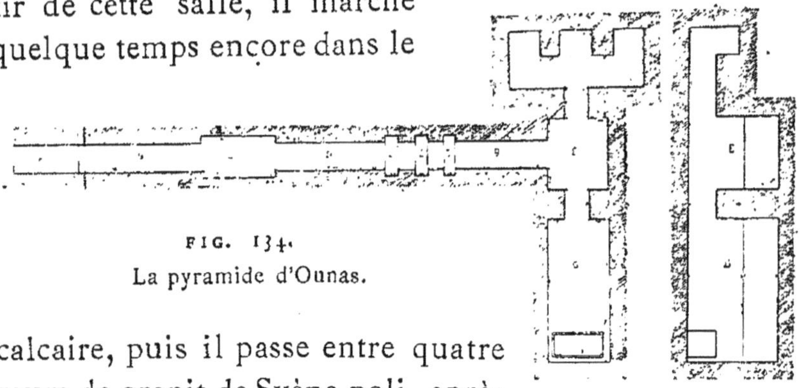

FIG. 134.
La pyramide d'Ounas.

calcaire, puis il passe entre quatre murs de granit de Syène poli, après quoi le calcaire reparaît, et on débouche dans le vestibule (E). La partie bâtie en granit est interrompue trois fois, à 60 ou 80 centimètres d'intervalle, par trois énormes herses de granit (D). Au-dessus de chacune d'elles se trouve un vide, dans lequel elle était maintenue par des supports qui laissaient le passage libre (fig. 135). La momie une fois introduite, les ouvriers en se retirant

FIG. 135.

enlevaient les étais, et les trois herses, tombant en place, interceptaient toute communication avec le dehors. Le vestibule était flanqué, à l'est, d'un serdab à toit plat, divisé en trois niches et encombré d'éclats de pierre, balayés à la hâte par les esclaves, au moment où l'on nettoyait les chambres pour y recevoir la momie. La pyramide d'Ounas les a conservées toutes trois. Dans Teti et dans Mirinrî, les murs de séparation ont été fort proprement enlevés, dès l'antiquité, et n'ont laissé d'autre trace qu'une ligne d'attache et une teinte plus blanche de la paroi, aux endroits qu'ils recouvraient primitivement. Le caveau (G) s'étendait à l'ouest du vestibule : le sarcophage y était déposé le long de la muraille occiden-

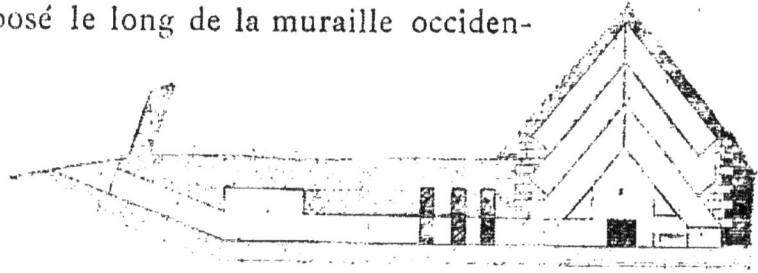

FIG. 136.

tale, les pieds au sud, la tête au nord (H). Le toit des deux chambres principales était pointu. Il se composait de larges poutres en calcaire, accotées l'une à l'autre par l'extrémité supérieure, appuyées par en bas sur une banquette basse (i) qui courait extérieurement. La première poutre était surmontée d'une seconde, celle-ci d'une troisième, et les trois réunies (I) protégeaient efficacement le vestibule et le caveau (fig. 136).

Les pyramides de Gizèh appartenaient à des Pharaons de la IVe dynastie, et celles d'Abousîr à des Pharaons de la Ve. Les cinq pyramides de Saqqarah, dont le plan est uniforme, appartiennent à Ounas et aux quatre premiers rois de la VIe dynastie, Teti, Pepi Ier, Mirinrî, Pepi II, et sont contemporaines des mastabas à caveaux peints que j'ai signalés plus haut. On ne s'étonnera donc point d'y rencontrer des inscriptions et des ornements. Partout, les plafonds sont chargés d'étoiles pour figurer le ciel de la nuit. Le reste de la décoration est fort simple. Dans la pyramide d'Ounas, où elle joue le plus grand rôle, elle n'occupe que le fond de la chambre funéraire ; la partie voisine du sarcophage avait été revêtue d'albâtre et ornée à la pointe des grandes portes monumentales, par lesquelles le mort était censé entrer dans ses magasins de provisions. Les figures d'hommes et d'animaux, les scènes de la vie courante, le détail du sacrifice n'y sont point représentés et n'auraient pas d'ailleurs été à leur place en cet endroit. On les retraçait dans les lieux où le double menait sa vie publique, et où les visiteurs exécutaient réellement les rites de l'offrande; les couloirs et le caveau où l'âme était seule à circuler ne pouvaient recevoir d'autre ornementation que celle qui a rapport à la vie de l'âme. Les textes sont de deux sortes. Les moins nombreux ont trait à la nourriture du double et sont la transcription littérale des formules par lesquelles le prêtre lui assurait la transmission de chaque objet au delà de ce monde : c'était pour lui une ressource suprême, au cas où les sacrifices réels auraient été suspendus, et où les tableaux magiques de la chapelle auraient été détruits. La plus grande partie des inscriptions se rapportaient à l'âme et la préservaient des dangers qu'elle courait au ciel et sur la terre. Elles lui révélaient les incantations souveraines contre la morsure des serpents et des animaux venimeux, les mots de passe qui lui permettaient de s'introduire dans la compagnie des dieux bons, les exorcismes qui annulaient l'influence des dieux mauvais. De même que la destinée du double était de continuer à mener l'ombre de la vie terrestre et s'accomplissait dans la chapelle, la destinée de l'âme était de suivre le soleil à travers le ciel et dépendait des instructions qu'elle lisait sur les murailles du caveau. C'était par leur vertu que l'ab-

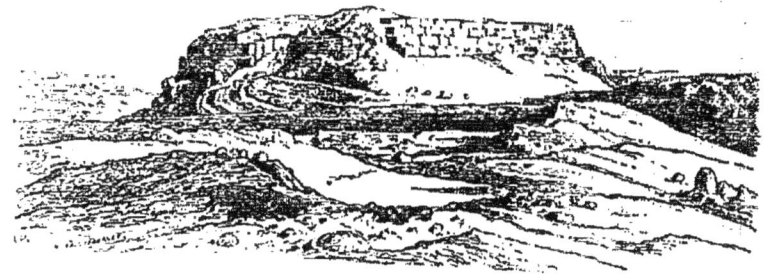

FIG. 137.

sorption du mort en Osiris devenait complète et qu'il jouissait désormais de toutes les immunités naturelles à la condition divine. Là-haut, dans la chapelle, il était homme et se comportait à la façon des hommes; ici, il était dieu et se comportait à la façon d'un dieu.

L'énorme massif rectangulaire que les Arabes appellent Mastabat-el-Faraoun, le siège de Pharaon (fig. 137), se dresse à côté de Pepi II. On a voulu y voir, tantôt une pyramide inachevée, tantôt une tombe surmontée d'un obélisque ; c'est un mastaba royal dont l'intérieur présente l'ordonnance d'une pyramide. Mariette croyait qu'Ounas y était enterré, mais les fouilles de ces temps derniers ont rendu cette attribution impossible. En revanche, elles semblent montrer que la pyramide méridionale de Dahshour appartient à Snofrou. Si le fait est confirmé par des recherches postérieures, il y a des chances pour que le groupe entier soit le plus ancien de tous et remonte à la IIIe dynastie. Il fournit une variante curieuse du type ordinaire. L'une des pyramides en pierre a la moitié inférieure inclinée de 54°,41′ sur l'horizon, tandis qu'à partir de mi-hauteur l'inclinaison change brusquement et est de 42°,59′ ; on dirait un

FIG. 138.

mastaba couronné d'une mansarde gigantesque. A Lisht, on quitte l'ancien empire pour les dynasties thébaines, et la structure se modifie encore : le couloir en pente aboutit à un puits perpendiculaire, au fond duquel débouchaient des chambres envahies aujourd'hui par les infiltrations du Nil. Le groupe du Fayoum est tout entier de la XIIe dynastie, mais les pyramides de Biahmou sont presque entièrement détruites ; celle d'Illahoun n'a jamais été explorée, et celle de Méïdoum, violée avant le siècle des Ramessides, est vide. Elle consiste en trois tours carrées, à pans légèrement inclinés et qui s'étagent en retraite l'une sur l'autre (fig. 138). L'entrée est au nord, à seize mètres environ au-dessus du sable. Au delà de vingt mètres, le couloir descend dans le roc; à cinquante-trois, il se redresse, s'arrête douze mètres plus loin, remonte perpendiculairement vers la surface, et affleure dans le sol du caveau, six mètres et demi plus haut (fig. 139). Un appareil de poutres et de cordes, encore en place au-dessus de l'orifice, montre que les voleurs ont tiré le sarcophage hors de la chambre, dès l'antiquité. L'usage des pyramides ne cessa pas avec la XIIe dynastie:

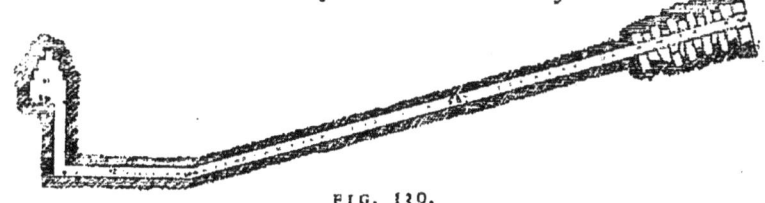

FIG. 139.

on en connaît à Manfalout, à Hékalli, au sud d'Abydos, à Mohammériah, au sud d'Esnéh. Jusqu'à l'époque romaine, les souverains à demi barbares de l'Éthiopie tinrent à honneur de donner à leurs tombes la forme pyramidale. Les plus anciennes, celle de Nouri, où dorment les Pharaons de Napata, rappellent par la facture les pyramides de Saqqarah; les plus modernes, celles de Méraouy, présentent des caractères nouveaux. Elles sont plus hautes que larges, de petit appareil et garnies parfois aux angles de bordures carrées ou arrondies. La face orientale est munie d'une fausse lucarne, surmontée d'une corniche et flanquée d'une chapelle que précède un pylône. Toutes ne sont pas muettes: comme sur les murs des tombeaux ordinaires, on y a retracé des scènes empruntées au Rituel des Funérailles ou aux vicissitudes de la vie d'outre-tombe.

3º LES TOMBES DE L'EMPIRE THÉBAIN; LES HYPOGÉES.

Les derniers mastabas connus appartiennent à la XIIᵉ dynastie, encore sont-ils concentrés dans la plaine sablonneuse de Méïdoum et n'ont-ils jamais été achevés. Deux systèmes les remplacèrent par toute l'Égypte. Le premier conserve la chapelle construite au-dessus du sol et combine la pyramide avec le mastaba. Le second creuse le tombeau entier dans le roc, la chapelle comme le reste.

Le quartier de la nécropole d'Abydos, où furent enterrées les générations du vieil empire thébain, nous offre les exemples les plus anciens du premier système.

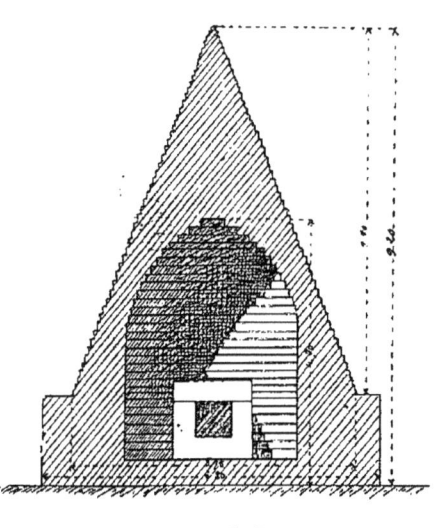

FIG. 140.

Les tombes sont en grosses briques crues, noires, sans mélange de paille ni de gravier. L'étage inférieur est un mastaba à base carrée ou rectangulaire, dont le plus long côté atteint quelquefois douze ou quinze mètres; les murs sont perpendiculaires et rarement assez élevés pour qu'un homme puisse se tenir debout à l'intérieur. Sur cette façon de socle se dresse une pyramide pointue, dont la hauteur varie entre quatre et dix mètres, et dont les faces étaient revêtues d'une couche de pisé unie, peinte en blanc. La mauvaise qualité du sol a empêché qu'on y creusât la salle funéraire; on s'est donc résigné à la cacher dans la maçonnerie. Une sorte de chambre ou plutôt de four, voûté en encorbellement, a été ménagé au centre et abrite souvent la momie (fig. 140); plus souvent en-

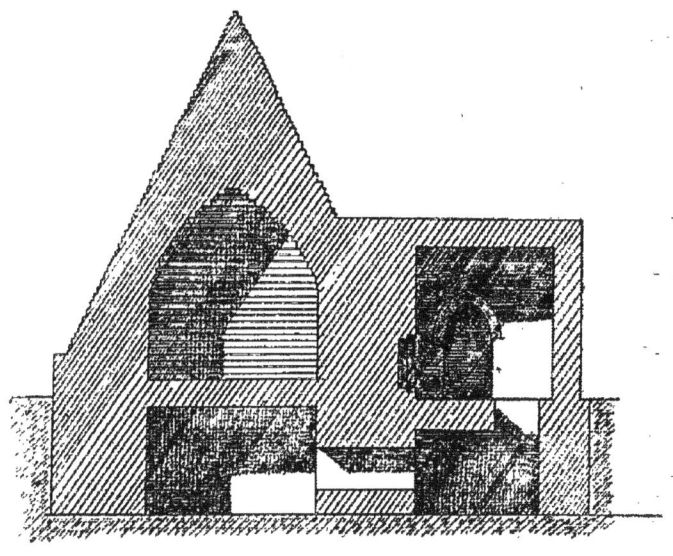

FIG. 141.

core, le caveau a été pratiqué moitié dans le mastaba, moitié dans les fondations, et le vide supérieur n'est là que pour servir de dégagement (fig. 141). Dans bien des cas, il n'y avait aucune chapelle extérieure; la stèle, posée sur le soubassement ou encadrée extérieurement sur la face, marque l'endroit du sacrifice. Ailleurs, on a construit en avancée un vestibule carré où les parents s'assemblaient (fig. 142). Assez rarement un mur d'enceinte construit à hauteur d'appui enveloppe le monument et délimite le terrain qui lui appartenait. Cette forme mixte demeura fort en usage dans les cimetières de Thèbes, à partir des premières années du moyen empire. Plusieurs rois de la XI⁰ dynastie et les grands personnages de leur cour se firent édifier à Drah aboûl Neggah des tombes semblables à celles d'Abydos (fig. 143). Pendant les siècles suivants, les proportions relatives du mastaba et de la pyramide se modifièrent; le mastaba, qui n'était souvent qu'un soubassement insignifiant, reprit peu à peu sa hauteur primitive, tandis que la pyramide s'abaissa et finit par n'être plus qu'un pyramidion sans importance (fig. 144). Tous ceux de ces tombeaux qui

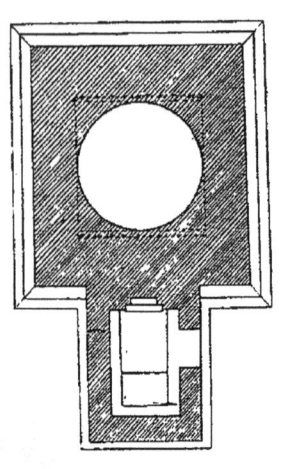

FIG. 142.

ornaient les nécropoles thébaines à l'époque des Ramessides ont péri, mais les peintures contemporaines nous en font connaître les nombreuses variétés, et la chapelle d'un des Apis morts sous Amenhotpou III est encore là pour prouver que la mode s'en

FIG. 143.

était étendue à Memphis. Du pyramidion, quelques traces subsistent à peine; mais le mastaba est intact. C'est un massif en calcaire, carré, monté sur un soubassement, étayé de quatre colonnes aux angles et bordé d'une corniche évasée; un escalier de cinq marches mène à la chambre intérieure (fig. 145).

Les modèles les plus anciens du second genre, ceux qu'on voit à Gizèh parmi les mastabas de la IV⁰ dynastie, ne sont ni grands ni très ornés. On commença à en soigner l'exécution vers la VI⁰ dynastie, et dans les localités lointaines, à Bershèh, à Shéikh-Sâid, à Kasr-es-Sayad, à Neggadéh. L'hypogée n'atteignit son plein développement qu'un peu plus tard, pendant les siècles qui séparent les derniers rois memphites des premiers rois thébains.

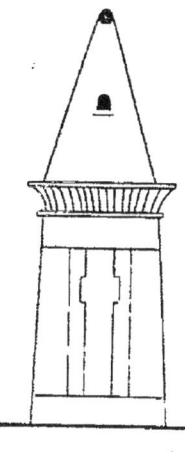

FIG. 144.

Les parties diverses du mastaba s'y retrouvent. L'architecte choisissait de préférence des veines de calcaire bien en vue, sises assez haut dans la montagne pour ne pas être menacées par l'exhaussement progressif du sol, assez bas pour que le cortège funèbre pût y monter aisément, et y creusait les tombes. Les plus belles appartiennent aux principales familles féodales qui se partageaient l'Égypte : les princes de Minièh reposent à Béni-Hassan, ceux de Khmounou à Bershèh, ceux de Siout et d'Éléphantine à Siout même et en face d'Assouân. Tantôt, comme à Siout, à Bershèh, à Thèbes, elles sont dispersées aux divers étages de la montagne; tantôt, comme à Syène (fig. 146) et à Béni-

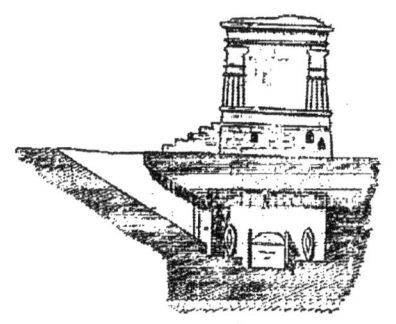

FIG. 145.

Hassan, elles suivent les ondulations du filon et sont rangées sur une ligne à peu près droite. Un escalier,

FIG. 146.

construit sommairement en pierres à moitié brutes, menait de la plaine à l'entrée du tombeau : il est dé-

FIG. 147.

truit ou enseveli sous les sables à Béni-Hassan et à Thèbes, mais les fouilles récentes ont mis au jour celui d'une des tombes d'Assouân. Le cortège funèbre, après l'avoir escaladé lentement, s'arrêtait un moment à l'entrée de la chapelle. Le plan n'était pas nécessairement uniforme dans un même groupe. Plusieurs des tombeaux de Béni-Hassan ont un portique dont toutes les parties, piliers, bases, entablement, ont été prises dans la roche; pour Amoni et pour Khnoumhotpou (fig. 147), il se compose de deux colonnes polygonales. A Syène (fig. 148), la baie étroite qui s'ouvre dans la muraille de rocher est coupée, vers le tiers de sa hauteur, par un linteau rectangulaire qui réserve une porte dans la porte même. A Siout, l'hypogée d'Hapizoufi était précédé d'un véritable porche d'environ 7 mètres de haut, arrondi en voûte, peint et sculpté avec amour. Le plus souvent on se contentait d'aplanir et de dresser un pan de montagne sur un espace plus ou moins considérable, selon les dimensions qu'on prétendait donner au tombeau. Cette opération avait le double

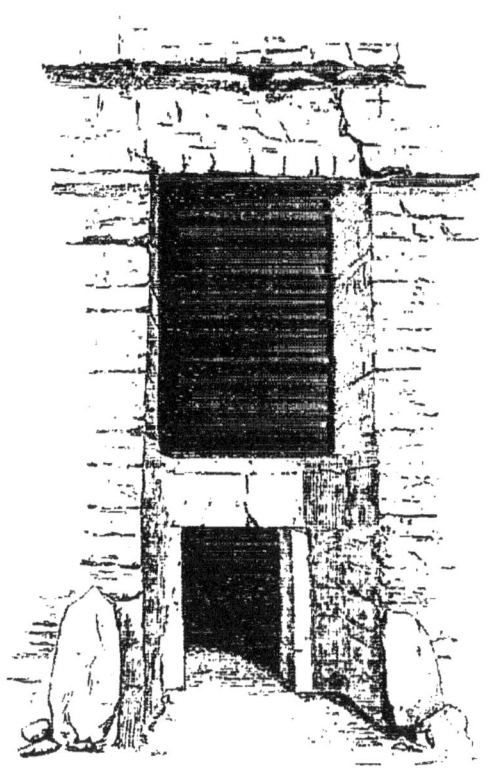

FIG. 148.

avantage de créer sur le devant une petite plate-forme fermée de trois côtés, et de développer en façade une surface à peu près verticale, qu'on décorait, ou non, à la fantaisie du maître.

La porte pratiquée au milieu, quelquefois n'avait point de cadre, quelquefois était encadrée de deux montants et d'un linteau légèrement saillants. Les inscriptions, quand elle en avait, étaient fort simples. Dans le haut, une ou plusieurs lignes horizontales. A droite et à gauche, une ou deux lignes verticales, accompagnées d'une figure humaine assise ou debout : c'était, avec une prière, le nom, les

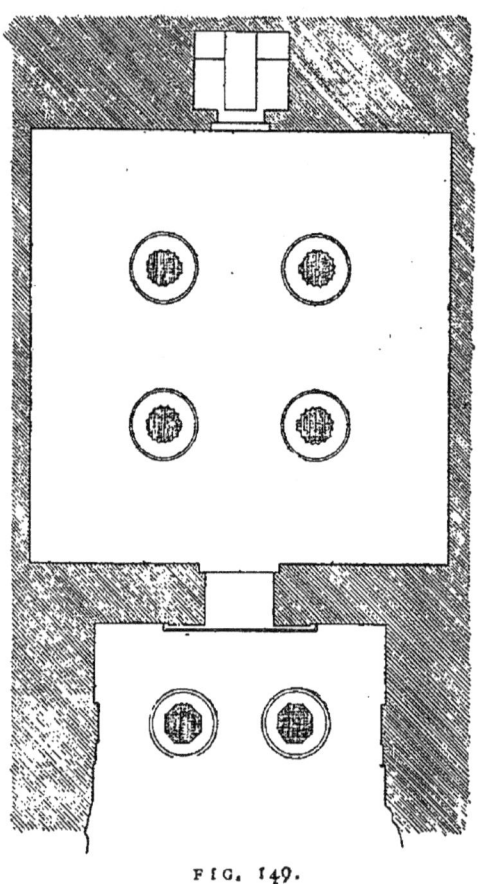

FIG. 149.

titres et la filiation du défunt. La chapelle n'a, en général, qu'une seule chambre carrée ou oblongue, au plafond plat ou légèrement voûté, sans autre jour que de la porte. Quelquefois des piliers, taillés en pleine pierre au moment de l'excavation, lui donnent l'aspect d'une petite salle hypostyle. Amoni et Khnoumhotpou, à Béni-Hassan, avaient chacun quatre de ces piliers (fig. 149); d'autres en ont six ou huit et sont d'ordonnance irrégulière. L'hypogée n° 7 était d'abord une simple salle à plafond arrondi, de six colonnes sur trois rangs. Plus tard, il fut agrandi vers la droite, et la partie nouvelle forma une sorte de portique à plafond plat supporté par quatre colonnes (fig. 150).

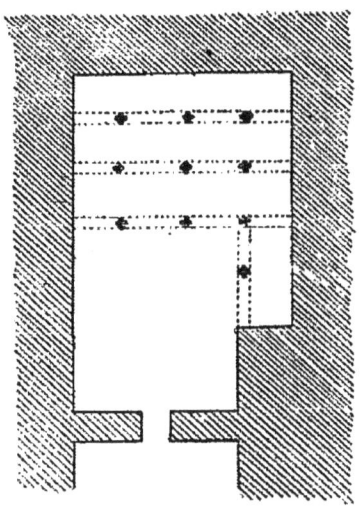

FIG. 150.

Ménager un serdab dans la roche vive était presque impossible, et, d'autre part, c'était exposer les statues mobiles au vol ou à la mutilation que les laisser dans une pièce accessible à tout venant. Le serdab fut transformé et se combina avec la stèle des mastabas antiques. La fausse porte d'autrefois devint une niche pratiquée dans la muraille du fond, presque toujours en face de la porte réelle. Les statues du mort et de sa femme y trônent, sculptées dans la pierre vive. Les parois sont ornées des scènes de l'offrande, et la décoration entière de l'hypogée converge vers elle, comme celle du mastaba convergeait vers la stèle. C'est toujours, dans l'ensemble, la même série de tableaux, mais avec des additions notables. La marche du cortège funéraire, la prise de possession du tombeau par le double, qui sont à peine indiquées autrefois, s'étalent avec ostentation sur les murs de l'hypogée thébain. Le convoi se déroule avec ses pleureuses, ses troupes d'amis, ses porteurs d'offrandes, ses barques, son catafalque traîné par des bœufs. Il arrive à la porte; la momie, dressée sur ses pieds, reçoit l'adieu de la famille et subit les dernières cérémonies qui doivent l'initier à la

FIG. 151.

vie d'au delà (fig. 151). Le sacrifice et les préliminaires qu'il évoque, le labourage, les semailles, la moisson, l'élève des bestiaux, les métiers manuels, sont sculptés ou peints, comme jadis, à profusion de couleurs. Sans doute, bien des détails y figurent qu'on ne rencontre pas sous les premières dynasties, ou sont absents qui ne manquent jamais dans le voisinage des pyramides; les siècles avaient marché, et vingt siècles changent beaucoup aux usages de la vie journalière, même dans l'indestructible Égypte. On y chercherait presque en vain les troupeaux de gazelles privées, car, sous les Ramsès, on n'entretenait plus ces animaux que par exception à l'état domestique. En revanche, le cheval avait envahi la vallée du Nil, et piaffe sur les murs, à l'endroit où paissaient les gazelles. Les métiers sont plus nombreux et plus compliqués, les outils plus perfectionnés, les actions du mort plus variées et plus personnelles. L'idée d'une rétribution future n'existait pas, ou existait peu, au temps où l'on avait réglé la décoration des tombeaux. Ce que l'homme avait fait ici-bas n'avait aucune influence sur le sort qui l'attendait dans la mort; bon ou mauvais, du moment que les rites avaient été célébrés sur lui et les prières récitées, il était riche et heureux. C'en était donc assez pour établir son identité d'énoncer son nom, ses titres, sa filiation ; on n'avait que faire de décrire son passé par le menu. Mais, quand la croyance à des récompenses ou à des châtiments prédomina dans les esprits, on s'avisa qu'il était utile de garantir à chacun le mérite de ses actions particulières, et l'on joignit à l'espèce d'extrait de l'état civil, qui avait suffi jusqu'alors, des renseignements biographiques précis. Quelques mots d'abord, puis, vers la VIe dynastie, de vraies pages d'histoire où un ministre, Ouni, raconte les services qu'il a rendus sous quatre rois ; puis, vers le commencement du nouvel empire, des dessins et des tableaux, qui conspirent avec l'écriture à immortaliser les faits et gestes du maître. Khnoumhotpou de Béni-Hassan expose en détail les origines et la grandeur de ses ancêtres. Khiti étale sur ses murailles les péripéties de la vie militaire : exercices des soldats, danses de guerre, sièges de forteresses, batailles sanglantes. La XVIIIe dynastie continue, en cela comme en tout, la tradition des âges précédents. Aï retrace, dans son bel hypogée de Tell-el-Amarna, les épisodes de son mariage avec la fille de Khouniaton. Nofirhotpou de Thèbes avait reçu d'Harmhabi la décoration du Collier d'or ; il reproduit avec complaisance les moindres circonstances de l'investiture, le discours du roi, l'année, le jour où lui fut conférée la récompense suprême. Tel autre, qui avait travaillé au cadastre, se montre accompagné d'arpenteurs traînant la chaîne et préside à l'enregistrement de la population humaine, comme Ti présidait jadis au dénombrement de ses bœufs. La stèle elle-même participe au caractère nouveau que revêt la décoration murale. Elle proclame, outre les prières ordinaires, le panégyrique du mort, le résumé de sa vie, trop rarement son *cursus honorum* avec dates à l'appui.

Quand l'espace le permettait, le caveau tombait directement sous la chapelle. Le puits, tantôt était pratiqué au coin d'une des chambres, tantôt s'amorçait au dehors en avant de la porte. Dans les grandes nécropoles, à Thèbes par exemple ou à Memphis, la superposition des trois parties n'était pas toujours possible ; à vouloir donner au puits la profondeur normale, on risquait d'effondrer les tombeaux situés à l'étage inférieur de la montagne. On remédia à ce danger, soit en poussant fort loin un couloir, à l'extrémité duquel on forait le puits, soit en disposant, sur un même plan horizontal ou modérément incliné, les pièces que le mastaba plaçait sur un même plan vertical. Le couloir est alors percé au milieu de la paroi du fond ; la longueur moyenne en varie entre 6 et 40 mètres. Le caveau est presque toujours petit et sans ornement, ainsi que le couloir. L'âme, sous les dynasties thébaines, se passait aussi bien de décoration que sous les dynasties memphites ; mais quand on se décidait à garnir les murailles, les figures et les inscriptions avaient trait à sa vie et fort peu à la vie du double. Au tombeau de Harhotpou, qui est du temps des Ousirtasen, et dans les hypogées du même genre, les murs, celui de la porte excepté, sont partagés en deux registres. Le supérieur appartient au double et porte, avec la table d'offrandes, l'image des mêmes objets de ménage qu'on voit dans certains mastabas de la VIe dynastie : étoffes, bijoux, armes, parfums, dont Harhotpou avait besoin pour assurer à ses membres une éternelle jeunesse. L'inférieur était au double et à l'âme, et on lit les fragments de plusieurs livres liturgiques, *Livre des morts*, *Rituel de l'embaumement*, *Rituel des funérailles*, dont les vertus magiques protégeaient l'âme et soutenaient le double. Le sarcophage en pierre et le cercueil lui-même sont noirs d'écriture. De même que la stèle était comme le sommaire de la chapelle entière, le sarcophage et le cercueil étaient le sommaire du caveau et formaient comme une chambre sépulcrale dans la chambre sépulcrale. Textes, tableaux, tout ce qu'on y voit a trait à la vie de l'âme et à sa sécurité dans l'autre monde.

A Thèbes comme à Memphis, ce sont les tombes des rois qu'il convient de consulter, si l'on veut juger du degré de perfection auquel pouvait atteindre la décoration des couloirs et du caveau. Des plus anciennes, qui étaient situées dans la plaine ou sur le versant méridional de la montagne, rien ne subsiste aujourd'hui. Les momies d'Amenhotpou Ier et de Thoutmos III, de Soqnounrî et d'Ahhotpou ont survécu à l'enveloppe de pierre qui était censée les défendre. Mais, vers le milieu de la XVIIIe dynastie, toutes les bonnes places étaient prises, et l'on dut chercher ailleurs un terrain libre où établir un nouveau cimetière royal. On alla d'abord assez loin, au fond de la vallée qui débouche vers Drah abou'l Neggah; Amenhotpou III, Aï, d'autres peut-être, y furent enterrés; puis on songea à se rapprocher de la ville des vivants. Derrière la colline qui borne au nord la plaine thébaine, se creusait jadis une sorte de bassin, fermé de tous les côtés, et sans autre communication avec le reste du monde que des sentiers périlleux. Il se divise en deux branches, croisées presque en équerre : l'une regarde le sud-est, tandis que l'autre s'allonge vers le sud-ouest et se divise en rameaux secondaires. A l'est, une montagne se dresse, dont la croupe rappelle, avec des proportions gigantesques, le profil de la pyramide à degrés de Saqqarah. Les ingénieurs remarquèrent que ce vallon était séparé du ravin d'Amenhotpou III par un simple seuil d'environ 500 coudées d'épaisseur. Ce n'était pas de quoi effrayer des mineurs aussi exercés que l'étaient les Égyptiens. Ils taillèrent dans la roche vive une tranchée, profonde de 50 à 60 coudées, au bout de laquelle un passage étranglé, semblable à une porte, donne accès dans le vallon. Est-ce sous Harmhabi, est-ce sous Ramsès Ier que fut entrepris ce travail gigantesque ? Ramsès Ier est le plus ancien roi dont on ait retrouvé la tombe en cet endroit. Son fils Séti Ier, puis son petit-fils Ramsès II vinrent s'y loger à ses côtés, puis les Ramsès l'un après l'autre ; Hrihor fut peut-être le dernier et ferma la série. Ces tombeaux réunis ont valu à la vallée le nom de Vallée des Rois, qu'elle a gardé jusqu'à nos jours.

Le tombeau n'est pas là tout entier. La chapelle est au loin dans la plaine, à Gournah, au Ramesséum, à Médinét-Habou, et nous l'avons déjà décrite. Comme la pyramide memphite, la montagne thébaine ne renferme que les couloirs et le caveau. Pendant le jour, l'âme pure ne courait aucun danger sérieux ; mais le soir, au moment où les eaux éternelles, qui roulent sur la voûte des cieux, tombaient vers l'Occident en larges cascades et s'engouffraient dans les entrailles de la terre, elle pénétrait, avec la barque du soleil et son cortège de dieux lumineux, dans un monde semé d'embûches et de périls. Douze heures durant, l'escadre divine parcourait de longs corridors sombres, où des génies, les uns hostiles, les autres bienveillants, tantôt s'efforçaient de l'arrêter, tantôt l'aidaient à surmonter les difficultés du voyage. D'espace en espace, une porte, défendue par un serpent gigantesque, s'ouvrait devant elle et lui livrait l'accès d'une salle immense, remplie de flamme et de fumée, de monstres aux figures hideuses et de bourreaux qui torturaient les damnés ; puis les couloirs recommençaient étroits et obscurs, et la course à l'aveugle au sein des ténèbres, et les luttes contre les génies malfaisants, et l'accueil joyeux des dieux propices. A partir du milieu de la nuit, on remontait vers la surface de la terre. Au matin, le soleil avait atteint l'extrême limite de la contrée ténébreuse et sortait à l'orient pour éclairer un nouveau jour. Les tombeaux des rois étaient construits sur le modèle du monde infernal. Ils avaient leurs couloirs, leurs portes, leurs salles voûtées, qui pénétraient profondément au

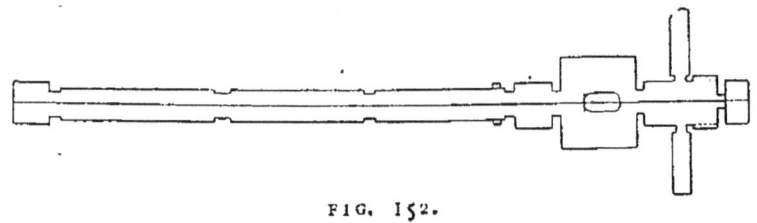

FIG. 152.

sein de la montagne. La distribution dans la vallée n'en était déterminée par aucune considération de dynastie ou de succession au trône. Chaque souverain attaquait

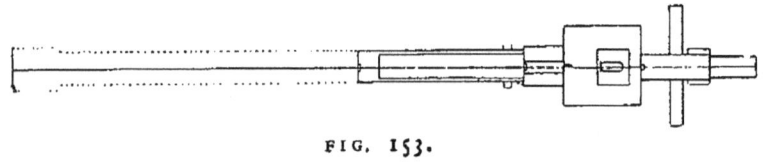

FIG. 153.

le rocher à l'endroit où il espérait rencontrer une veine de pierre convenable, et avec si peu de souci des prédécesseurs, que les ouvriers durent parfois changer de direction pour éviter d'envahir un hypogée voisin. Les devis de l'architecte n'étaient qu'un simple projet, qu'on modifiait à volonté et qu'on ne se piquait pas d'exécuter fidèlement; ainsi les mesures et la distribution réelles du tombeau de Ramsès IV (fig. 152) sont en désaccord avec les cotes et l'agencement du plan qu'un papyrus du musée de Turin nous a conservé (fig. 153).

Rien pourtant n'était plus simple que la disposition générale : une porte carrée, très sobre d'ornements, un couloir qui aboutit à une chambre plus ou moins étendue, au fond de laquelle s'ouvre un second corridor qui conduit à une seconde chambre, et de là parfois à d'autres salles, dont la dernière renfermait le cercueil. Dans quelques tombeaux, le tout est de plain-pied et une pente douce, à peine coupée par deux ou trois marches basses, conduit de l'entrée à la paroi du fond.

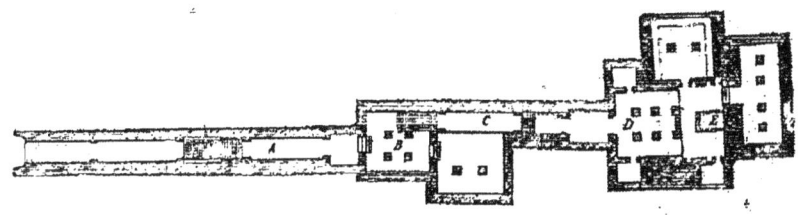

FIG. 154.

Dans d'autres, les parties sont disposées en étage l'une derrière l'autre. Un escalier long et raide, et un corridor en pente (A) mènent, chez Séti Ier (fig. 154), à un premier appartement (B), composé d'une petite antichambre et de deux salles à piliers. Un second escalier (C), ouvert dans le sol de l'antichambre, mène à un second appartement (D) plus vaste que le premier, et qui abritait le sarcophage. Le tombeau n'était pas destiné à s'arrêter là. Un troisième escalier (E) avait été pratiqué au fond de la salle principale, qui devait sans doute mener à un nouvel ensemble de pièces : la mort du roi a seule arrêté les ouvriers. Les variantes de plan ne sont pas très considérables, si on passe d'un hypogée à l'autre. Chez Ramsès III, la galerie d'entrée est flanquée de huit petites cellules latérales. Presque partout ailleurs, on ne remarque de différences que celles qui proviennent du degré d'achèvement des peintures et du plus ou moins d'étendue des couloirs. Le plus petit des hypogées s'arrête à 16 mètres, celui de Séti Ier, qui est le plus long, descend jusqu'à plus de 150 mètres et n'est pas achevé. Les mêmes ruses qui avaient servi aux ingénieurs des pyramides servaient à ceux des syringes thébaines pour dépister les recherches des malfaiteurs, faux puits destinés à dérouter les indiscrets, murailles peintes et sculptées bâties en travers des couloirs; l'enterrement terminé, on obstruait l'entrée avec des quartiers de roche, et on rétablissait du mieux qu'on pouvait la pente naturelle de la montagne.

Séti Ier nous a légué le type le plus complet que nous possédions de ce genre de sépulture; figures et hiéroglyphes y sont de véritables modèles de dessin et de sculpture gracieuse. L'hypogée de Ramsès III est déjà inférieur. La plus grande partie en est peinte assez sommairement : les jaunes y abondent, les bleus et les rouges rappellent les tons que les enfants choisissent pour leurs premiers barbouillages. Plus tard, la médiocrité règne en souveraine, le dessin s'amollit, les couleurs deviennent de plus en plus criardes, et les derniers tombeaux ne sont plus que la caricature lamentable de ceux de Séti Ier et de Ramsès III. La décoration est la même partout, et partout procède du même principe qui a présidé à la décoration des pyramides. A Thèbes comme à Memphis, il s'agissait d'assurer au double la libre jouissance de sa maison nouvelle, d'introduire l'âme au milieu des divinités du cycle solaire et du cycle osirien, de la guider à travers le dédale des régions infernales ; mais les prêtres thébains s'ingéniaient à rendre sensible aux yeux par le dessin ce que les Memphites confiaient par l'écriture à la mémoire du mort, et lui accordaient de voir ce qu'il était jadis obligé de lire sur les parois de sa tombe. Où les textes d'Ounas racontent qu'Ounas, identifié au soleil, navigue sur les eaux d'en haut ou s'introduit dans les Champs Élysées, les scènes de Séti Ier montrent Séti dans la barque solaire, et celles de Ramsès III, Ramsès III dans les Champs

FIG. 155.

Élysées (fig. 155). Où les murs d'Ounas ne donnent que les prières récitées sur la momie pour lui ouvrir la bouche, lui rendre l'usage des membres, l'habiller, la parfumer, la nourrir, ceux de Séti Ier représentent la momie elle-même et les statues supports du double entre les mains des prêtres qui leur ouvrent la bouche, les habillent, les parfument, leur tendent les plats divers du repas funèbre. Les plafonds étoilés des pyramides reproduisent la figure du ciel, mais sans indiquer à l'âme le nom des étoiles ; sur les plafonds de quelques syringes, les constellations sont tracées chacune avec son image, des tables astronomiques donnent l'état du ciel de quinze jours en quinze jours pendant les mois de l'année égyptienne, et l'âme n'avait qu'à lever les yeux pour savoir dans quelle partie du firmament sa course la menait chaque nuit. L'ensemble est comme un récit illustré des voyages du soleil, et par suite de l'âme, à travers les vingt-quatre heures du jour. Chaque heure est représentée, et son domaine, qui était divisé en circonscriptions plus petites dont la porte était gardée par un serpent gigantesque, *Face de feu, Œil de flamme, Mauvais œil*. La troisième heure du jour était celle où se décidait le sort des âmes : le dieu Toumou les pesait et leur assignait un séjour selon les indications de la balance. L'âme coupable était livrée aux cynocéphales assesseurs du tribunal, qui la chassaient à coups de verge, après l'avoir changée en truie ou en quelque animal impur ; innocente, elle passait dans la cinquième heure, où ses pareilles cultivaient les champs, fauchaient les épis de la moisson céleste, et, le travail accompli, se divertissaient sous la garde des génies bienveillants. Au delà de la cinquième heure, les mers du ciel n'étaient plus qu'un vaste champ de bataille : les dieux de lumière pourchassaient, entraînaient, enchaînaient le serpent Apopi et finissaient par l'étrangler à la douzième heure. Leur triomphe n'était pas de longue durée. Le soleil, à peine victorieux, était emporté par le courant dans le royaume des heures de la nuit, et dès l'entrée, il était assailli, comme Virgile et Dante aux portes de l'enfer, par des bruits et par des clameurs épouvantables. Chaque cercle avait sa voix qu'on ne pouvait confondre avec la voix des autres : l'un s'annonçait comme par un immense bourdonnement de guêpes, l'autre comme par les lamentations des femmes et des femelles quand elles pleurent les maris et les mâles, l'autre comme par un grondement de tonnerre. Le sarcophage lui-même était chargé de ces tableaux joyeux ou sinistres. Il était d'ordinaire en granit rose ou noir, et si large, que souvent il ne pouvait entrer dans la vallée par la porte des rois. On devait le hisser à grand'peine au sommet de la colline de Déir-el-Baharî, puis, de là, le descendre à destination. Comme il était la dernière pièce du mobilier funéraire dont on s'occupât, on n'avait pas toujours le loisir de l'achever. Quand il était terminé, les scènes et les textes qui le couvrent en faisaient le résumé de l'hypogée entier. Le mort y retrouvait une fois de plus l'image de ses destinées surhumaines et y apprenait à connaître le bonheur des dieux. Les tombes privées recevaient rarement une décoration aussi complète ; cependant deux hypogées de la XXVIe dynastie, celui de Pétaménophis à Thèbes et celui de Bokenranf à Memphis, peuvent rivaliser sous ce rapport avec les syringes royales. Le premier renferme une édition complète du *Livre des morts*, le second de longs extraits du même livre et des formules qui remplissent les pyramides.

Chaque partie de la tombe, comme elle avait sa décoration, avait son mobilier particulier. Il ne reste que peu de traces de celui de la chapelle : la table d'offrandes qui était en pierre est d'ordinaire tout ce qui en subsiste. Les objets déposés dans le serdab, dans les couloirs, dans le caveau, ont mieux résisté aux ravages du temps et des hommes. Sous l'ancien empire, les statues étaient toujours confinées dans le serdab. La chambre ne renfermait guère, en dehors du sarcophage, que des chevets en calcaire et en albâtre, des oies en pierre, rarement des palettes de scribe, très souvent des vases de formes diverses en terre cuite, en diorite, en granit, en albâtre, en calcaire compact, enfin des provisions de graines alimentaires, et les ossements des victimes sacrifiées le jour de l'enterrement. Sous les dynasties thébaines, le ménage du mort devint plus complet et plus riche. Les statues des domestiques et de la famille, qui jadis accompagnaient dans le serdab les statues du mort, sont reléguées au caveau et diminuent de taille. En revanche, bien des objets qui jadis étaient simplement représentés sur la muraille s'en sont détachés : ainsi les barques funéraires avec leur équipage, la momie, les pleureuses, les prêtres, les amis éplorés, les offrandes, pains en terre cuite estampés au nom du maître, et qu'on appelle improprement cônes funéraires, grappes de raisin et moules en calcaire avec lesquelles le mort était censé se fabriquer à lui-même des bœufs, des oiseaux, des poissons en pâte qui lui tenaient lieu des animaux en chair. Le mobilier, les ustensiles de toilette et de cuisine, les armes, les instruments de musique abondent, la plupart brisés au moment de la mise au tombeau; on les tuait de la sorte afin que leur âme allât servir l'âme de l'homme dans l'autre monde. Les petites statuettes en pierre, en bois, en émail bleu, blanc ou vert, sont jetées par centaines et même par milliers au milieu de l'amas des meubles et des provisions. Ce sont d'abord à proprement parler des réductions des statues du serdab, destinées comme elles à servir de corps au double, puis à l'âme ; on les habille alors comme l'individu dont elles portent le nom s'habillait pendant la vie. Plus tard, leur rôle s'amoindrit, et leurs fonctions se bornèrent à répondre pour le maître, et à exécuter, en son lieu et place, les travaux et la corvée dans les champs célestes, quand il y était convoqué par les dieux. On les appelle alors *répondants (Oushbîti)*, on leur met au poing les instruments de labourage, et on leur donne presque toujours la semblance d'un corps momifié, dont les mains et le visage seraient dégagés des bandelettes. Les canopes, avec leurs têtes d'épervier, de cynocéphale, de chacal et d'homme, étaient réservés, dès la XI⁰ dynastie, aux viscères qu'on était obligé d'extraire de la poitrine et du ventre pendant l'embaumement. La momie elle-même se charge de plus en plus de cartonnages, de papyrus, d'amulettes qui lui font comme une armure magique, dont chaque pièce préserve les membres et l'âme qui les anime de la destruction.

En théorie, chaque Égyptien avait droit à une maison éternelle, édifiée sur le plan dont je viens d'indiquer les transformations ; mais les petites gens se passaient fort bien de tout ce qui était nécessaire aux morts de condition. On les enfouissait où la place coûtait le moins, dans de vieilles tombes violées et abandonnées, dans des fissures naturelles de la montagne, dans des puits ou dans des fosses communes. A Thèbes, au temps des Ramessides, de grandes tranchées creusées dans le sable attendaient les cadavres. Les rites accomplis, les fossoyeurs recouvraient légèrement les momies de la journée, parfois isolées, parfois associées par deux ou trois, parfois empilées, sans qu'on eût cherché à les disposer par couches régulières. Quelques-unes n'avaient de protection que leurs bandages, d'autres étaient enveloppées de branches de palmier liées en façon de bourriche. Les plus soignées ont une boîte en bois mal dégrossie, sans inscription ni peinture. Beaucoup sont affublées de vieux cercueils d'occasion, qu'on ne s'était pas donné la peine d'ajuster à la taille du nouveau propriétaire, ou sont jetées dans une caisse fabriquée avec les débris de deux ou trois caisses brisées. De mobilier funéraire, il n'en était point question pour des marauds pareils; tout au plus ont-ils avec eux une paire de souliers en cuir, des sandales en carton peint ou en osier tressé, un bâton de voyage pour les chemins célestes, des bagues en terre émaillée, des bracelets ou des colliers d'un seul fil de petites perles bleues, des figurines de Phtah, d'Osiris, d'Anubis, d'Hathor, de Bastit, des yeux mystiques, des scarabées, surtout des cordes roulées autour du bras, du cou, de la jambe, de la taille, et destinées à préserver le cadavre des influences magiques.

CHAPITRE IV

LA PEINTURE ET LA SCULPTURE

Les bas-reliefs et les statues qui décoraient les temples ou les tombeaux étaient peints pour la plupart. Le granit, le basalte, le diorite, la serpentine, l'albâtre, les pierres colorées naturellement, échappaient parfois à cette loi de polychromie : le grès, le calcaire, le bois y étaient soumis rigoureusement, et, si on rencontre quelques monuments de ces matières qui ne sont pas enluminés, la couleur a disparu par accident, ou la pièce est inachevée. Le peintre et le sculpteur étaient donc presque inséparables l'un de l'autre. Le premier avait à peine achevé son œuvre que le second s'en emparait, et souvent le même artisan s'entendait à manier le pinceau aussi bien que la pointe.

§ I. — LE DESSIN ET LA COMPOSITION.

Nous ne connaissons pas les méthodes que les Égyptiens employaient à l'enseignement du dessin. La pratique leur avait appris à déterminer les proportions générales du corps et à établir des relations constantes entre les parties dont il est constitué, mais ils ne s'étaient jamais inquiétés de chiffrer ces proportions et de les ramener toutes à une commune mesure. Rien, dans ce qui nous reste de leurs œuvres, ne nous autorise à croire qu'ils aient jamais possédé un canon, réglé sur la longueur du doigt ou du pied humain. Leur enseignement était de routine et non de théorie. Ils avaient des modèles que le maître composait lui-même, et que les élèves copiaient sans relâche, jusqu'à ce qu'ils fussent parvenus à les reproduire exactement. Ils étudiaient aussi d'après nature, comme le prouve la facilité avec laquelle ils saisissaient la ressemblance des personnages, et le caractère ou le mouvement propre à chaque espèce d'animaux. Ils jetaient leurs premiers essais sur des éclats de calcaire planés rudement, sur une planchette enduite de stuc rouge ou blanc, au revers de vieux manuscrits sans valeur : le papyrus neuf coûtait trop cher pour qu'on le gaspillât à recevoir des barbouillages d'écolier. Ils n'avaient ni crayons ni stylet, mais des joncs, dont le bout, trempé dans l'eau, se divisait en fibres ténues et formait un pinceau plus ou moins fin, selon la grosseur de la tige. La palette en bois mince, oblongue, rectangulaire, était pourvue à la partie inférieure d'une rainure verticale à serrer la calame, et creusée à la partie supérieure de deux ou plusieurs cavités renfermant chacune une pastille d'encre sèche : la noire et la rouge étaient le plus usités. Un petit mortier et un pilon (fig. 156) pour broyer les couleurs, un godet plein d'eau pour humecter et laver les pinceaux, complétaient le trousseau de l'apprenti. Accroupi devant son modèle, palette au poing, il s'exerçait à le reproduire en noir, à main levée et sans appui. Le maître revoyait son œuvre et en corrigeait les défauts à l'encre rouge.

Les rares dessins qui nous restent sont tracés sur des morceaux de calcaire, en assez mauvais état pour la plupart. Le British Museum en a deux ou trois au trait rouge, qui ont peut-être servi comme de cartons au décorateur d'un tombeau thébain de la XX⁰ dynastie. Un fragment du musée de Boulaq porte des études d'oies ou de canards à l'encre noire.

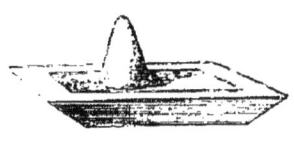

FIG. 156.

On montre à Turin l'esquisse d'une figure de femme, nue au caleçon près, et qui se renverse en arrière pour faire la culbute : le trait est souple, le mouvement gracieux, le modelé délicat. L'artiste n'était pas gêné, comme il l'est chez nous par la rigidité de l'instrument qu'il maniait. Le pinceau attaquait perpendiculairement la surface, écrasait la ligne ou l'atténuait à volonté, la prolongeait, l'arrêtait, la détournait en toute liberté. Un outil aussi souple se prêtait merveilleusement à rendre les côtés humoristiques ou risibles de a vie journalière. Les Égyptiens, qui avaient l'esprit gai et caustique par nature, pratiquèrent de bonne heure l'art de la caricature. Un papyrus de Turin raconte, en vignettes d'un dessin sûr et libertin, les exploits amoureux d'un prêtre chauve et d'une chanteuse d'Amon. Au revers, des animaux jouent, avec un sérieux comique, les scènes de la vie humaine. Un âne, un lion, un crocodile, un singe se donnent un concert de musique instrumentale et vocale. Un lion et une gazelle jouent aux échecs. Le Pharaon de tous les rats, monté sur un char traîné par des chiens, court à l'assaut d'un fort défendu par des chats. Une chatte du monde, coiffée d'une fleur, s'est prise de querelle avec une oie : on en est venu aux coups, et la volatile malheureuse, qui ne se sent pas de force à lutter, culbute d'effroi. Les chats étaient d'ailleurs les animaux favoris des caricaturistes égyptiens. Un ostracon du musée de New-York nous en montre deux, une chatte de race assise sur un fauteuil, en grande toilette, et un misérable matou qui lui sert à manger, d'un air piteux, la queue entre les jambes (fig. 157).

FIG. 157.

L'énumération des dessins connus est courte, comme on le voit : l'abondance de vignettes dont on avait coutume d'orner certains ouvrages compense notre pauvreté en ce genre. Ce sont presque toujours des exemplaires du *Livre des morts* et du *Livre de savoir ce qu'il y a dans l'enfer*. On les copiait par centaines, d'après des manuscrits types, conservés dans les temples ou dans les familles consacrées héréditairement au culte des morts. Le dessinateur n'avait donc aucun effort d'imagination à faire. Sa tâche consistait uniquement à imiter le modèle qu'on lui donnait, avec toute l'habileté dont il était capable. Les rouleaux du *Livre de savoir ce qu'il y a dans l'enfer*, qui sont parvenus jusqu'à nous, ne sont pas antérieurs à la XXe dynastie.

Le faire en est toujours assez mauvais, et les figures ne sont le plus souvent que des bonshommes tracés rapidement et mal proportionnés. Le nombre des exemplaires du *Livre des morts* est tellement considérable qu'on pourrait, rien qu'avec eux, entreprendre une histoire de la miniature en Égypte : d'aucuns remontent en effet à la XVIIIe dynastie, d'autres sont contemporains

FIG. 158.

des premiers Césars. Les plus anciens sont généralement d'une exécution remarquable. Chaque chapitre est accompagné d'une vignette qui représente un dieu, homme ou bête, un emblème divin, le mort en adoration devant la divinité. Ces petits motifs sont rangés quelquefois en une seule ligne au-dessus du texte courant (fig. 158), quelquefois dispersés à travers les pages, comme les majuscules ornées de nos manuscrits. D'espace en espace, de grands tableaux occupent toute la hauteur du feuillet, l'enterrement au début, le jugement de l'âme vers le milieu, l'arrivée du mort aux champs d'Ialou vers la fin de l'ouvrage. L'artiste avait là beau jeu à déployer son talent et à nous donner la mesure de ses forces. La momie d'Hounofir est debout devant la stèle et le tombeau (fig. 159); les femmes de la famille pleurent sur elle, tandis que les hommes

FIG. 159.

et le prêtre lui présentent l'offrande. Les papyrus des princes et princesses de la famille de Pinotmou, qui sont au musée de Boulaq, montrent que les bonnes traditions de l'école se maintinrent, chez les Thébains, jusqu'à la XXIe dynastie. La décadence vint rapidement sous les règnes suivants, et, pendant des siècles, nous ne trouvons plus que des dessins grossiers et sans valeur. La chute de la domination persane produisit une renaissance. Les tombeaux de l'époque grecque nous ont rendu des papyrus à vignettes soignées, d'un style sec et minutieux, qui contraste singulièrement avec la manière large et hardie des temps antérieurs. Le pinceau à pointe large avait été remplacé par le pinceau à pointe fine. Les scribes rivalisèrent à qui mènerait les lignes les plus déliées, et les traits dont ils se complurent à surcharger les accessoires de leurs figures, barbe, cheveux, plis du vêtement, sont quelquefois si ténus qu'on a peine à les distinguer sans loupe. Si précieux que soient ces documents, ils ne suffiraient pas à nous faire apprécier la valeur et les procédés de travail des artistes égyptiens ; c'est aux murailles des temples ou des tombeaux que nous devons nous adresser si nous désirons connaître leurs habitudes de composition.

Les conventions de leur dessin diffèrent sensiblement de celles du nôtre. Homme ou bête, le sujet n'était jamais qu'une silhouette à découper sur le fond environnant. On cherchait donc à démêler, parmi les formes, celles-là seules qui offrent un profil accentué, et que le simple trait pouvait saisir et amener sur une surface plane. Pour les animaux, le problème n'offrait rien de compliqué : l'échine et le ventre, la tête et le cou, allongés parallèlement au sol, se profilent d'une seule venue, les pattes sont bien détachées du corps. Aussi les animaux sont-ils pris sur le vif, avec l'allure, le geste, la flexion des membres, particulière à chaque espèce. La marche lente et mesurée du bœuf, le pas court, l'oreille méditative, la bouche ironique de l'âne, le trot menu et saccadé des chèvres, le coup de rein du lévrier en chasse, sont rendus avec un bonheur constant de ligne et d'expression. Et si des animaux domestiques on passe aux sauvages, la perfection n'est pas moindre. Jamais on n'a mieux exprimé qu'en Égypte la force calme du lion au repos, la démarche sournoise et endormie du léopard, la grimace des singes, la grâce un peu grêle de la gazelle et de l'antilope. Il n'était pas aussi facile de projeter l'homme entier sur un même plan, sans s'écarter de la nature. L'homme ne se laisse pas reproduire aisément par la ligne seule, et la silhouette supprime une part trop grande de sa personne. La chute du front et du nez, la coupe des lèvres, le galbe de l'oreille, disparaissent quand la tête est dessinée de face. Il faut, au contraire, que le buste soit posé de face pour que la ligne des épaules se développe en son entier, et pour que les deux bras soient visibles à droite et à gauche du corps. Les contours du ventre se modèlent mieux lorsqu'on les aperçoit de trois quarts et ceux des jambes lorsqu'on les prend de côté. Les Égyptiens ne se firent point scrupule de combiner, dans la même figure, les perspectives contradictoires que produisent l'aspect de face et l'aspect de profil. La tête, presque toujours munie d'un œil de face, est presque toujours plantée de profil sur un buste de face, le buste surmonte un tronc de trois quarts, et le tronc s'étaye sur des jambes de profil. Ce n'est pas qu'on ne rencontre assez souvent des figures établies, ou peu s'en faut, selon les règles de notre perspective. La plupart des personnages secondaires que renferme le tombeau de Khnoumhotpou ont essayé de se soustraire à la loi de malformation ; ils ont le buste de profil, comme la tête et les jambes, mais ils portent en avant tantôt l'une, tantôt l'autre des épaules, afin de bien montrer leurs deux bras (fig. 160). L'effet n'est pas des plus heureux, mais examinez le paysan qui gave une oie, et surtout celui qui pèse sur le cou d'une gazelle pour l'obliger à s'ac-

FIG. 160.

FIG. 161.

croupir (fig. 161) : l'action des bras et des reins est rendue exactement, la fuite du dos est régulière, les épaules, entraînées en arrière par le déplacement des bras, font saillir la poitrine sans en exagérer l'ampleur, le haut du corps tourne bien sur les hanches. Les lutteurs de Béni-Hassan s'attaquent et s'enlacent, les danseuses et les servantes des hypogées thébains se meuvent avec une liberté parfaite (fig. 162). Ce sont là des exceptions ; ailleurs, la tradition a été plus forte que la nature, et les maîtres égyptiens continuèrent jusqu'à la fin à déformer la figure humaine. Leurs hommes et leurs femmes sont donc de véritables monstres pour l'anatomiste, et cependant ils ne sont ni aussi laids ni aussi risibles qu'on est porté à le croire, en étudiant les copies malencontreuses que nos artistes en ont faites souvent. Les membres défectueux sont alliés aux corrects avec tant d'adresse, qu'ils paraissent être soudés comme naturellement. Les lignes exactes et les fictives se suivent et se complètent si ingénieusement qu'elles semblent se déduire nécessairement les unes des autres. La convention une fois reconnue et admise, on ne saurait trop admirer l'habileté technique dont témoignent beaucoup de monuments. Le trait est net, ferme, lancé résolument et longuement mené. Dix ou douze coups

FIG. 162.

de pinceau suffisent à établir une figure de grandeur naturelle. Un seul trait enveloppait la tête de la nuque à la naissance du cou, un seul marquait le ressaut des épaules et la tombée des bras. Deux traits ondulés à propos cernaient le contour extérieur, du creux de l'aisselle à la pointe des pieds, deux arrêtaient les jambes, deux les bras. Les détails du costume et de la parure, d'abord indiqués sommairement, étaient repris un à un et achevés minutieusement : on peut compter presque les tresses de la chevelure, les plis du vêtement, les émaux de la ceinture ou des bracelets. Ce mélange de science naïve et de gaucherie voulue, d'exécution rapide et de retouche patiente, n'exclut ni l'élégance des formes, ni la grâce et la vérité des attitudes, ni la justesse des mouvements. Les personnages sont étranges, mais ils vivent, et, qui veut se donner la peine de les regarder sans préjugé, leur étrangeté même leur prête un charme, que n'ont pas des œuvres plus récentes et plus conformes à la vérité.

Les Égyptiens ont donc su dessiner. Ont-ils, comme

FIG. 163.

on le dit souvent, ignoré l'art de composer un ensemble? Prenez une scène au hasard dans un des hypogées thébains, celle qui représente le repas funéraire offert au prince Harmhabi par les gens de sa famille (fig. 163). C'est un sujet moitié idéal, moitié réel. Le défunt et ceux des siens qui sont déjà de son monde y figurent à côté des vivants, visibles, mais non mêlés ; ils assistent plus qu'ils ne prennent part au banquet. Harmhabi siège donc sur un pliant, à la gauche du spectateur. Il a sur les genoux une petite princesse, une fille d'Amenhotpou III, dont il était le père nourricier et qui était morte avant lui. Sa mère, Sonit, trône à sa droite, en retraite, sur un grand fauteuil, et de la main gauche lui serre le bras, de l'autre lui tend une fleur de lotus ;

FIG. 164.

une gazelle mignonne, peut-être enterrée auprès d'elle, comme la gazelle découverte à côté de la reine Isimkheb dans le puits de Déir-el-Baharî, est attachée à l'un des pieds du fauteuil. Ce groupe surnaturel est de taille héroïque. Assis, Harmhabi et sa mère ont le front de niveau avec celui des femmes qui se tiennent debout devant eux ; il fallait en effet que les dieux fussent toujours plus grands que les hommes, les rois plus grands que leurs sujets, les maîtres du tombeau plus grands que les vivants. Les parents et les amis sont rangés sur une seule ligne, la face aux ancêtres, et semblent causer entre eux. Le service est commencé. Les jarres de vin et de bière, posées à la file sur leurs selles en bois, sont déjà ouvertes. Deux jeunes esclaves, puisant à merci dans un vase d'albâtre, frottent les vivants d'essences odorantes. Deux femmes en toilette d'apparat présentent aux morts des coupes en métal remplies de fleurs, de grains et de parfums, qu'elles déposent au fur et à mesure sur une table carrée ; trois autres accompagnent de leur musique et de leur danse l'hommage des premières. Comme ici le tombeau est la salle du festin, il n'y a d'autre fond au tableau que la paroi couverte d'hiéroglyphes, à laquelle les invités étaient adossés pendant la cérémonie. Ailleurs, le théâtre de l'action est indiqué clairement par des touffes d'herbe ou par des arbres, si elle se passe en rase campagne, par du sable rouge, si elle se passe au désert, par des fourrés de joncs et de lotus, si elle se passe dans les marais. Une femme de qualité rentre chez elle (fig. 164). Une de ses filles, pressée par la soif, boit un long trait d'eau à même une goullèh ; deux petits enfants nus, un garçon et une fillette à tête rase, sont accourus vers la mère jusqu'à la porte de la rue, et reçoivent, des mains d'une servante, des joujoux qu'on leur a rapportés du dehors. Une treille, habillée de vignes, des arbres chargés de fruits poussent au second plan : nous sommes dans un jardin, mais la maîtresse et ses deux filles aînées l'ont traversé sans s'y arrêter et sont entrées dans la maison.

FIG. 165.

La façade, levée à moitié, laisse voir ce qu'elles font : trois servantes leur servent des rafraîchissements. Le tableau n'est pas mal composé et pourrait être transcrit sur la toile par un moderne sans exiger trop de changements ; seulement la même maladresse, ou le même parti pris, qui obligeait l'Égyptien à emmancher une tête de profil sur un buste de face, l'a empêché de disposer ses plans en fuite l'un derrière l'autre, et l'a réduit à inventer des procédés plus ou moins ingénieux pour remédier à l'absence presque complète de perspective.

Et d'abord, la plupart des personnages qui concourent à une même action étaient rabattus sur un même plan, isolés autant que possible, pour éviter que la silhouette de l'un recouvrît celle de l'autre ; sinon, on les superposait à plat, comme s'ils n'avaient eu que deux dimensions et point d'épaisseur. Un bouvier qui marche au milieu de ses bœufs repose directement sur la ligne de terre aussi bien que la bête qui lui cache le ventre et la cuisse. Le soldat le plus lointain d'une compagnie qui s'avance en bon ordre au son de la trompette a la tête et les pieds au même niveau que le soldat le plus voisin du spectateur (fig. 165). Lorsque des chars défilent

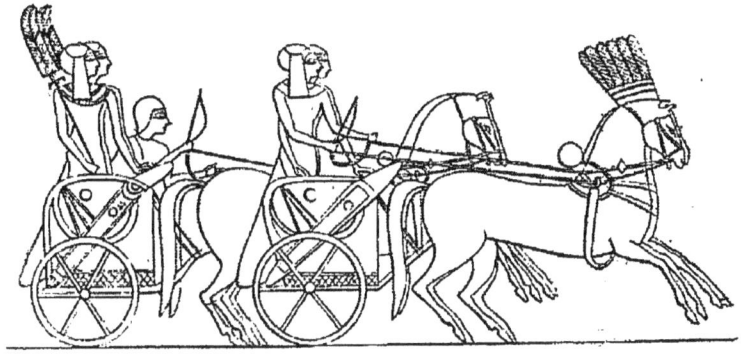

FIG. 166.

devant Pharaon, on jurerait que leurs roues s'emboîtent exactement dans la même ornière, si la caisse du premier ne masquait en partie l'attelage du second (fig. 166). Dans ces exemples, les personnes et les choses sont, par accident ou par nature, placées assez près l'une de l'autre pour que le défaut ne paraisse pas trop choquant, et l'artiste égyptien a usé du même procédé qu'ont employé plus tard les sculpteurs grecs. Ailleurs, il a cherché à s'approcher davantage de la vérité. Les archers de Ramsès III à Médinét-Habou font un effort presque heureux pour se tenir en perspective : la file des casques s'abaisse et celle des arcs se relève régulièrement, mais tous les pieds s'appuient sur une seule raie de sol, et la ligne qu'ils tracent ne suit pas, comme elle devrait, le mouvement des autres lignes (fig. 167). Ce mode de représentation n'est pas rare à l'époque thébaine. On l'adoptait de préférence lorsqu'on voulait figurer des troupes d'hommes ou d'animaux placées sur un rang et entraînées au même acte d'une même impulsion; mais il avait l'inconvénient, grave aux yeux des Égyptiens, de supprimer presque entièrement le corps des personnages, le premier excepté, et de n'en laisser subsister qu'un contour insuffisant. Lors donc qu'on ne pouvait ramener toutes les figures sur le devant du tableau, sans risquer d'en cacher une partie, on décom-

FIG. 167.

posait l'ensemble en plusieurs groupes, dont chacun représentait un épisode, et qu'on distribuait l'un au-dessus de l'autre dans le même plan vertical. La hauteur de chacun d'eux ne dépend en rien de la place qu'ils occupaient dans la perspective normale, mais du nombre d'étages superposés dont l'artiste pensait avoir besoin pour rendre complètement sa pensée. Elle équivaut d'ordinaire à la moitié du registre principal, s'il se contentait de deux étages, au tiers s'il en voulait trois, et ainsi de suite. Cependant, lorsqu'il s'agit de simples accessoires, le registre qui les contient peut être plus bas que les autres; ainsi, au festin funèbre d'Harmhabi, les amphores sont entassées dans un moindre espace que celui où siègent les convives. Les scènes secondaires étaient séparées le plus souvent par une barre horizontale, mais le trait de division n'était pas indispensable, et, surtout quand on avait à figurer des masses profondes d'individus rangées régulièrement, les plans verticaux s'imbriquaient, pour ainsi dire, l'un sur l'autre, dans des proportions variables au caprice du dessinateur. A la bataille de Qodshou, les files de la phalange égyptienne se dominent successivement de toute la hauteur du buste (fig. 168), et celles des bataillons hittites se dépassent à peine de la tête (fig. 169). Et les déformations que subissent les groupes d'hommes et d'animaux ne sont point parmi les plus fortes qu'on se soit permises en Égypte : les maisons, les terrains, les arbres, les eaux, ont été défigurés comme à plaisir. Un rectangle, posé de champ sur un des côtés longs et rayé de rubans ondulés, représente un canal ; si vous en dou-

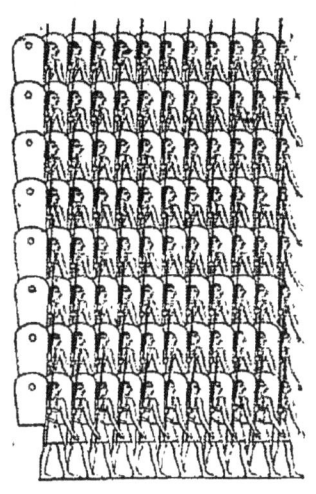

FIG. 168.

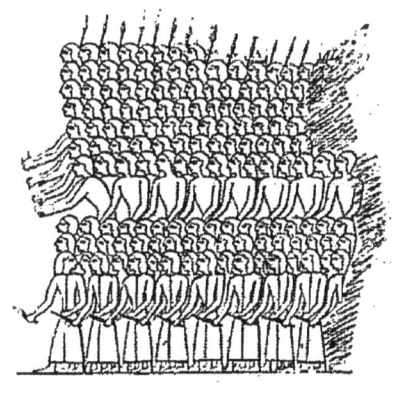

FIG. 169.

tez, des poissons et des crocodiles sont là comme enseigne, pour bien montrer que vous devez voir de l'eau et non autre chose. Des bateaux sont en équilibre sur le bord supérieur, des troupeaux plongés jusqu'au ventre passent à gué, un pêcheur à la ligne marque l'endroit où le Nil cesse et où la berge commence. Ailleurs, le rectangle est comme suspendu à mi-tronc de cinq ou six palmiers (fig. 170); on comprend aussitôt que l'eau coule entre deux rangs d'arbres. Ailleurs encore, au tombeau de Rekhmirî, les arbres sont couchés proprement le long des quatre rives, et le profil d'une barque et d'un mort, hâlés par des profils d'esclaves, se promènent naïvement sur l'étang vu de face (fig. 171). Les hypogées thébains de l'époque des Ramessides fournissent aisément chacun plusieurs exemples d'artifices nouveaux et, quand on les a relevés, on finit par ne plus savoir ce qu'on doit admirer le plus, l'obstination des Égyptiens à ne pas trouver les lois naturelles de la perspective, ou la fécondité d'esprit dont ils ont fait preuve pour inventer tant de relations fausses entre les objets.

FIG. 170.

Appliqués à de vastes étendues, leurs procédés de composition choquent moins qu'ils ne font à des sujets de petites dimensions. On sent d'instinct que l'artiste le plus habile n'aurait pu se garder de tricher quelquefois avec la perspective, s'il avait eu à couvrir les surfaces immenses des pylônes, et cela rend l'œil plus indulgent. Aussi bien les motifs qu'on donnait à traiter dans d'aussi grands cadres n'offrent jamais une unité rigoureuse. Assujettis que les gens étaient à perpétuer le souvenir victorieux d'un Pharaon, Pharaon joue nécessairement

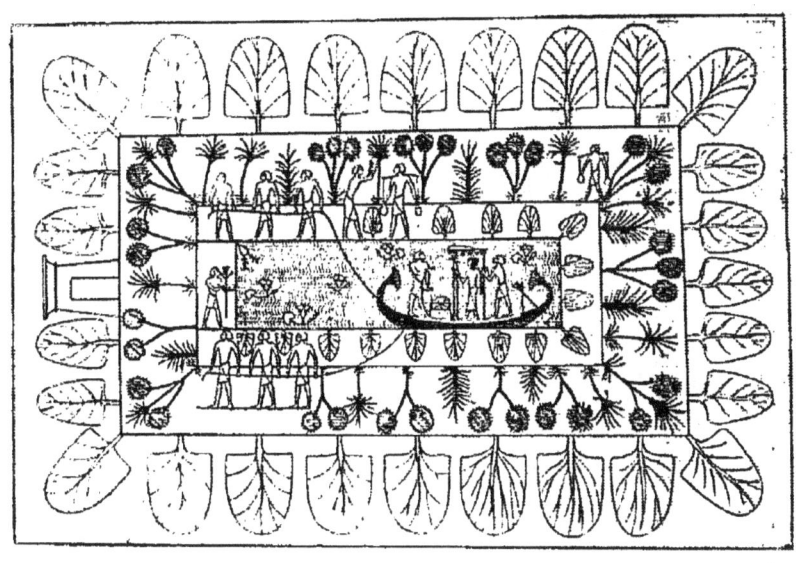

FIG. 171.

chez eux le premier rôle; mais, au lieu de choisir parmi ses hauts faits un épisode dominant, le plus propre à mettre sa grandeur en lumière, ils prenaient plaisir à juxtaposer tous les moments successifs de ses campagnes. Attaque de nuit du camp égyptien par une bande d'Asiatiques, envoi par le prince de Khiti d'espions destinés à donner le change sur ses intentions, la maison militaire du roi surprise et enfoncée par les chariots hittites, la bataille de Qodshou et ses péripéties, les pylônes de Louxor et du Ramesséum portent comme un bulletin illustré de la campagne de Ramsès II contre les Syriens en l'an V de son règne : ainsi

FIG. 172.

les peintres des premières écoles italiennes déroulaient, dans le même milieu, d'une suite non interrompue, les épisodes d'une même histoire. Les scènes sont répandues irrégulièrement sur la muraille, sans séparation matérielle, et l'on est exposé parfois, comme pour les bas-reliefs de la colonne Trajane, à mal couper les groupes et à brouiller les personnages. Cette manière de procéder est réservée presque exclusivement à l'art officiel. A l'intérieur des temples et dans les tombeaux, les parties diverses d'un même tableau sont distribuées en registres, qui montent et s'étagent du soubassement à la corniche. C'est une difficulté de plus ajoutée à celles qui nous empêchent de comprendre les intentions et la manière des dessinateurs égyptiens ; nous nous imaginons souvent voir des sujets isolés, quand nous avons devant les yeux les membres disjoints de ce qui n'était pour eux qu'une même composition. Prenez une des parois du tombeau de Phtahhotpou à Saqqarah (fig. 172). Si vous désirez saisir le lien qui en rattache les parties, comparez-la à un monument d'époque gréco-romaine, la mosaïque de Palestrine, qui représente à peu près les mêmes scènes, mais groupées d'une façon plus conforme à nos habitudes d'œil et d'esprit (fig. 173). Le Nil baigne le bas du tableau et s'étale jusqu'au pied des montagnes. Des villes sortent de l'eau, des obélisques, des fermes, des tours de style gréco-italien, plus semblables aux fabriques des paysages pompéiens qu'aux monuments des Pharaons; seul, le grand temple situé au second plan, sur la droite, et vers lequel se dirigent deux voyageurs, est précédé d'un pylône, auquel sont adossés quatre colosses osiriens, et rappelle l'ordonnance générale de l'architecture égyptienne. A gauche, des chasseurs, portés sur une grosse barque, poursuivent l'hippopotame et le crocodile à coups de harpon. A droite, une compagnie de légionnaires, massée devant un temple et pré-

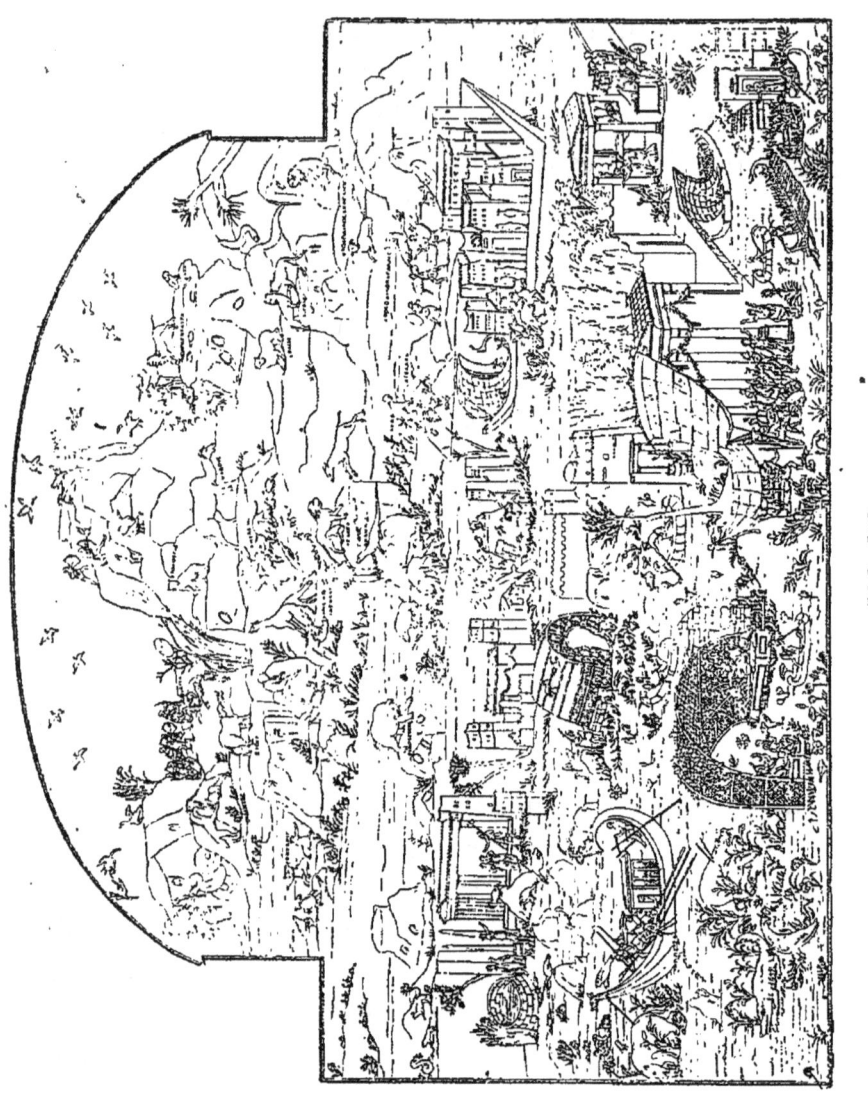

FIG. 173.

cédée d'un prêtre, paraît saluer au passage une galère qui file à toutes rames le long du rivage. Au centre, des hommes et des femmes à moitié nues chantent et boivent, à l'abri d'un berceau sous lequel coule un bras du Nil. Des canots en papyrus montés d'un seul homme, des bateaux de formes diverses comblent les vides de la composition. Le désert commence derrière la ligne des édifices, et l'eau forme de larges flaques que surplombent des collines abruptes. Des animaux réels ou fantastiques, poursuivis par des bandes d'archers à tête rase, occupent la partie supérieure du tableau. De même que le mosaïste romain, le vieil artiste égyptien s'est placé sur le Nil et a reproduit tout ce qui se passait entre lui et l'extrême horizon. Au bas de la paroi, le fleuve coule à pleins bords, les bateaux vont et viennent, les matelots échangent des coups de gaffe. Au-dessus, la berge et les terrains qui avoisinent le fleuve : une bande d'esclaves, cachés dans les herbes, chassent à l'oiseau. Au-dessus encore, on fabrique des canots, on tresse la corde, on ouvre et on sale des poissons. Enfin, sous la corniche, les collines nues et les plaines ondulées du désert, où des lévriers forcent la gazelle, où des chasseurs court-vêtus lassent le gibier. Chaque registre répond à un des plans du paysage; seulement l'artiste, au lieu de mettre les plans en perspective, les a séparés et superposés. Partout dans les tombeaux on retrouve la même disposition : des scènes d'inondation et de vie civile au bas des murailles, dans le haut, la montagne et la chasse. Parfois le dessinateur a intercalé entre deux des pâtres, des laboureurs, des gens de métier; parfois il fait succéder brusquement la région des sables à la région des eaux et supprime l'intermédiaire. La mosaïque de Palestrine et les parois des tombeaux pharaoniques reproduisent donc un même ensemble de sujets, traités d'après les conventions et les procédés de deux arts différents. Comme la mosaïque, les parois des tombeaux forment, non pas une suite de scènes indépendantes, mais une composition réglée, dont ceux qui savent lire la langue artistique de l'époque démêlent aisément l'unité.

§ 2. — LES PROCÉDÉS TECHNIQUES.

La préparation des surfaces à couvrir exigeait beaucoup de temps et beaucoup de soin. Comme l'imperfection des procédés de construction ne permettait pas à l'architecte de planer avec exactitude les parements extérieurs des murs du temple ou des pylônes, il fallait bien que le décorateur s'accommodât d'une surface légèrement bombée ou déprimée par endroits. Du moins était-elle formée de blocs à peu près homogènes : les filons de calcaire où l'on creusait les hypogées contenaient presque toujours des rognons de silex, des fossiles, des chapelets de coquilles pétrifiées. On remédiait à ces défauts de façons différentes, selon que la décoration devait être peinte ou sculptée. Dans le premier cas, après avoir dégrossi la paroi, on appliquait sur la surface encore rugueuse un crépi d'argile noire et de paille hachée menu, semblable au mélange avec lequel on fabriquait la brique. Dans le second, on s'arrangeait autant que possible de manière à éviter les inégalités de la pierre. Quand elles tombaient dans le champ des figures, mais n'offraient point trop de résistance au ciseau, on les laissait subsister, sinon on les enlevait et on bouchait le trou avec du ciment blanchâtre ou des morceaux de calcaire ajustés. Ce n'était point petite affaire, et l'on cite telle salle de tombeau où chaque paroi est incrustée au quart de dalles rapportées. Ce travail préliminaire achevé, on répandait sur l'ensemble une couche mince de plâtre fin, gâché avec du blanc

FIG. 174.

d'œuf, qui masquait l'enduit ou le rapiéçage, et formait un champ lisse et poli, sur lequel le pinceau du dessinateur pouvait glisser librement.

On rencontre un peu partout, et jusque dans les carrières, des chambres ou parties de chambres inachevées, qui gardent encore l'esquisse à l'encre rouge ou noire des bas-reliefs dont elles devaient être revêtues. Le modèle, exécuté en petit, était mis au carreau et transporté sur la muraille à grande échelle par les aides et par les élèves. En quelques endroits, le sujet est indiqué sommairement par deux ou trois coups de calame hâtifs : tel est le cas pour certaines scènes des tombeaux thébains que Prisse a relevées avec soin (fig. 174). Ailleurs, le trait est entièrement terminé et les figures n'attendent plus sur le treillis que l'arrivée du sculpteur. Quelques praticiens se contentaient de déterminer la position des épaules et l'aplomb des corps par des lignes horizontales et verticales, sur lesquelles ils notaient la hauteur du genou, des hanches et des membres (fig. 175). D'autres, plus confiants dans leurs propres forces, abordaient le tableau à même et plaçaient leurs personnages sans secours d'aucune sorte ; ainsi, les artistes qui ont décoré la syringe de Séti Ier et les salles méridionales du temple d'Abydos.

FIG. 175.

Leur trait est si net et leur facilité d'exécution si surprenante qu'on les a soupçonnés d'avoir employé des poncifs découpés à l'avance. C'est une opinion dont on revient bien vite, quand on examine de près leurs figures et qu'on se donne la peine de les mesurer au compas. La taille est plus mince chez les unes, les contours de la poitrine sont plus accentués chez les autres ou les jambes moins écartées. Le maître n'avait pas grand'chose à corriger dans l'œuvre de ces gens-là. Il redressait çà et là une tête, accentuait ou atténuait la saillie d'un genou, modifiait un détail d'ajustement. Une fois pourtant, à Kom-Ombo, dans un portique d'époque gréco-romaine, plusieurs des divinités du plafond avaient été mal orientées et posaient les pieds où elles auraient dû avoir le bras : il les a remises en position sur le même carreau, sans effacer l'esquisse primitive. Là, du moins, il avait aperçu l'erreur à temps : à Karnak, sur la paroi septentrionale de la salle hypostyle, et à Médinét-Habou, il ne l'a reconnue qu'après que le sculpteur avait achevé son travail. Les figures de Séti Ier et de Ramsès III penchaient trop en arrière et paraissaient prêtes à perdre l'équilibre : il les empâta de ciment ou de stuc, puis les fit tailler à nouveau. Aujourd'hui, le ciment est tombé, et les traces du premier ciseau sont redevenues visibles. Séti Ier et Ramsès III ont deux profils, l'un à peine marqué, l'autre levé franchement sur la surface de la pierre (fig. 176).

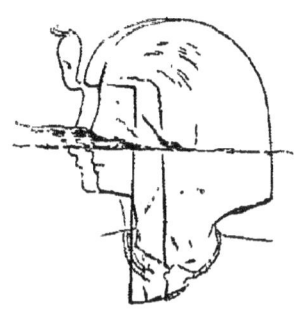

FIG. 176.
Double profil de Ramsès III.

Les sculpteurs égyptiens n'étaient pas aussi bien équipés que les nôtres. Un des scribes agenouillés en calcaire du musée de Boulaq a été taillé au ciseau ; les sillons lisses qu'avait laissés l'instrument sont visibles sur son épiderme. Une statue en serpentine grisâtre du même musée a gardé la trace de deux outils différents :

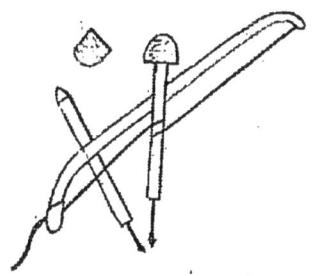

FIG. 177.
Violon conservé à Berlin.

le corps est tout moucheté des coups de pointe, la tête est encore informe, mais le bloc qui les renferme a été dégrossi à petits éclats par la marteline. D'autres constatations du même genre et l'étude des monuments nous ont appris qu'on employait aussi le violon (fig. 177), la gradine, la gouge ; mais de longues discussions se sont élevées sur la question de savoir si ceux de leurs instruments qui étaient en métal étaient en fer ou en bronze. Le fer, a-t-on dit, était considéré comme impur. Personne n'aurait pu l'employer, même aux usages les plus vils de la vie, sans contracter une souillure préjudiciable à l'âme en ce monde et dans l'autre. Mais l'impureté d'un objet n'a jamais suffi à en empêcher l'emploi. Les porcs, eux aussi, étaient impurs. On les élevait pourtant et en nombre assez considérable, au moins dans certains cantons, pour permettre au bon Hérodote de raconter qu'on les lâchait sur les champs, après les semailles, afin d'enterrer le grain. D'ailleurs le fer, comme bien des choses en Égypte, était pur ou impur selon les circonstances. Si certaines traditions l'appelaient *l'os de Typhon* et le tenaient pour funeste, d'autres aussi anciennes prétendaient qu'il était la matière même du firmament, et elles avaient assez d'autorité pour qu'on l'appelât couramment *Banipit*, le métal céleste. Les quelques outils, dont on a trouvé les fragments dans la maçonnerie des pyramides, sont en fer, non en bronze, et si les objets antiques en fer sont si rares aujourd'hui, par comparaison aux objets en bronze, cela tient à ce que le fer n'est pas protégé contre la destruction par son oxyde, comme le bronze l'est par le sien. La rouille le dévore en peu de temps, et c'est seulement par un concours de circonstances assez difficiles à réunir qu'il se conserve intact. Toutefois, s'il est bien certain que les Égyptiens ont connu et employé le fer, il est non moins certain qu'ils n'ont jamais possédé l'acier, et alors on se demande comment ils s'y prenaient pour façonner à leur gré les roches les plus dures, celles mêmes qu'on redoute presque d'attaquer aujourd'hui, le diorite, le basalte, le granit de Syène. Les quelques fabricants d'antiquités qui sculptent encore le granit à l'intention des voyageurs ont résolu le problème très simplement. Ils ont toujours à côté d'eux une vingtaine de ciseaux ou de pointes en mauvais fer, qu'un petit nombre de coups met hors de service. La première émoussée, ils passent à une autre, et ainsi de suite jusqu'à ce que la provision soit épuisée, après quoi ils vont à la forge et font tout remettre en état. Le procédé n'est ni aussi long ni aussi pénible qu'on pourrait croire. Un des meilleurs faussaires de Louxor a tiré, en moins de quinze jours, d'un fragment de granit noir rayé de rouge, une tête humaine de grandeur naturelle qui est au musée de Boulaq. Je ne doute pas que les anciens n'aient opéré de même : ils triomphaient des pierres dures à force d'user du fer sur elles. Le moyen une fois découvert, l'habitude leur avait enseigné les tours de main les plus favorables à rendre la besogne aisée et à obtenir de leurs outils une exécution aussi fine et aussi régulière que celle que nous tirons des nôtres. Dès que l'apprenti savait manier la pointe et le maillet, le maître le plaçait devant des modèles gradués qui représentaient les états successifs d'un animal, d'une portion de corps humain, du corps humain entier, depuis l'ébauche jusqu'au parfait achèvement (fig. 178). On les recueille chaque année en assez grand nombre pour établir des séries progressives : quinze de ceux qui sont à Boulaq viennent de Saqqarah, quarante et un de Tanis, une douzaine de Thèbes et de

Médinét-el-Fayoum, sans parler des pièces isolées

FIG. 178. — Dalle ayant servi de modèle.

qu'on ramasse un peu partout. Ils étaient destinés partie à l'étude du bas-relief, partie à celle de la statuaire proprement dite, et nous en font connaître les procédés.

Les Égyptiens traitaient le bas-relief de trois façons principales : ou bien c'était une simple gravure à la pointe, ou bien ils abattaient le fond autour de la figure et la modelaient en saillie sur la muraille, ou bien ils réservaient le champ et levaient le motif en relief dans le creux. Le premier procédé a l'avantage d'aller vite et l'inconvénient d'être peu décoratif. Ramsès III s'en est servi dans quelques endroits, à Médinét-Habou ; mais on l'appliquait de préférence aux stèles et aux petits monuments. Le dernier diminuait les chances de destruction de l'œuvre et la peine de l'ouvrier : il supprimait en effet le dressage des fonds, ce qui était une réelle économie de temps, et ne laissait subsister aucune saillie à la face du parement, ce qui mettait l'image à l'abri des chocs accidentels. Le procédé intermédiaire était le plus usité, et on paraît l'avoir enseigné dans les écoles de préférence aux autres. Les modèles étaient de petites dalles carrées ou rectangulaires, quadrillées pour permettre à l'élève d'augmenter ou de réduire son sujet sans rien changer aux proportions traditionnelles. Quelques-unes sont ouvrées sur les deux plats ; la plupart n'ont de sculpture que d'un côté. C'est alors un bœuf, une tête de cynocéphale, un bélier, un lion, une divinité ; de temps en temps, le même motif y est répété deux fois, à peine dégrossi sur la gauche, fini à droite jusque dans ses moindres détails. Dans aucun cas, la figure n'est très élevée au-dessus du fond : elle ne dépasse jamais les cinq millimètres et se maintient ordinairement plus bas. Ce n'est pas que les Égyptiens n'aient su fouiller profondément la pierre à l'occasion. La décoration atteint jusqu'à seize centimètres de saillie, à Médinét-Habou et à Karnak, sur le granit et sur le grès, dans les parties hautes du temple, et dans celles qui sont exposées directement au plein jour; si elle était moindre, les tableaux seraient comme absorbés par la lumière répandue sur eux et offriraient une masse de lignes confuses au spectateur. Les modèles consacrés à l'étude de la ronde bosse sont plus instructifs encore que les précédents. Plusieurs de ceux que nous possédons sont des moulages en plâtre d'œuvres connues dans l'école. La tête, les bras, les jambes, le tronc, chaque partie du corps était coulée séparément. Voulait-on une figure complète? on assemblait les morceaux et on avait, selon le cas, une statue d'homme ou de femme, agenouillée ou debout, assise sur un siège ou accroupie sur les talons, le bras tendu en avant ou au repos le long du buste. Cette collection curieuse a été découverte à Tanis et date probablement du temps des Ptolémées. Les modèles d'époque pharaonique sont en calcaire tendre et représentent presque tous le portrait du souverain régnant. Ce sont de vrais dés à base rectangulaire, hauts de vingt-cinq centimètres en moyenne. On commençait par établir sur une des faces un réseau de lignes croisées à angle droit, et qui réglaient la position relative des traits du visage, puis on attaquait la face opposée, en se guidant d'après l'échelle inscrite au revers. L'ovale seul est dessiné nettement sur le premier bloc : un saillant au milieu, deux rentrants à droite et à gauche indiquent vaguement la position du nez et des yeux. La forme s'accuse à mesure qu'on passe d'un bloc à l'autre, et le visage sort peu à peu de la masse où il était enfermé. L'artiste en limite les contours, au moyen de tailles menées parallèlement de haut en bas, puis abat les angles des tailles et les fond de manière à préciser le modelé : les linéaments se dégagent, l'œil se creuse, le nez s'affine, la bouche s'épanouit. Au dernier bloc, il ne reste plus rien d'inachevé que l'uræus et le détail de la coiffure. Nous n'avons aucun morceau d'école en granit ou en basalte; mais les Égyptiens, comme nos marbriers de cimetière, gardaient toujours en magasin des statues de pierre dure, à moitié prêtes, et qu'ils pouvaient terminer aisément en quelques heures. Les mains, les pieds, le buste n'attendent plus que la touche finale, mais la tête est à peine dégrossie et l'habit n'est qu'ébauché ; une demi-journée aurait suffi pour transformer le masque en un portrait de l'acheteur et pour mettre le jupon à la mode nouvelle. Deux ou trois statues de ce genre nous révèlent le procédé aussi clairement que les modèles théoriques auraient pu le faire. La taille régulière et continue du calcaire ne convenait pas aux roches volcaniques, la pointe seule parvenait à les assouplir et à triompher de leur résistance. Lorsqu'à force de patience et de temps, elle avait amené l'œuvre au point voulu, s'il y avait encore çà et là quelques aspérités, quelques noyaux de substances hétérogènes, qu'on n'osait attaquer résolument de peur d'enlever avec elles les parties environnantes, on avait recours à un instrument nouveau. L'artiste appuyait sur la parcelle superflue le tranchant d'un galet en forme de hache, et d'un second galet arrondi, qui remplaçait le maillet, frappait à coups mesurés sur cet engin grossier : le point ainsi traité s'écrasait sous le choc et s'en allait en poussière. Les menus défauts corrigés, le monument avait encore l'aspect fruste et terne. Il fallait le polir pour faire disparaître les cicatrices de la pointe et du marteau. L'opération était des plus délicates, un tour de main malheureux, une distraction d'un moment, et l'œuvre de longues semaines était gâtée sans retour. La dextérité des praticiens rendait un accident assez rare. Examinez le Sovkoumsaouf de Boulaq, examinez le Ramsès II colossal de Louxor. Les jeux de lumière empêchent d'abord l'œil d'en bien saisir les délicatesses; mais si vous vous placez dans un jour favorable, le détail du genou et de la poitrine, de l'épaule et du visage, n'est pas moins finement exprimé sur le granit qu'il ne l'est sur le calcaire. Le poli à outrance n'a pas plus gâté les statues égyptiennes qu'il n'a fait celles des sculpteurs italiens de la Renaissance.

Au sortir des mains du sculpteur, l'œuvre tombait entre celles du peintre. Elle aurait été jugé imparfaite si on lui avait laissé la teinte de la pierre dans laquelle elle était taillée. Les statues étaient peintes des pieds à la tête. Dans les bas-reliefs, le fond restait nu, les figures étaient enluminées. Les Égyptiens avaient à leur disposition plus de couleurs qu'on n'est disposé à leur en prêter d'ordinaire. Les plus anciennes de leurs palettes — et on en connaît qui sont de la Ve dynastie — ont des compartiments séparés pour le jaune, le rouge, le bleu, le brun, le blanc, le noir et le vert. D'autres, à la XVIIIe dynastie, comptent trois variétés de jaune, trois de brun, deux de rouge et de bleu, deux de vert, en tout quatorze ou seize tons différents. On obtenait le noir en calcinant les os d'animaux. Les autres matières employées à la peinture existent naturellement dans le pays. Le blanc est du plâtre mêlé d'albumine ou de miel, les jaunes sont de l'ocre ou du sulfure d'arsenic, l'orpiment de nos peintres, les rouges de l'ocre, du cinabre ou du vermillon, les bleus du lapis-lazuli ou du sulfate de cuivre broyés. Si la substance était rare ou coûteuse, on lui substituait des produits de l'industrie locale. On remplaçait le lapis-lazuli par du verre coloré en bleu au sulfate de cuivre et qu'on réduisait en poussière impalpable. La couleur, conservée dans des sachets, était délayée, au fur et à mesure des besoins, avec de l'eau additionnée légèrement de gomme adragante. On l'étalait au moyen d'un calame ou d'une brosse en crin plus ou moins grosse. Bien préparée, elle était d'une solidité remarquable et s'est à peine modifiée au cours des siècles. Les rouges ont foncé, le vert s'est terni, les bleus ont verdi ou grisé, mais ce n'est qu'à la surface; dès qu'on enlève la couche extérieure, les dessous apparaissent brillants et inaltérés. Jusqu'à l'époque thébaine, on ne prit aucune précaution pour défendre la peinture contre l'action de l'air et de la lumière. Vers la XX⁰ dynastie, l'usage se répandit de la recouvrir d'un vernis transparent, soluble dans l'eau, probablement la gomme d'une sorte d'acacia. L'emploi n'en était point le même partout : certains peintres l'étendaient également sur le tableau entier, d'autres se contentaient d'en glacer les ornements et les accessoires, sans toucher aux nus ni aux vêtements. Il s'est craquelé sous l'influence du temps, ou a noirci au point de gâter ce qu'il aurait dû protéger. Les Égyptiens reconnurent sans doute les mauvais effets qu'il produisait, car on ne le rencontre plus à partir de la XXᵉ dynastie.

De grandes teintes plates, uniformes, juxtaposées, mais non fondues : on enluminait, on ne peignait pas au sens où nous prenons le mot. De même qu'en dessinant, on résumait les lignes et on supprimait presque le modelé interne, en mettant la couleur, on la simplifiait et on ramenait à une seule teinte, non rompue, toutes les variétés de tons qui existent naturellement sur un objet ou qu'y produisent les jeux de l'ombre et de la lumière. Elle n'est jamais ni entièrement vraie ni entièrement fausse. Elle se rapproche de la nature autant que possible, mais sans prétendre à l'imiter fidèlement, l'atténue tantôt, tantôt l'exagère et substitue un idéal, une convention à la réalité visible. L'eau est toujours d'un bleu uni ou rayé de zigzags noirs. Les reflets fauves et bleuâtres du vautour sont rendus par du rouge vif et du bleu franc. Tous les hommes ont le nu brun, toutes les femmes l'ont jaune clair. On enseignait dans les ateliers la couleur qui convenait à chaque être ou à chaque objet, et la recette, une fois composée, se transmettait sans changement de génération en génération. De temps à autre quelques peintres plus hardis que le commun se risquaient à rompre avec la tradition. Vous trouverez des hommes au teint jaune comme celui des femmes, à Saqqarah sous la Vᵉ dynastie, à Ibsamboul sous la XIXᵉ, et des personnages aux chairs roses, dans les tombeaux de Thèbes et d'Abydos, vers l'époque de Thoutmos IV et d'Harmhabi. Ces nouveautés ne duraient guère, un siècle au plus, et l'école retombait dans ses anciens errements. N'allez pas imaginer cependant que l'ensemble produit par ce coloris factice soit criard ou discordant. Même dans des ouvrages de petite dimension, manuscrits du *Livre des Morts*, ornements des cercueils ou des coffrets funéraires, il a de l'agrément et de la douceur. Les tons les plus vifs y sont juxtaposés avec une hardiesse extrême, mais avec la pleine connaissance des relations qui s'établissent entre eux et des phénomènes qui résultent nécessairement de ces relations. Ils ne se heurtent, ne s'exaspèrent, ni ne s'éteignent; ils se font valoir naturellement et donnent naissance, par le rapprochement, à des demi-tons qui les accordent. Passez du petit au grand, du feuillet de papyrus ou du panneau en bois de sycomore à la paroi des tombeaux et des temples, l'emploi habile des teintes plates, loin d'y blesser l'œil, le flatte et le caresse. Chaque mur est traité comme un tout, et l'harmonie des couleurs s'y poursuit à travers les registres superposés : tantôt elles sont réparties avec rythme ou symétrie, d'étage en étage, et s'équilibrent l'une par l'autre, tantôt l'une d'elles prédomine et détermine une tonalité générale, à laquelle le reste est subordonné. L'intensité de l'ensemble est toujours proportionnée à la qualité et à la quantité de lumière que le tableau devait recevoir. Dans les salles entièrement sombres, le coloris est poussé aussi loin que possible; moins fort, on l'aurait à peine aperçu à la lueur vacillante des lampes et des torches. Aux murs d'enceinte et sur la face des pylônes, il atteignait la même puissance qu'au fond des hypogées; si brutal qu'on le fît, le soleil en atténuait l'éclat. Il est doux et discret dans les pièces où ne pénètre qu'un demi-jour voilé, sous le portique des temples et dans l'antichambre des tombeaux. La peinture en Égypte n'était que l'humble servante de l'architecture et de la sculpture. La comparer à la nôtre ou même à celle des Grecs, il n'y faut point songer; mais si on la prend pour ce qu'elle est dans le rôle secondaire qui lui était assigné, on ne pourra s'empêcher de lui reconnaître des mérites peu communs. Elle a excellé au décor monumental, et si jamais on en revient à colorer les façades de nos maisons et de nos édifices publics, on ne perdra rien à étudier ses formules ou à rechercher ses procédés.

§ 3. — LES ŒUVRES.

La statue la plus ancienne qu'on ait trouvée jusqu'à ce jour est un colosse, le Sphinx de Gizèh. Il existait déjà du temps de Khéops, et peut-être ne se trompera-t-on pas beaucoup si l'on se hasarde à reconnaître en lui l'œuvre des générations antérieures à Minî, celles que les chroniques sacerdotales appelaient les Serviteurs d'Hor. Taillé en plein roc, au rebord extrême du plateau libyque, il semble hausser la tête pour être le premier à découvrir par-dessus la vallée le lever de son père le soleil (fig. 179). Les sables l'ont tenu enterré jusqu'au menton pendant des siècles, sans le sauver de la ruine. Son corps effrité n'a plus du lion que la forme générale. Les pattes et la poitrine, réparées sous les Ptolémées et sous les Césars, ne retiennent qu'une partie du dallage dont elles avaient été revêtues à cette époque pour dissimuler les ravages du temps. Le bas de la coiffure est tombé, et le cou aminci semble trop faible pour soutenir le poids de la tête. Le nez et la barbe ont été brisés par des fanatiques, la teinte rouge qui avivait les traits est effacée presque partout. Et pourtant l'ensemble garde jusque dans sa détresse une expression souveraine de force et de grandeur. Les yeux regardent au loin devant eux, avec une intensité de pensée profonde, la bouche sourit encore, la face entière respire le calme et la puissance. L'art qui a conçu et taillé cette statue prodigieuse en pleine montagne était un art complet, maître de lui-même, sûr de ses effets. Combien de siècles ne lui avait-il pas fallu pour arriver à ce degré de maturité et de perfection? C'est par erreur qu'on a cru voir dans quelques morceaux appartenant à nos musées, les statues de Sapi et de sa femme au Louvre, les bas-reliefs du tombeau de Khâbiousokari à Boulaq, la rudesse et les tâtonnements d'un peuple qui s'essaye. La raideur du geste et de la pose, la carrure exagérée des épaules, la bande de fard vert barbouillée sous les yeux, les caractères qu'ils offrent et qu'on donne comme des marques d'antiquité, apparaissent sur des monuments certains de la Ve et de la VIe dynastie. Les sculpteurs d'un même siècle n'étant pas tous également habiles, si beaucoup étaient capables de bien faire, la plupart n'étaient que des manœuvres, et l'on doit bien se garder de prendre pour gaucherie archaïque ce qui est chez eux maladresse ou insuffisance d'apprentissage. Les œuvres des dynasties primitives dorment encore ignorées sous vingt mètres de sable au pied du Sphinx; celles des dynasties historiques sortent chaque jour du fond des tombeaux. Elles ne nous ont pas rendu l'art

FIG. 179.

égyptien entier, mais une de ses écoles, la memphite

Le Delta, Hermopolis, Abydos, les environs de Thèbes, Assouân, ne commencent à se révéler que vers la VIᵉ dynastie; encore est-ce par un petit nombre d'hypogées violés et dépouillés depuis longtemps. Le dommage n'est peut-être pas très grand. Memphis était alors la capitale, et la présence des Pharaons devait y attirer tout ce qui avait du talent dans les principautés vassales. Rien qu'avec le produit des fouilles pratiquées dans ses nécropoles, nous pouvons déterminer les caractères de la sculpture et de la peinture au temps de Snofrou et de ses successeurs, aussi exactement que si nous avions déjà entre les mains tous les monuments que la vallée entière tient en réserve pour ceux qui l'exploreront après nous. Le menu peuple des artistes excellait au maniement de la brosse et du ciseau, et les tableaux qu'il a tracés par milliers témoignent d'une habileté peu commune. Le relief en est léger, la couleur sobre, la composition bien entendue. Les architectures, les arbres, la végétation, les accidents de terrain sont indiqués sommairement, et là seulement où ils sont nécessaires à l'intelligence de la scène représentée. En revanche, l'homme et les animaux sont traités avec une abondance de détail, une vérité d'allures, et parfois une énergie de rendu, que les écoles postérieures ont rarement au même degré. Les six panneaux en bois du tombeau d'Hosi, au musée de Boulaq, sont peut-être ce que nous avons de mieux en ce genre. Mariette les attribuait à la IIIᵉ dynastie, et peut-être a-t-il raison de le faire : je pencherai pourtant à en placer l'exécution sous la Vᵉ. La donnée du tableau n'est rien : Hosi, debout (fig. 180) ou assis, et, au-dessus de sa tête, quatre ou cinq colonnes d'hiéroglyphes. Mais, quelle fermeté de trait, quelle entente du modelé, quelle souplesse d'exécution ! Jamais on n'a taillé le bois d'une main plus ferme et d'un ciseau plus délicat.

Les statues ne présentent point la variété de gestes et d'attitudes qu'on admire dans les tableaux. Un pleureur, une femme qui écrase le grain du ménage, le boulanger qui brasse la pâte sont aussi rares en ronde bosse qu'ils sont fréquents en bas-reliefs. La plupart des personnages sont tantôt debout et marchant, la jambe en avant, tantôt debout, mais immobiles et les deux pieds réunis, tantôt assis sur un siège ou sur un dé de pierre, quelquefois agenouillés, plus souvent accroupis le buste droit et les jambes à plat sur le sol, comme les fellahs d'aujourd'hui. Cette monotonie voulue s'expliquerait peu si l'on ne connaissait l'usage auquel ces images étaient destinées. Elles représentaient le mort pour qui le tombeau avait été creusé, ses parents, ses employés, ses esclaves, les gens de sa famille. Le maître est toujours assis ou debout, et il ne pouvait guère avoir d'autre position. Le tombeau en effet est la maison où il repose de la vie, comme il faisait jadis dans sa maison terrestre, et les scènes tracées sur les

FIG. 180.

parois nous montrent les actes qu'il y accomplissait officiellement. Ici, il assiste aux travaux préliminaires de l'offrande qui le nourrit, la semaille et la récolte, l'élève des bestiaux, la pêche, la chasse, les manipulations des métiers, et *surveille toutes les œuvres qu'on accomplit pour la demeure éternelle* : il est alors debout, la tête haute, les mains pendantes ou armées de bâtons de commandement. Ailleurs, on lui apporte l'une après l'autre les diverses parties de l'offrande, et alors il est assis sur un fauteuil. Ces deux poses qu'il a dans les tableaux, il les garde dans les statues. Debout, il est censé recevoir l'hommage des vassaux; assis, il prend sa part du repas de famille. Les gens de la maison ont comme lui l'attitude qui convient à leur rang et à leur métier. L'épouse est debout, assise sur le même siège ou sur un siège isolé, accroupie aux pieds de l'époux, comme pendant la vie. Le fils a le costume de l'enfance, si la statue a été commandée tandis qu'il était encore enfant, le geste et l'attribut de sa charge, s'il est à l'âge d'homme. Les esclaves broient le grain, les celleriers poissent l'amphore, les pleureurs se lamentent et s'arrachent les cheveux. La hiérarchie sociale suivait l'Égyptien dans la tombe et réglait la pose après, comme elle l'avait réglée avant la mort. Et là ne s'arrêtait point l'influence que la conception religieuse de l'âme exerçait sur l'art du sculpteur. Du moment que la statue est le support du double, la première condition à remplir pour que celui-ci puisse s'adapter aisément à son corps de pierre, c'est qu'elle reproduise, au moins sommairement, les proportions et les particularités du corps de chair. La tête est donc un portrait fidèle. Le corps, au contraire, est pour ainsi dire un corps moyen, qui montre le personnage au meilleur de son développement, et lui permet d'exercer parmi les dieux la plénitude de ses fonctions physiques : les hommes sont toujours dans la force de l'âge, les femmes ont toujours le sein ferme et les hanches minces de la jeune fille. C'est seulement dans le cas d'une difformité par trop forte qu'on se départait de cet idéal. On donnait à la statue d'un nain toutes les laideurs du corps du nain, et il fallait bien qu'il en fût ainsi. Si l'on avait mis dans la tombe une statue régulière, le double, habitué pendant la vie terrestre à la difformité de ses membres, n'aurait pu s'appuyer sur ce corps redressé et n'aurait pas été dans les conditions nécessaires pour bien vivre désormais. L'artiste n'était libre que de varier le détail et de disposer les accessoires à son gré ; il n'aurait pu rien changer à l'attitude et à la ressemblance générales sans manquer à la destination de son œuvre. La répétition obstinée des mêmes motifs produit sur le spectateur une véritable monotonie, et l'impression qu'il ressent est encore augmentée par l'aspect particulier que les tenons prennent sous la main du sculpteur. Les statues sont appuyées pour la plupart à une sorte de dossier rectangulaire qui monte droit derrière elles, et, tantôt se termine carrément au niveau du cervelet, tantôt s'achève en un pyramidion dont la pointe se perd parmi les cheveux, tantôt s'arrondit au sommet et paraît au-dessus de la tête du personnage. Les bras sont rarement séparés du corps ; dans bien des cas, ils adhèrent aux côtes et à la hanche. Celle des jambes qui porte en avant est reliée souvent au dossier, sur toute sa longueur, par une tranche de pierre. La raison en serait, dit-on, l'imperfection des outils : le sculpteur n'aurait pas détaché les épaisseurs de matière superflue, de peur de briser par contre-coup le membre qu'il modelait. L'explication a dû être valable au début ; elle ne l'était plus dès la IV⁰ dynastie, car nous avons plus d'un morceau, même en granit, où tous les membres sont libres, soit qu'on les ait affranchis au ciseau, soit qu'on les ait dégagés au violon. Si l'usage des tenons persista jusqu'au bout, ce ne fut pas impuissance, mais routine ou respect exagéré pour les enseignements du passé.

La plupart des musées sont pauvres en statues de l'école memphite. La France et l'Égypte en possèdent, parmi beaucoup de médiocres, une vingtaine qui suffisent à lui assurer un rang honorable dans l'histoire de l'art, le *Scribe accroupi*, Skhemka, Pahournofrî, au Louvre, le *Sheikh-el-beled* et sa femme, Khâfrî, Rânofir, le *Scribe agenouillé*, à Boulaq. L'original du scribe accroupi n'était point beau (fig. 181), mais son portrait est d'une vérité et d'une vigueur qui compensent largement ce qui manque en beauté idéale. Les jambes repliées sous lui et posées à plat, dans une de ces positions familières aux Orientaux, mais presque impossibles à garder pour un Européen, le buste droit et bien d'aplomb sur les hanches, la tête levée, la main armée du calame et déjà en place sur la feuille de papyrus étalée, il attend encore, à six mille ans de distance, que le maître veuille bien reprendre la dictée interrompue. La figure est presque carrée, les traits fortement accentués indiquent l'homme dans la force de l'âge. La bouche, longue et garnie de lèvres minces, se relève un peu vers les coins et disparaît presque dans la saillie des muscles qui l'encadrent; les joues sont plutôt osseuses et dures,

FIG. 181.

les oreilles détachées de la tête sont épaisses et lourdes, le front bas est couronné d'une chevelure drue et coupée ras. L'œil, grand et bien ouvert, doit une vivacité particulière à une fraude ingénieuse de l'artisan antique.

L'orbite de pierre qui l'enchâsse a été évidé, et le creux rempli par un assemblage d'émail blanc et noir ; une monture en bronze accuse le rebord des paupières, tandis qu'un petit clou d'argent, placé au fond de la prunelle, reçoit la lumière, et, la renvoyant, simule l'éclair d'un regard véritable. Les chairs sont un peu molles et pendantes, comme il convient à un homme d'un certain âge, que ses occupations privent de tout exercice violent. Les bras et le dos sont d'un bon relief; les mains, osseuses et sèches, ont des doigts de longueur plus qu'ordinaire, le genou est fouillé avec minutie. Le corps entier est entraîné, pour ainsi dire, par le mouvement de la figure et sous l'influence du même sentiment d'attente qui domine dans la physionomie; les muscles du bras, du buste et de l'épaule sont dans un demi-repos seulement, prêts à se remettre au travail. Le souci de l'attitude professionnelle et du geste caractéristique se retrouve avec la même évidence sur toutes les statues que j'ai eu l'occasion d'étudier. Khâfrî est roi (fig. 182). Il est assis carrément sur le siège de sa dignité, les mains aux genoux, le buste ferme, le chef haut, le regard assuré. L'inscription qui nous apprend son nom aurait été détruite et les marques de

FIG. 182.

LA PEINTURE ET LA SCULPTURE. 209

son rang enlevées, que nous aurions deviné le Pharaon à sa mine : tout en lui trahit l'homme habitué dès l'enfance à se sentir investi de l'autorité souveraine. Rânofir appartient à une des grandes familles féodales de l'époque. Il est debout, les bras collés au corps, la jambe gauche portée en avant, dans la pose du prince qui regarde ses

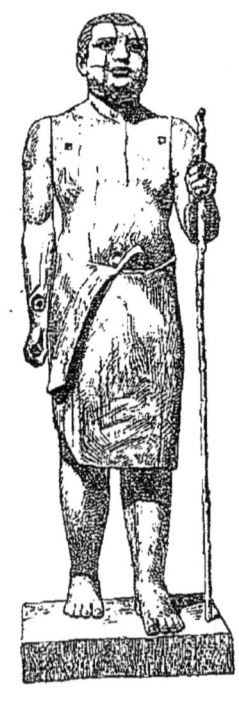

FIG. 183.

FIG. 184.

vassaux défiler devant lui. Le masque est hautain, la démarche hardie; mais on n'y sent déjà plus le calme et l'assurance surhumaine comme dans les statues de Khâfrî. Avec le *Sheikh-el-beled* (fig. 183) on descend de plusieurs degrés dans l'échelle sociale. Râmké était *surintendant des travaux*, probablement un des chefs de corvée qui bâtirent les grandes pyramides, et appartenait à la classe moyenne. Il est tout empreint de contentement et de suffisance bourgeoise. On le voit surveillant ses manœuvres, debout et le bâton d'acacia à la main. Les pieds étaient pourris, mais on lui en a fourni de nouveaux. Le corps est lourd et charnu, l'encolure épaisse, la tête (fig. 184) ne manque pas d'énergie dans sa vulgarité, les yeux sont rapportés comme ceux du *Scribe accroupi*. Par un hasard singulier, il ressemblait au Sheikh-el-beled ou maire de Saqqarah au moment de la découverte. Les fellahs, toujours prompts à saisir le côté plaisant des choses, l'appelèrent aussitôt *Sheikh-el-beled*, et le nom lui en est demeuré. L'image de sa femme, qu'il avait enterrée à côté de la sienne, est malheureusement très mutilée : ce n'est plus qu'un tronc sans bras ni jambes (fig. 185). On ne laisse pas que d'y reconnaître un bon type des dames égyptiennes de condition médiocre, aux

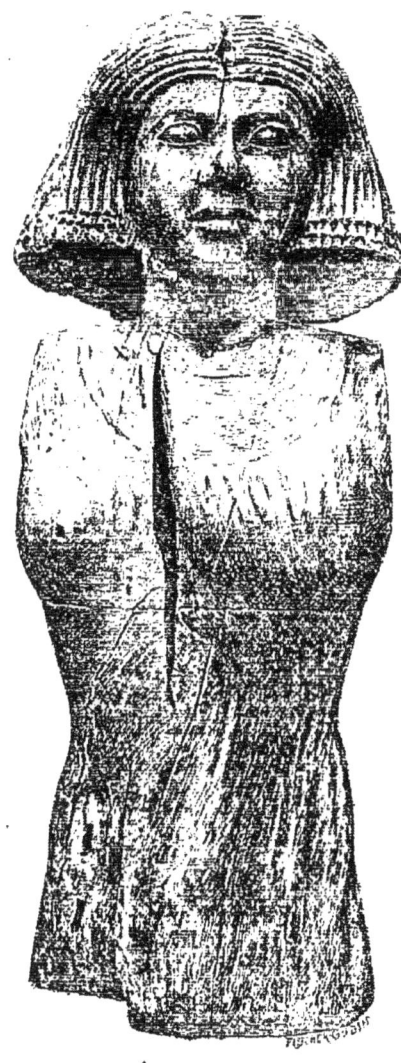

FIG. 185.

traits communs, à l'humeur acariâtre. Le *Scribe agenouillé* de Boulaq (fig. 186) appartenait aux rangs les moins élevés de la petite bourgeoisie, telle qu'elle existe aujourd'hui encore; s'il n'était pas mort depuis six mille ans, je jurerais l'avoir dévisagé, il y a six mois, dans une des petites villes du Saïd. Il vient d'apporter à l'examen de son chef un rouleau de papyrus ou une tablette chargée d'écritures. Agenouillé selon l'ordonnance, les mains croisées, le dos arrondi, la tête infléchie légèrement, il attend qu'on ait fini de lire. Pense-t-il? Les scribes n'étaient pas sans éprouver des appréhensions secrètes lorsqu'ils comparaissaient devant leurs supérieurs. Le bâton jouait un grand rôle dans les re-

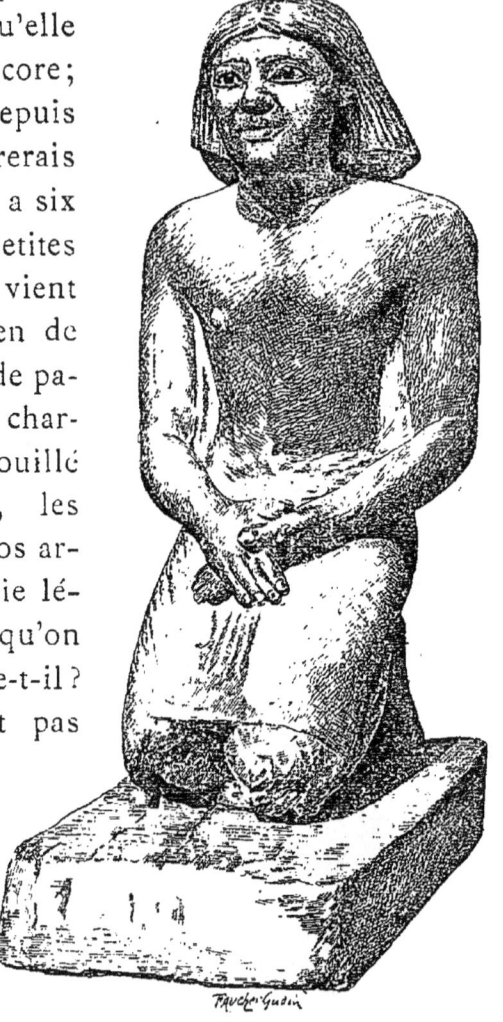

FIG. 186.

lations administratives: une erreur d'addition, une faute d'orthographe, une instruction mal comprise, un ordre exécuté gauchement, et les coups allaient leur train. Le sculpteur a saisi on ne peut mieux l'expression d'incertitude résignée et de douceur moutonne, que l'habitude d'une vie entière passée au service avait donnée à son modèle. La bouche sourit, car ainsi le veut l'étiquette, mais le sourire n'a rien de joyeux. Le nez et les joues grimacent à l'unisson de la bouche. Les deux gros yeux en émail ont le regard fixe de l'homme qui attend sans vouloir arrêter sa vue et concentrer sa pensée sur un objet déterminé. La face manque d'intelligence et de vivacité; après tout, le métier n'exigeait pas une grande agilité d'esprit. Khâfrî est en diorite, Râmké et sa femme sont en bois, les autres en calcaire; quelle que soit la matière employée, le jeu du ciseau a été partout aussi libre, aussi fin, aussi délicat. La tête de scribe et le bas-relief du Louvre qui représente le Pharaon Menkoouhor, le nain Khnoumhotpou et les esclaves préparant l'offrande du musée de Boulaq ne le cèdent en rien au *Scribe accroupi* ou au *Sheikh-el-beled*. Le boulanger brassant la pâte (fig. 187) est tout entier à son travail; rien n'est plus naturel que la demi-flexion de ses jarrets

FIG. 187.

et l'effort avec lequel il se penche sur le pétrin. Le nain a la tête grosse, allongée, cantonnée de deux vastes oreilles (fig. 188). La figure est niaise, l'œil ouvert étroitement et retroussé vers les tempes, la bouche mal fendue. La poitrine est robuste et bien développée, mais le torse n'est pas en proportion avec le reste du corps. L'artiste a eu beau s'ingénier à en voiler la partie inférieure sous une belle jupe blanche, on sent qu'il est trop long pour les bras et pour les jambes. Le ventre se projette en pointe et les hanches se retirent pour faire contrepoids au ventre. Les cuisses n'existent guère qu'à l'état rudimentaire, et l'individu entier, porté qu'il est sur de

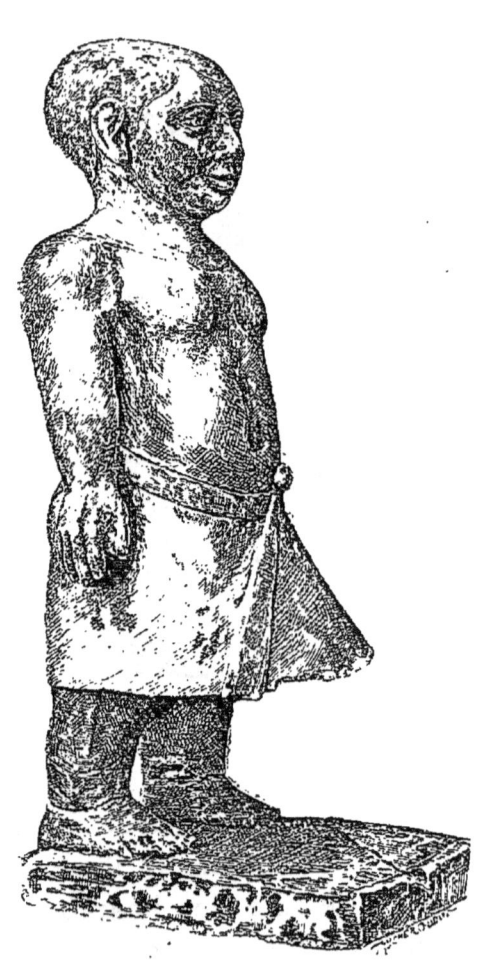

FIG. 188.

petits pieds contrefaits, semble être hors d'aplomb et prêt à tomber face contre terre. On trouverait difficilement ailleurs une œuvre qui reproduise plus spirituellement, sans les exagérer, les caractères propres au nain.

La sculpture du premier empire thébain se rattache directement à celle de l'empire memphite. Procédés matériels, dessin, composition, elle lui a tout emprunté, sauf les proportions qu'elle donne au corps humain : à partir de la XIe dynastie, les jambes sont plus longues et plus grêles, les hanches plus minces, la taille et le cou plus élancés. La plupart des œuvres qu'elle nous a léguées ne sont pas comparables à ce que les siècles précédents avaient produit de meilleur. Les peintures de Siout, de Bershèh, de Béni-Hassan, de Méïdoum,

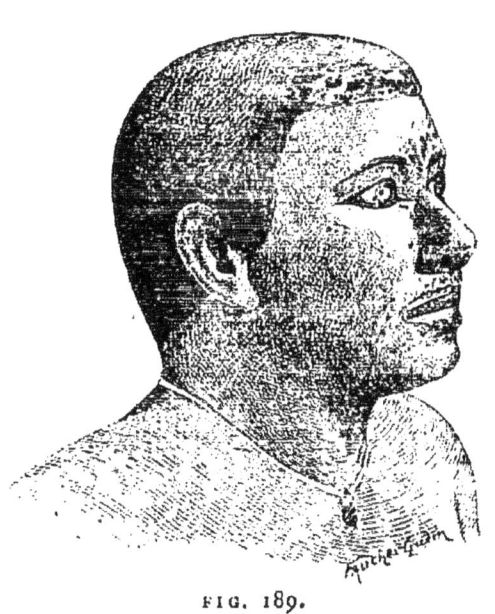

FIG. 189.

d'Assouan, ne valent point celles des Mastabas de Saqqarah et de Gizèh; les statues les plus soignées sont inférieures au *Sheikh-el-beled* et au *Scribe accroupi*. Deux pourtant ont très bonne façon, le général Râhotpou et sa femme Nofrit. Râhotpou (fig. 189), malgré son haut titre, était de petite extraction ; solide et bien découplé, il a quelque chose d'humble dans la physionomie. Nofrit, au contraire (fig. 190), était princesse du sang; je ne sais quoi d'impérieux et de résolu est répandu sur toute sa personne, que le sculpteur a très habilement rendue. Elle est serrée dans une robe ouverte en pointe sur la poitrine ; les épaules, les seins, le ventre, les cuisses se modèlent sous l'étoffe avec une grâce et une chasteté qu'on ne saurait trop louer. La figure, ronde et grassouillette, est encadrée entre des masses de tresses fines, retenues par un bandeau richement décoré. Les deux époux sont en calcaire et peints, le mari en rouge brun, la femme en jaune bistre. Les autres statues de particuliers que j'ai vues, celles surtout qui proviennent de Thèbes, sont décidément mauvaises, rudes de travail et vulgaires d'expression. Les royales, presque toutes en gra-

FIG. 190.

nit noir ou gris, ont été usurpées en partie par des rois d'époque postérieure, l'Ousirtasen III, dont la tête et les pieds sont au Louvre, par Amenhotpou III, les sphinx du Louvre, les colosses de Boulaq par Ramsès II, et plus d'un musée possède de prétendues images des Pharaons Ramessides qu'un examen attentif nous contraint de restituer à la XIIIe ou à la XIVe dynastie. Ceux dont l'origine n'est l'objet d'aucun doute, le Sovkhotpou III du Louvre, le Mermashaou de Tanis, le Sovkoumsaouf de Boulaq, les colosses de l'île d'Argo sont d'un art très habile, mais sans vigueur et sans originalité ; on dirait que les sculpteurs se sont efforcés de les ramener tous à un même type banal et souriant. Le contraste n'en est que plus grand lorsqu'on passe de ces poupées gigantesques aux sphinx en granit noir, que Mariette découvrit à Tanis, en 1861, et dont il attribua l'érection aux Hyksos. Là, ce n'est plus l'énergie qui fait défaut. Le corps de lion nerveux, ramassé sur lui-même, est plus court qu'il n'est dans les sphinx ordinaires. La tête, au lieu d'être coiffée du linge flottant, est revêtue d'une puissante crinière qui encadre le visage. Petits yeux, nez aquilin, écrasé par le bout, pommettes saillantes, lèvre inférieure avancée légèrement, l'ensemble de la physionomie est si peu en accord avec ce que nous sommes accoutumés à rencontrer en Égypte, qu'on y a reconnu la preuve d'une origine asiatique (fig. 191). Nos sphinx sont certainement antérieurs à la XVIIIe dynastie, car un des rois d'Avaris, Apopi, a gravé son nom sur leur épaule ; mais on a conclu trop vite de cette circonstance qu'ils étaient du temps de ce prince. En les examinant de plus près, on voit qu'ils ont été dédiés à un Pharaon d'une des dynasties précédentes, et qu'Apopi se les est seulement appropriés. Rien ne prouve que ce Pharaon ait été postérieur à l'invasion asiatique : ses monuments sont peut-être l'œuvre d'une école locale, dont l'origine était indépendante et dont les traditions différaient de celles des ateliers memphites. L'art provincial de l'Égypte nous est si peu connu en dehors d'Abydos, d'El-Kab, d'Assouân et de deux ou trois autres sites, que je n'ose trop insister sur cette hypothèse. Quelle que soit l'origine de l'école tanite, elle continua d'exister longtemps encore après l'expulsion des Pasteurs, car une de ses meilleures

FIG. 191.

œuvres, un groupe qui représente les deux Nils, celui du Nord et celui du Sud, apportant leurs tablettes chargées de fleurs et de poissons, a été consacré par Psousennés de la XXIe dynastie.

Les trois premières dynasties du nouvel empire fournissent à elles seules plus de monuments que toutes les autres réunies : bas-reliefs peints, tableaux, statues de rois et de particuliers, colosses, sphinx, c'est par centaines qu'on les compte de la quatrième cataracte aux bouches du Nil. Les vieilles cités sacerdotales, Memphis, Thèbes, Abydos, sont naturellement les plus riches; mais l'activité est si grande que des bourgades perdues, Ibsamboul, Radésièh, Méshêikh, ont leurs chefs-d'œuvre comme les grandes villes. Les portraits officiels d'Amenhotpou Ier à Turin, de Thoutmos Ier et de Thoutmos III au British Museum, à Karnak, à Turin, à Boulaq, sont encore conçus dans l'esprit de la XIIe et de la XIIIe dynastie et n'ont point beaucoup d'originalité; mais les bas-reliefs des tombeaux et des temples marquent un progrès sensible sur ceux des siècles antérieurs. La saillie en est plus accentuée, le modelé mieux ressenti, les personnages sont en plus grand nombre et mieux groupés, la perspective recherchée avec plus de soin et de curiosité; les tableaux du temple de Dèir-el-Baharî, ceux du tombeau de Houi, de Rekhmirî, d'Anna, de Khâmhâ, de vingt autres à Thèbes, sont d'une richesse, d'un éclat, d'une variété inattendus. L'instinct du pittoresque s'éveille, et les dessinateurs introduisent dans la composition les détails d'architecture, les reliefs du sol, les plantes exotiques, tous les détails qu'on négligeait autrefois ou qu'on se contentait d'indiquer sommairement. Le goût du colossal, un peu émoussé depuis le temps du grand sphinx, renaît et se développe de nouveau. Amenhotpou III ne se contente plus des statues de cinq ou six mètres de haut qui suffisaient à ses ancêtres. Celles qu'il élève devant sa chapelle funéraire, sur la rive gauche du Nil, à Thèbes, et dont l'une est le Memnon des Grecs, ont seize mètres; elles sont en granit, d'un seul bloc et façonnées avec autant de soin que si elles étaient de taille ordinaire. Les avenues de sphinx qu'il lance en avant des temples, à Louxor et à Karnak, ne s'arrêtent pas à quelques toises de la porte, elles se prolongent à distance ; ici c'est le lion à tête humaine, là c'est le bélier agenouillé. Son successeur, le révolutionnaire Khouniaton, loin d'enrayer ce mouvement, fit ce qu'il put pour l'accélérer. Nulle part, peut-être, les sculpteurs n'eurent plus de liberté qu'auprès de lui, à Tell-Amarna. Défilés de troupes, promenades en char, fêtes populaires, réceptions solennelles et distributions de récompenses par le souverain, des palais, des

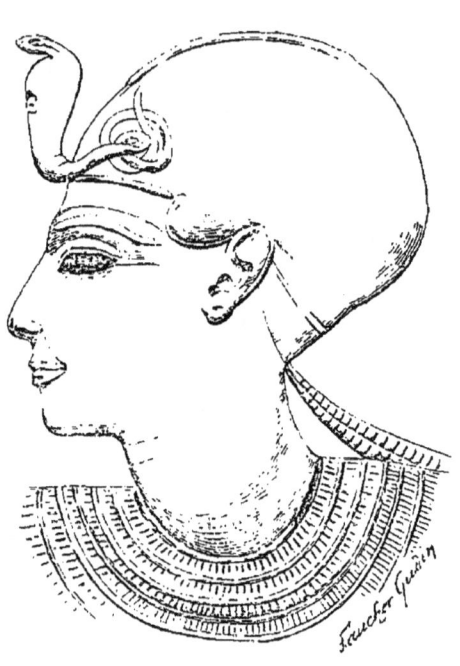

FIG. 192.

villas, des jardins, les sujets qu'il leur permettait d'aborder se distinguaient par tant de points des motifs traditionnels, qu'ils pouvaient s'abandonner sans contrainte à leur fantaisie et à leur génie naturel. Ils ne se privèrent point de le faire avec une verve et un entrain qu'on ne saurait soupçonner avant d'avoir vu leurs œuvres à Tell-Amarna. Certains de leurs bas-reliefs ont une perspective presque régulière ; tous rendent la vie et le mouvement des masses populaires avec une justesse irréprochable. La réaction politique et religieuse qui suivit ce règne singulier arrêta l'évolution et ramena les artistes à l'observance des règles antiques ; mais leur influence personnelle et leur enseignement prolongèrent quelque chose de leur manière sous Harmhabi, sous Séti Ier, sous Ramsès II. Si l'art égyptien fut, pendant plus d'un siècle encore, doux, libre et fin, c'est à eux qu'il le doit. Peut-être n'a-t-il produit rien de plus parfait que les bas-reliefs du temple d'Abydos ou du tombeau de Séti Ier ; la tête du conquérant (fig. 192), toujours dessinée avec amour, est une merveille de grâce émue et discrète. Le Ramsès II combattant d'Ibsamboul est presque aussi beau dans un autre genre que le portrait de Séti Ier ; le mouvement par lequel il lève la lance

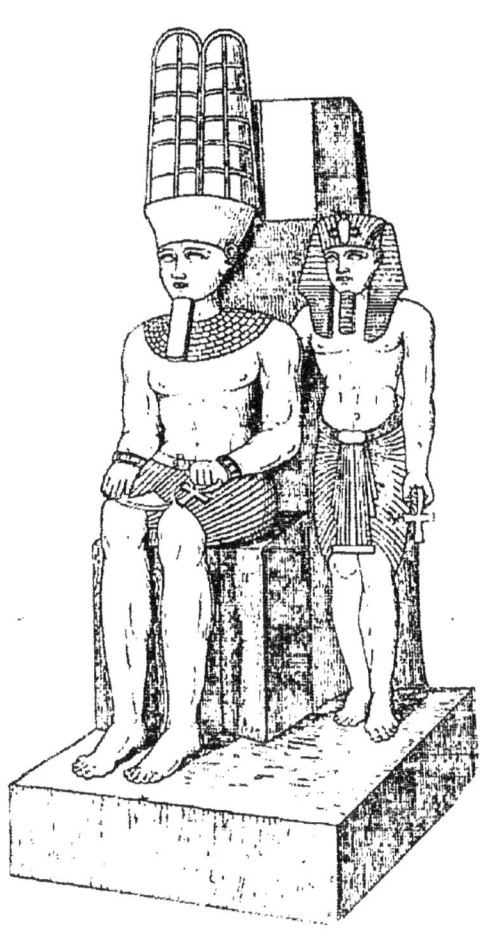

FIG. 193.

a quelque chose d'anguleux, mais le sentiment de triomphe et de force qui anime le corps entier, l'attitude désespérée à la fois et résignée du vaincu rachètent amplement ce défaut. Le groupe d'Harmhabi et du dieu Amon (fig. 193) qu'on voit au musée de Turin est un peu sec de facture. La figure du dieu et celle du roi manquent d'expression, le corps est lourd et mal équilibré. Les beaux colosses en granit rose, qu'Harmhabi avait adossés aux jambages de la porte intérieure de son premier pylône à Karnak, les bas-reliefs de son spéos à Silsilis, son portrait et celui d'une des femmes de sa famille que possède le musée de Boulaq, sont pour ainsi dire sans tache

FIG. 194.

et sans reproche. La reine (fig. 194) a une physionomie spirituelle et animée, de grands yeux presque à fleur de tête, une bouche large, mais bien proportionnée; elle est taillée dans un calcaire compact, dont la teinte laiteuse adoucit la malignité de son regard et de son sourire. Le roi (fig. 195) est en un granit noir dont le ton lugubre inquiète et trouble le spectateur au premier abord. Sa face, jeune, est empreinte d'une mélancolie assez rare chez les Pharaons de la grande époque. Le nez est droit, mince, bien attaché au front, l'œil long. Les lèvres larges, charnues, un peu contractées aux commissures, se découpent à arêtes vives. Le menton est à peine alourdi par la barbe postiche. Chaque détail est traité avec autant d'adresse que si le sculpteur avait eu sous la main une pierre tendre et non pas une matière rebelle au ciseau ; la sûreté de l'exécution est poussée si loin qu'on oublie la difficulté du travail pour ne plus songer qu'à la valeur de l'œuvre. Il est fâcheux que les artistes égyptiens n'aient jamais signé leur nom, car celui qui a fait le portrait d'Harmhabi méritait d'être connu. De même que la XVIII⁰ dynastie, la XIX⁰ voulut avoir ses colosses : le Ramsès II de Louxor mesurait entre cinq ou six mètres (fig. 196), celui du Ramesséum seize, celui de Tanis dix-huit environ ; ceux d'Ibsamboul, sans atteindre à cette taille formidable, présentent à la rivière un front de bataille imposant. C'est presque

FIG. 195.

un lieu commun aujourd'hui de dire que la décadence de l'art égyptien commença sous Ramsès II. Rien n'est pourtant moins vrai que cette sorte d'axiome. Sans doute, beaucoup des statues et des bas-reliefs qui furent exécutés de son temps sont d'une laideur et d'une rudesse qu'on a peine à concevoir ; mais on les trouve surtout dans les villes de province, où les écoles n'étaient pas florissantes, et où les artistes n'avaient rien qui pût les guider dans leurs travaux. A Thèbes, à Memphis, à Abydos, à Tanis et dans les localités du Delta, où la cour résidait

FIG. 195.

habituellement, même à Ibsamboul et à Beit-el-Oualli, les sculpteurs de Ramsès II ne le cèdent en rien à ceux de Séti Ier et d'Harmhabi. La décadence ne commença qu'après Mînephtah. Lorsque les guerres civiles et les invasions étrangères mirent l'Égypte à deux doigts de sa perte, l'art souffrit comme le reste et baissa rapidement. La peinture et la sculpture sur pierre faiblirent en premier : rien n'est plus triste que de suivre les progrès de leur décadence sous les Ramessides, dans les tableaux des tombes royales, sur les reliefs du temple de Khonsou, sur les colonnes de la salle hypostyle à Karnak. La sculpture sur bois se maintint quelque temps encore ; les admirables statuettes de prêtres et d'enfants du musée de Turin datent de la XXe dynastie.

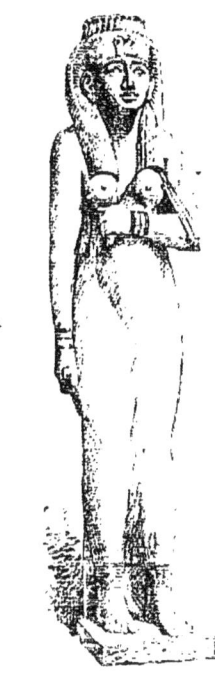

FIG. 197.

L'avènement de Sheshonq et les querelles des nomes entre eux achevèrent de ruiner Thèbes, et l'école qui avait produit tant de chefs-d'œuvre s'éteignit misérablement.

La renaissance ne s'annonça que trois siècles plus tard, vers la fin de la dynastie éthiopienne. La statue trop vantée de la reine Ameniritis (fig. 197) présente déjà des qualités remarquables. Les formes, un peu longues et grêles, sont chastes et délicates ; mais la tête, surchargée de la perruque des déesses, est morne d'apparence. Psamitik Ier, consolidé sur le trône par ses victoires, s'occupa activement de relever les temples. La vallée du Nil devint, sous sa direction, comme un vaste atelier de sculpture et de peinture. La gravure des hiéroglyphes atteignit une finesse admirable, les belles statues et les bas-reliefs se multiplièrent, une école nouvelle se forma. Elle est caractérisée par une élégance un peu sèche, par l'entente du détail, par une habileté merveilleuse dans la façon d'assouplir la pierre. Les Memphites avaient préféré le calcaire, les Thébaines le granit rose ou gris, les Saïtes s'attaquèrent de préférence au basalte, aux brèches, à la serpentine, et tirèrent un parti merveilleux de ces matières à grain fin et à pâte presque partout homogène. Le plaisir de triompher de la difficulté les entraîna souvent à la rechercher, et l'on vit des artistes de mérite passer des années et des années à ciseler des couvercles de sarcophage, et à découper des statuettes dans les blocs les plus durs. La Touéris et les quatre monuments du tombeau de Psamitik, au musée de Boulaq, sont jusqu'à présent les pièces les plus remarquables que nous possédions de ce genre de travail. La Touéris (fig. 198) avait le privilège de protéger les femmes enceintes et de présider aux accouchements. Son portrait a été découvert à Thèbes, au milieu de la ville antique, par des fellahs en quête d'engrais pour leurs terres. Elle était debout dans

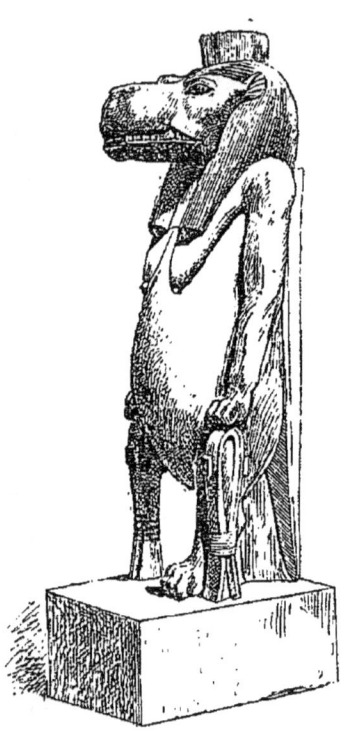

FIG. 198.

une petite chapelle en calcaire blanc que le prêtre Pibisi lui avait dédiée, au nom de la reine Nitocris, fille de Psamitik Ier. Ce charmant hippopotame, au ventre arrondi et aux flasques mamelles de femme, est un bel exemple de difficulté vaincue; mais je ne lui connais point d'autre mérite. Le groupe de Psamitik a du moins quelque valeur artistique. Il se compose de quatre pièces en basalte vert, une table d'offrandes, une statue d'Osiris, une autre de Nephthys et une vache Hathor, à laquelle le mort est adossé (fig. 199); le tout un peu flou, un peu artificiel, mais la physionomie des divinités et du mort ne manque pas de douceur, la vache est d'un bon mouvement, le petit personnage qu'elle abrite se groupe bien avec elle. D'autres morceaux moins connus sont pourtant très supérieurs à ceux-là. Le style s'en reconnaît aisément. Ce n'est plus le faire large et savant de la première école memphite, ni la manière grandiose et souvent rude de la grande école thébaine; les proportions du corps s'amincissent et s'élongent, les membres perdent en vigueur ce qu'ils

FIG. 199.

gagnent en élégance. On remarque en même temps un changement notable dans le choix des attitudes. Les Orientaux ont, à se délasser, des postures qui seraient des plus fatigantes pour nous. Ils passent des heures entières agenouillés ou assis comme les tailleurs, les jambes croisées et à plat contre sol; ou bien ils se mettent à cropetons, les genoux réunis et pliés, le gras du mollet appliqué au revers de la cuisse, sans toucher le sol autrement que de la plante des pieds; ou bien, ils s'assoient à terre, les jambes accolées, les bras croisés sur les genoux. Ces quatre poses étaient en usage, dans le peuple, dès l'ancien empire : les bas-reliefs le prouvent suffisamment. Mais les sculpteurs memphites avaient écarté de la statuaire les deux dernières, qu'ils jugeaient disgracieuses, et ne s'en servaient presque jamais. A voir le scribe accroupi du Louvre et le scribe agenouillé, on comprend le parti qu'ils savaient tirer des deux premières. La troisième fut négligée, pour les mêmes raisons sans doute, par les sculpteurs thébains. On commença à pratiquer la quatrième d'une manière courante, vers la

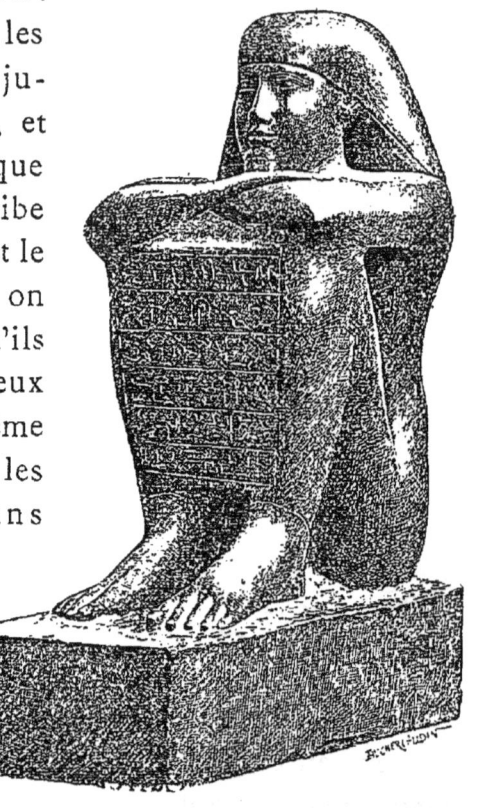

FIG. 200.

XVIIIᵉ dynastie. Peut-être n'était-elle pas auparavant de mode parmi les classes aisées qui, seules, étaient assez riches pour commander des statues; peut-être aussi, les artistes n'aimaient-ils pas une position qui faisait ressembler leurs modèles à des paquets cubiques surmontés d'une tête humaine. Les sculpteurs de l'époque saïte n'eurent pas la même répugnance à en user que leurs prédécesseurs. Du moins ont-ils combiné l'action des membres de telle façon, qu'elle ne choque pas trop nos yeux et cesse presque d'être disgracieuse. Les têtes sont d'ailleurs d'une perfection qui rachète bien des défauts. Quelques-unes sont évidemment idéalisées : celle de Pedishashi (fig. 200) a une expression de jeunesse et de douceur spirituelle qu'on n'est pas habitué à rencontrer sous le ciseau d'un Égyptien. D'autres, au contraire, sont d'une sincérité brutale. Les rides du front, la patte d'oie, les plis de la bouche, les bosses du crâne, sont accusés avec une complaisance scrupuleuse sur la petite tête de scribe que le Louvre a récemment achetée (fig. 201), et sur celle que possède le prince Ibrahim au Caire. L'école saïte était, en effet, partagée entre deux partis différents. L'un cherchait ses modèles dans le passé et s'efforçait de renouveler l'art amolli de son temps par un retour aux procédés des plus anciennes écoles memphites : elle y réussit, et si bien, qu'on a confondu parfois ses œuvres avec les œuvres les plus fines de la IVe et de la Ve dynastie. L'autre, sans s'écarter trop ouvertement de la tradition, étudiait de préférence le vif et se rappro-

FIG. 201.

chait de la nature plus qu'on ne l'avait fait jusqu'alors. Peut-être l'aurait-il emporté, si la conquête macédonienne et le contact prolongé des Grecs n'avaient détourné l'art égyptien vers des voies nouvelles. Le mouvement fut lent d'abord à se produire. Les sculpteurs habillèrent les successeurs d'Alexandre à l'égyptienne et les transformèrent en Pharaons, comme ils avaient fait avant eux les Hyksos et les Perses. Les pièces qu'on peut attribuer au règne des premiers Ptolémées ne diffèrent presque pas de celles de la bonne époque saïte, et c'est à peine si on remarque çà et là des traces d'influence grecque : ainsi le colosse d'Alexandre II, à Boulaq (fig. 202), est coiffé d'une étoffe flottante d'où s'échappent des boucles frisées. Bientôt pourtant, la vue des chefs-d'œuvre de la Grèce détermina les Égyptiens d'Alexandrie, de Memphis et des grandes villes du Delta à modifier leur manière de procéder. Une école mixte s'établit, qui combina certains éléments de l'art indigène avec d'autres éléments empruntés à l'art hellénique. L'Isis alexan-

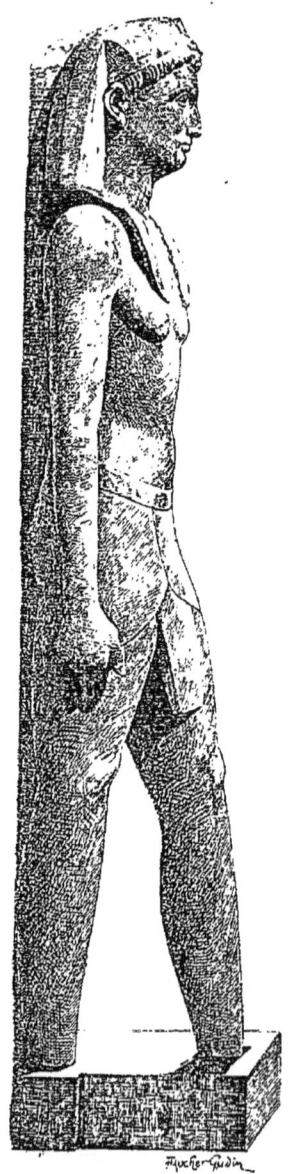

FIG. 202.

drine du musée de Boulaq a encore le costume de l'Isis pharaoniqne : elle n'en a plus la sveltesse et le maintien guindé. Une effigie mutilée d'un prince de Siout, qui est également à Boulaq, pourrait presque passer pour une mauvaise statue grecque. Un certain Hor, dont le portrait a été découvert en 1881, au pied du Kom-ed-damas, non loin de l'emplacement du tombeau d'Alexandre, nous a laissé l'œuvre la plus forte qu'on ait de ce genre hybride (fig. 203). La tête est un bon morceau, d'un travail un peu sec. Le nez mince et long, les yeux rapprochés, la bouche petite et pincée aux coins, le menton carré, tous les traits concourent à prêter à la figure un caractère de dureté et d'obstination. La chevelure est coupée ras, pas assez cependant pour qu'elle ne se sépare naturellement en petites mèches épaisses. Le corps, revêtu de la chlamyde, est assez gauchement taillé et trop étroit pour la tête. L'un des

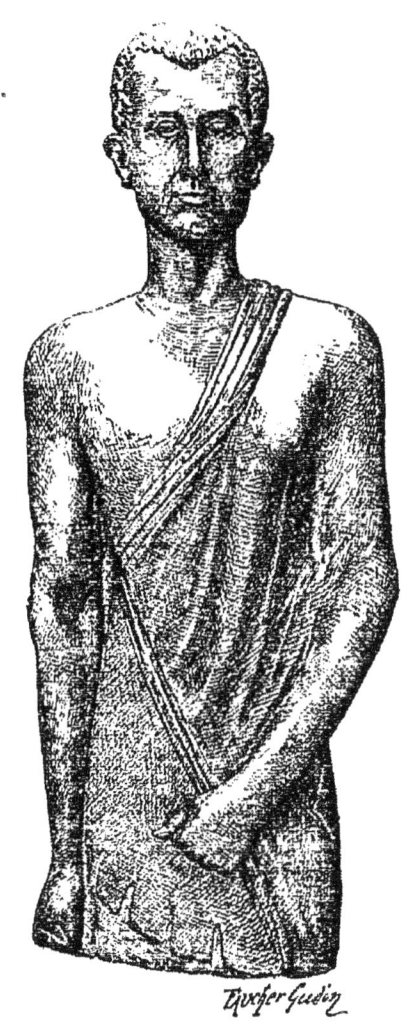

FIG. 203.

bras pend, l'autre est ramené sur le ventre ; les pieds manquent. Tous ces monuments sont sortis des fouilles récentes. Je ne doute pas que le sol d'Alexandrie ne nous en rendît beaucoup de pareils, si on pouvait l'explorer méthodiquement. L'école qui les produisit se rapprocha de plus en plus du style des écoles grecques, et la raideur, dont elle ne se dépouilla jamais entièrement, ne lui fut pas sans doute comptée comme un défaut, à une époque où certains sculpteurs au service de Rome se piquaient d'archaïsme. Je ne serais pas étonné si l'on venait à lui attribuer les statues de prêtres et de prêtresses revêtues d'insignes divins, dont Hadrien décora les parties égyptiennes de sa villa de Tibur. Hors du Delta, les écoles indigènes, livrées à leurs propres ressources, languirent et dépérirent peu à peu. Ce n'est pas que les modèles, ni même les artistes grecs, fissent entièrement défaut. J'ai décou-

FIG. 204.

vert ou acheté dans la Thébaïde, au Fayoum, à Syène, des statuettes et des statues de style hellénique, d'un travail correct et soigné. Une d'elles, qui provient de Coptos, paraît être une réplique en petit d'une Vénus, analogue à la Vénus de Milo. Mais les sculpteurs du pays, trop inintelligents ou trop ignorants, ne surent pas tirer de ces modèles le parti que les Alexandrins avaient tiré des leurs. Quand ils voulurent prêter à leurs figures la souplesse et la plénitude des formes grecques, ils ne réussirent qu'à leur faire perdre la précision sèche, mais savante que leurs maîtres avaient acquise. Au lieu du relief fin, délicat, peu élevé, ils adoptèrent un relief très saillant au-dessus du fond, mais d'une rondeur molle et d'un modelé sans vigueur. Les yeux sourient niaisement, l'aile du nez se relève; la commissure des lèvres, le menton, tous les traits du visage sont tirés et semblent vouloir converger vers un même point central, qui est placé au milieu de l'oreille. Deux écoles, indépendantes l'une de l'autre, nous ont légué leurs œuvres. La moins connue florissait en Éthiopie, à la cour des rois à demi civilisés qui résidaient à Méroé. Un groupe, venu de Naga en 1882 et conservé à Boulaq, nous montre où elle en était arrivée au Ier siècle de notre ère (fig. 204). Un dieu et une reine, debout côte à côte, sont ébauchés tant bien que mal dans un bloc de granit gris. L'œuvre est fruste, lourde, mais ne manque pas de fierté et d'énergie. L'école qui l'avait produite, isolée et comme perdue au milieu de peuplades sauvages, tomba rapidement dans la barbarie et succomba probablement vers la fin du siècle des Antonins. L'Égyptienne se soutint quelque temps encore à l'abri de la domination romaine. Les Césars, non moins avisés que les Ptolémées, savaient qu'en flattant les sentiments religieux de leurs sujets égyptiens, ils assuraient leur domination sur la vallée du Nil. Ils firent restaurer ou rebâtir à grands frais les temples des dieux nationaux, sur les plans et dans l'esprit d'autrefois. Thèbes avait été détruite par le tremblement de terre de l'an 22 avant J.-C. et n'était plus pour eux qu'un lieu de pelerinage où les dévots venaient écouter la voix de Memnon, au lever de l'aurore. Mais Tibère et Claude achevèrent la décoration de Dendérah et d'Ombos, Caligula travailla à Coptos, les Antonins à Philæ et à Esnèh. Les escouades de manœuvres qu'on employait en leur nom en savaient encore assez pour tracer des milliers de bas-reliefs selon les règles d'autrefois. Ce qu'ils faisaient est mou, disgracieux, ridicule; la routine seule guidait leur ciseau : c'était la tradition antique, affaiblie et dégénérée si l'on veut, mais vivante encore et capable de ce renouvellement. Les troubles qui éclatèrent au milieu du IIIe siècle, les incursions des Barbares, les progrès et le triomphe du christianisme amenèrent la suspension des derniers travaux et la dispersion des derniers ouvriers : ce qui restait de l'art national mourut avec eux.

CHAPITRE V

LES ARTS INDUSTRIELS

J'ai dit brièvement ce que furent les arts nobles ; il me reste à parler des arts industriels. Le goût du beau et l'amour du luxe avaient pénétré de bonne heure toutes les classes de la société. Vivant ou mort, l'Égyptien aimait avoir autour de lui et sur lui des bijoux et des amulettes de prix, des meubles soignés, des ustensiles élégants. Il voulait que tous les objets à son usage eussent, sinon la richesse de la matière, au moins la pureté de la forme, et la terre, la pierre, les métaux, le bois, les produits des pays ou des contrées lointaines, furent mis à contribution pour contenter ses exigences.

§ I. — LA PIERRE, LA TERRE ET LE VERRE.

On ne saurait parcourir une galerie égyptienne sans être surpris du nombre prodigieux de menues figures en pierre fine qui sont parvenues jusqu'à nous. On n'y voit pas encore le diamant, le rubis ni le saphir; mais, à cela près, le domaine du lapidaire était aussi étendu qu'il l'est aujourd'hui et comprenait l'améthyste, l'émeraude, le grenat, l'aigue-marine, le cristal de roche, la prase, les mille variétés de l'agate et du jaspe, le lapis-lazuli, le feldspath, l'obsidienne, des roches comme le granit, la serpentine, le porphyre, des fossiles comme l'ambre jaune et certaines espèces de turquoises, des résidus de sécrétions animales comme le corail, la nacre, la perle, des oxydes métalliques comme l'hématite, la turquoise orientale et la malachite. Le plus grand nombre de ces substances étaient taillées en perles rondes, carrées, ovales, allongées en fuseau, en poire, en losange. Enfilées et disposées sur plusieurs rangs, on en fabriquait des colliers, et c'est

FIG. 205.

par myriades qu'on les ramasse dans le sable des nécropoles, à Memphis, à Erment, près d'Akhmîm et d'Abydos. La perfection avec laquelle beaucoup d'entre elles sont calibrées, la netteté de la perce, la beauté du poli, font honneur aux ouvriers; mais là ne s'arrêtait pas leur science. Sans autre instrument que la pointe, ils les façonnaient en mille formes diverses, cœurs, doigts humains, serpents, animaux, images de divinités. C'étaient autant d'amulettes, et on les estimait moins peut-être pour l'agrément du travail que pour les vertus surnaturelles qu'on leur attribuait. La boucle de ceinture en cornaline était le sang d'Isis et lavait les péchés de son maître (fig. 205). La grenouille rappelait l'idée de la renaissance (fig. 206); la colonnette en feldspath vert (fig. 207), celle du rajeunissement divin. L'œil mystique, l'ouza (fig. 208), lié au poignet ou au bras par une cordelette, protégeait contre le mauvais œil, contre

FIG. 206.

les paroles d'envie ou de colère, contre la morsure des serpents. Le commerce répandait ces objets dans les régions du monde antique, et plusieurs d'entre eux, ceux surtout qui représentaient le scarabé sacré, furent imités au dehors par les Phéniciens, par les Syriens, en Grèce, en Asie Mineure, en Étrurie, en Sardaigne. L'insecte s'appelait en égyptien *khopirrou*, et son nom dérivait, croyait-on, de la racine *khopiri*, devenir. On fit de lui, par un jeu de mots facile à comprendre, l'emblème de l'existence terrestre et des devenirs successifs de l'homme dans l'autre monde. L'amulette en forme de scarabée (fig. 209) est donc un symbole de durée présente ou future; le garder sur soi était une garantie contre la mort. Mille significations mystiques découlèrent de ce premier sens. Chacune d'elles fut rattachée subtilement à l'un des actes ou des usages de la vie journalière, et les scarabées se multiplièrent à l'infini. Il y en a de toute matière et de toute grandeur, à tête d'épervier, de bélier, d'homme, de taureau, les uns fouillés aussi curieusement sur le ventre que sur le dos, les autres plats et unis par-dessous, d'autres enfin qui retiennent à peine le vague contour de l'insecte et qu'on appelle scarabéoïdes. Ils sont percés, dans le sens de la longueur, d'un trou par lequel on passait une mince tige de bois, un fil de bronze ou d'argent, une cordelette pour les suspendre. Les plus gros étaient comme l'image du cœur. On les collait sur la poitrine des momies, ailes déployées, et une prière, tracée sur le plat, adjurait le cœur de ne point porter témoignage contre le mort au jour du jugement. Pour

FIG. 207.

plus d'efficacité, on joignait à la formule quelques scènes d'adoration : le disque de la lune acclamé par deux cynocéphales sur le corselet, deux Ammon accroupis sur les élytres, sur le plat la barque solaire, et, sous la barque, Osiris-momie, accroupi entre Isis et Nephthys qui l'enveloppent de leurs ailes. Les petits scarabées, après avoir servi de phylactère, finirent par n'être plus que des bijoux sans valeur religieuse, comme les croix que nos femmes portent au cou en complément de leur toilette.

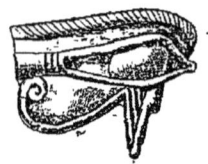

FIG. 208.

On en faisait des chatons de bague, les pendeloques d'un collier ou d'une boucle d'oreille, les perles d'un bracelet. Le plat est souvent nu, plus souvent orné de dessins creusés dans la masse,

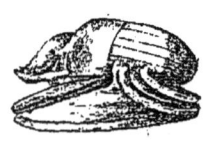

FIG. 209.

sans modelé d'aucune sorte ; le relief proprement dit, celui du camée, était inconnu des lapidaires égyptiens avant l'époque grecque. Les sujets n'ont pas été encore classés, ni même recueillis entièrement. Ce sont de simples combinaisons de lignes, des enroulements, des entrelacs sans signification précise, des symboles auxquels le propriétaire attachait un sens mystérieux, et que personne, sauf lui, ne pouvait comprendre, le nom et les titres d'un individu, des cartouches royaux ayant un intérêt historique, des souhaits de bonheur, des éjaculations pieuses, des conjurations magiques. Plusieurs scarabées d'obsidienne et de cristal remontent à la VIe dynastie. D'autres, assez grossiers et sans écriture, sont en améthyste, en émeraude et même en grenat; ils appartiennent aux commencements du premier empire thébain. A partir de la XVIIIe dynastie, on les compte par milliers, et le travail en est d'un fini proportionné au plus ou moins de dureté de la pierre. C'est, du reste, le cas pour toutes les sortes d'amulettes. Les têtes d'hippopotame, les âmes à visage humain, les cœurs qu'on ramasse à Taoud, au sud de Thèbes, sont à peine ébauchés ; l'améthyste et le feldspath vert d'où on les dégageait présentaient à la pointe une résistance presque invincible. Au contraire, les boucles de ceinture, les équerres, les chevets en jaspe rouge, en cornaline et en hématite, sont ciselés jusque dans les moindres détails ; les pierres étaient de celles qu'un instrument médiocre attaque sans difficulté. Le lapis-lazuli est tendre, cassant ; il tient mal ses arêtes et semble ne se plier à aucune finesse. Les Égyptiens y ont façonné pourtant des portraits de déesses, des Isis, des Nephthys, des Nit, des Sokhit, qui sont de véritables merveilles de délicatesse. Les reliefs du corps y sont poussés avec autant d'assurance que s'ils étaient ménagés dans une matière moins capricieuse, et les traits du visage ne perdent rien à être étudiés à la loupe. La plupart du temps on a procédé d'une autre méthode. Au lieu de détailler le relief, on l'a abrégé autant que possible, et on l'a procuré par larges plans contrariés, sacrifiant le rendu de chaque partie à l'effet de l'ensemble. Les saillants et les creux du visage sont accentués fortement. L'épaisseur du cou, la coupe de la gorge et de l'épaule, l'étroitesse de la taille, l'évasement des hanches, la rondeur du ventre sont exagérés. Une arête presque tranchante dessine la ligne de la cuisse et du tibia. Les pieds et les mains sont légèrement agrandis. Tout cela est le produit d'un calcul à la fois hardi et judicieux. Une réduction mathématiquement exacte du modèle n'est pas aussi heureuse qu'on pourrait croire, lorsqu'il s'agit de sculpter en miniature. La tête perd son caractère, le cou paraît trop faible, le buste n'est plus qu'un cylindre inégalement bosselé, les extrémités ne semblent plus assez solides pour soutenir le poids du corps, les lignes principales ne se démêlent plus du chaos des secondaires. En supprimant le plus des formes accessoires, et en développant celles qui contribuent à l'expression, les Égyptiens ont échappé au danger de ne faire que des figurines insignifiantes. L'œil rabat de lui-même ce qu'il y a de trop dans ce qu'il voit et suppose le reste. Grâce à cette tricherie habile, telle statuette de divinité, qui mesure à peine trois centimètres, a presque l'ampleur et la gravité d'un colosse.

Le mobilier des dieux et celui des morts étaient pour une bonne part en pierre solide et durable. J'ai signalé ailleurs les petits obélisques funéraires qui proviennent des tombes de l'ancien empire, les bases d'autel, les stèles, les tables d'offrandes. La mode était de fabriquer les tables en albâtre ou en calcaire au temps des pyramides, en granit ou en grès rouge sous les rois thébains, en basalte ou en serpentine, à partir de la XXVIe dynastie; mais la mode n'avait rien d'obligatoire, et l'on en trouve de toute pierre à toutes les époques. Quelques-unes ne sont que des disques plats ou creusés légèrement en cuvette. D'autres sont rectangulaires et étalent, à la partie supérieure, des pains, des vases, des quartiers de bœuf et de gazelle, des fruits sculptés en relief. Dans celle de Sitou, la libation, au lieu de s'écouler au dehors, était recueillie dans un bassin carré, divisé en étages pour montrer la hauteur de l'eau du Nil dans les réservoirs de Memphis, aux différentes saisons, vingt-cinq coudées en été pendant l'inondation, vingt-trois en automne et au commencement de l'hiver, vingt-deux à la fin de l'hiver et au printemps. Ces formes diverses prêtent peu au beau ; une des tables de Saqqarah est pourtant une œuvre véritable d'art. Elle est en albâtre. Deux lions debout, accotés, soutiennent une tablette rectangulaire, inclinée en pente douce ; une rigole conduit la libation dans un vase placé entre la queue des deux bêtes. Les oies en albâtre de Lisht ne manquent pas non plus de mérite ; elles sont coupées en long par le milieu et dûment évidées en manière de boîte. Celles que j'ai vues ailleurs, et en général toutes les figures d'offrandes, pains, gâteaux, têtes de bœuf ou de gazelle, grappes de raisin noir en calcaire peint, sont d'un goût douteux et d'une main maladroite. Elles ne sont pas d'ailleurs très fréquentes, et je n'en ai guère rencontré en dehors des tombes de la Ve et de la XIIe dynastie. Les canopes, au contraire, étaient toujours d'un travail très soigné. On n'employait que deux sortes de pierre à les fabriquer, le calcaire et l'albâtre ; mais les têtes qui les surmontent étaient souvent en bois peint. Les canopes de Pepi Ier sont en albâtre ; en albâtre aussi les têtes humaines des canopes qui appartenaient au roi enterré dans la pyramide méridionale de Lisht. L'une d'elles est même d'une finesse d'exécution qu'on ne saurait comparer qu'à celle de la statue de Khâfrî. Les statuettes funéraires les plus vieilles que nous ayons jusqu'à présent, celles de la XIᵉ dynastie, sont en albâtre, comme les canopes; mais, à partir de la XIIIᵉ, on en taillait en calcaire fin. Le travail en est de valeur très inégale. Quelques-unes sont de véritables chefs-d'œuvre et nous rendent la physionomie du mort aussi fidèlement qu'une statue pourrait le faire. Les vases à parfums complétaient le mobilier

FIG. 210.

des temples et des tombes. La nomenclature est loin d'en être fixée, et la plupart des termes spéciaux, que les textes nous fournissent, restent encore sans équivalent pour nous. Le grand nombre était en albâtre, tourné et poli : les uns, disgracieux et lourds (fig. 210); les autres d'une élégance et d'une diversité de galbe, qui fait honneur à l'esprit inventif des ouvriers. Ils sont fuselés et pointus par

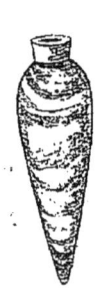

FIG. 211.

en bas (fig. 211), ou arrondis de la panse, étroits à la gorge, plats à la base (fig. 212). Ils n'ont point d'ornements, si ce n'est parfois deux boutons de lotus, en guise d'anse, deux mufles de lion, une petite tête de femme, qui fait saillie à la naissance du goulot, (fig. 213). Les plus petits n'étaient pas destinés à contenir des liquides, mais des pommades, des onguents médicinaux, des pâtes miellées. Une des séries les plus importantes comprend des flacons au ventre rebondi, garnis au cou d'un léger re-

FIG. 212.

16

bord cylindrique et d'un couvercle plat (fig. 214). Les Égyptiens y mettaient la poudre d'antimoine avec laquelle ils se noircissaient les sourcils et les yeux. Cet étui à kohol était un des objets de toilette le plus répandu, le seul peut-être dont l'usage fût commun à toutes les classes de la société. La fantaisie s'en mêlant, on lui donna toute sorte de formes empruntées à l'homme, aux plantes, aux animaux. C'est un lotus ouvert, un hérisson, un épervier, un singe serrant une colonne contre sa poitrine ou grimpant le long d'une jarre, une figure grotesque du dieu Bîsou, une femme agenouillée dont le corps évidé contenait la poudre, une jeune fille qui porte une amphore. L'imagination des artistes une fois lancée dans cette voie ne connut plus de limites, et tout leur fut bon, le granit, le diorite, la brèche et le jade rosé, l'albâtre, puis le calcaire tendre, dont le grain se prêtait mieux à rendre leurs caprices, puis une substance plus complaisante et plus souple encore, la terre peinte et émaillée.

FIG. 213.

FIG. 214.

Si l'art de modeler et de cuire la terre ne s'est pas développé aussi pleinement en Égypte qu'il a fait en Grèce, ce n'est pas faute de matière première. La vallée du Nil fournit en abondance une argile fine et ductile, dont on aurait pu tirer le plus heureux parti si on s'était donné la peine de la préparer avec soin; mais on lui préféra toujours les métaux et la pierre dure pour les objets de luxe, et le potier se contenta de fournir aux besoins les plus communs du ménage ou de la vie courante. La terre était prise sans choix, à l'endroit même où l'ouvrier se trouvait pour le moment, mal lavée, mal pétrie, puis façonnée au doigt, sur un tour en bois des plus primitifs, qu'on manœuvrait avec la main. La cuisson était fort inégale. Certaines pièces ont été à peine exposées à la flamme et fondent au contact de l'eau; d'autres ont la dureté de la tuile. Les tombes de l'ancien empire renferment chacune quelques vases d'une pâte jaune ou rouge, mêlée souvent, comme celle des briques, de paille ou d'herbe finement hachée. Ce sont des jarres de forte taille, sans pied, ni anse, à la panse ovoïde, au col bas, à l'orifice largement ouvert et bordé d'un bourrelet, des marmites et des pots de ménage où l'on emmagasinait les provisions du mort, des coupes plus ou moins profondes, des assiettes à fond plat, semblables à celles que les fellahs emploient aujourd'hui encore, parfois même des services de table ou de cuisine en miniature, destinés à remplacer les services de grandeur naturelle, trop coûteux pour les pauvres gens. La surface est rarement vernie, rarement polie et lustrée, le plus souvent recouverte d'une couche uniforme de peinture blanchâtre, qui n'a point reçu le coup de feu et se détache au moindre choc. Aucun dessin à la pointe, aucun ornement en creux ou en relief, aucune inscription, mais, autour du col, les traces de quatre ou cinq filets parallèles noirs, rouges ou jaunes. Les poteries des premières dynasties thébaines que j'ai recueillies à El-Khozam et à Gébéléïn sont plus soignées d'exécution que celles des dynasties memphites. Elles se répartissent en deux classes. La première comprend des vases à panse lisse et nue, noire par en bas, rouge sombre par en haut. L'examen des cassures montre que la couleur était mêlée à la pâte pendant le brassage : les deux zones, préparées séparément, étaient soudées ensuite de façon assez irrégulière, puis glacées uniformément. La seconde classe contient des vases de formes très variées,

FIG. 215.

souvent bizarres, d'une terre rouge ou jaune terne, grands cylindres fermés par un bout, plats, oblongs, rappelant la coupe d'un bateau ; burettes conjuguées, deux à deux, mais ne communiquant pas ensemble (fig. 215). L'ornementation est répandue sur toute la surface et consiste d'ordinaire en raies droites, tirées parallèlement l'une à l'autre ou entre-croisées, en lignes ondées, en rangées de points ou de petites croix combinées avec les lignes, le tout en blanc quand le fond est rouge, en rouge brun quand il est jaune ou blanchâtre. De temps en temps, des figures d'hommes ou d'animaux s'intercalent au milieu des combinaisons géométriques. Le dessin en est rude, presque enfantin, et c'est à peine si l'on y reconnaît des troupeaux d'antilopes ou des scènes de chasse à la gazelle. Les manœuvres qui produisaient ces esquisses grossières étaient pourtant contemporains des artistes qui décoraient les grottes de Béni-Hassan. Pour la période des grandes conquêtes, les tombeaux thébains nous ont fourni de pleins musées de poteries, malheureusement assez peu intéressantes. D'abord des figurines funéraires, rapidement modelées à la main dans des galettes d'argile allongées. Un peu de terre pincé entre les doigts, et le nez sort de la masse; deux pastilles et deux moignons ajoutés après coup représentent les yeux et les bras. Les plus soignées ont été façonnées dans des moules en terre cuite dont nous possédons de nombreux spécimens. Elles étaient généralement coulées d'une seule pièce, puis retouchées légèrement, cuites, peintes, au sortir du four, en rouge, en jaune et en blanc, chargées enfin d'hiéroglyphes à la pointe ou au pinceau. Plusieurs sont d'un style très fin et égalent presque les figurines en calcaire: celles du scribe Hori, conservées au musée de Boulaq, ont environ quarante centimètres de haut et montrent ce que les Égyptiens auraient pu faire en ce genre s'ils avaient voulu s'y adonner. Les cônes funéraires étaient des objets de pure dévotion, que l'art le plus consommé n'aurait pas réussi à rendre élégants. Figurez-vous une masse de terre conique, étirée de long, timbrée à la base d'un cachet sur lequel étaient imprimés le nom, la filiation, les titres du possesseur, et enduite jusqu'à la pointe d'une couche de couleur blanchâtre : c'étaient des simulacres de pains d'offrandes, destinés à nourrir le mort éternellement. Beaucoup des vases qu'on déposait dans la tombe sont peints en imitation d'albâtre, de granit, de basalte, de bronze ou même d'or, et sont la contrefaçon à bon marché des vases en matières précieuses que les riches donnaient aux momies. Parmi ceux qui ont servi à contenir de l'eau et des fleurs, quelques-uns sont revêtus de dessins au trait rouge et noir (fig. 216), cercles et rubans concentriques (fig. 217), méandres, emblèmes religieux (fig. 218), lignes croisées simulant des filets à mailles étroites, cordons de fleurs ou de boutons, tiges chargées de feuilles qui descendent du goulot sur la panse ou remontent de la panse au goulot : ceux 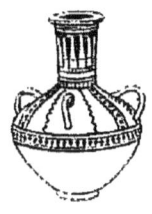 du tombeau de Sennotmou avaient, sur l'une des faces, un large collier, analogue au collier des momies, et peint des plus vives couleurs pour imiter les fleurs naturelles ou les émaux. Les canopes en terre cuite, rares à la XVIII° dynastie, deviennent de plus en plus fréquents à mesure que Thèbes s'appauvrit. Les têtes qui les recouvrent sont ordinairement jolies de coupe et d'expression, surtout la tête humaine. Modelées à la main, évidées pour diminuer le poids, puis cuites longuement, on les revêtait chacune des couleurs particulières au génie qu'elles représentaient. Vers la XXe dynastie, l'usage s'établit d'y enfermer le corps des animaux sacrés. Ceux

FIG. 216.

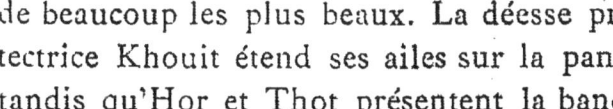

FIG. 217.

qu'on trouve près d'Akhmîm contenaient des chacals et des éperviers; ceux de Saqqarah, des serpents, des rats embaumés, des œufs; ceux d'Abydos, des ibis. Les derniers sont de beaucoup les plus beaux. La déesse protectrice Khouit étend ses ailes sur la panse, tandis qu'Hor et Thot présentent la bande-

FIG. 218.   lette et le vase à onguent: le tout est en bleu et rouge sur fond blanc. A partir de l'époque grecque, la pauvreté augmentant toujours, la fabrication s'étendit des canopes aux cercueils. L'isthme de Suez, Ahnas-el-Médinéh, le Fayoum, Assouan, la Nubie, possèdent des nécropoles entières où l'on ne rencontre

que des sarcophages en terre cuite. Plusieurs ont l'apparence des caisses oblongues, arrondies aux deux bouts, au couvercle en dos d'âne. Celles qui ont encore la forme humaine sont de style barbare. La tête est surmontée d'une sorte de boudin qui simule l'ancienne coiffure égyptienne, les traits du visage sont indiqués en deux ou trois coups de pouce ou d'ébauchoir : deux petites pelotes, appliquées gauchement sur la poitrine, marquent un cercueil de femme. Même en ces derniers temps de la civilisation égyptienne, les pièces les plus grossières sont les seules qui gardent la teinte naturelle de la terre.

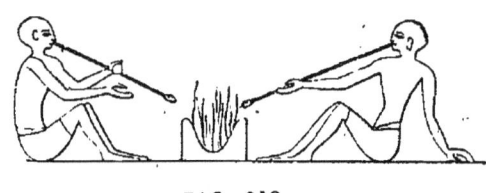

FIG. 219.

Là, comme ailleurs, on la cachait presque toujours sous une couche de couleur ou d'émail richement coloré.

Le verre a été connu en Égypte de toute antiquité. La fabrication en est représentée dans quelques tombeaux, plusieurs milliers d'années avant notre ère (fig. 219). L'ouvrier, assis devant le foyer, recueillait au bout de sa canne une petite quantité de matière en fusion, et la soufflait prudemment, en ayant soin de la maintenir à la flamme pour l'empêcher de durcir pendant l'opération. L'analyse chimique montre que le verre égyptien avait à peu près la même composition que le nôtre; mais il renferme, outre la silice, la chaux, l'alumine, la soude, des quantités relativement considérables de substances étrangères, cuivre, oxyde de fer et de manganèse, dont on ne savait pas le débarrasser.

Aussi n'est-il presque jamais d'une teinte très pure; il a une nuance incertaine qui tire sur le jaune ou sur le vert. Certaines pièces, de mauvaise fabrication, se sont décomposées dans toute leur épaisseur, et tombent, à la moindre pression, en lamelles ou en poussière irisée. D'autres n'ont pas trop souffert du temps ou de l'humidité, mais elles sont striées et pleines de bulles. D'autres enfin, mais peu, sont d'une homogénéité et d'une limpidité parfaites. La vogue ne s'attachait pas, comme chez nous, aux verres incolores; elle était aux verres de couleur, opaques ou transparents. On les teignait en mêlant des oxydes métalliques aux ingrédients ordinaires, du cuivre et du cobalt pour les bleus, du cuivre pour les verts, du manganèse pour les violets et pour les bruns, du fer pour les jaunes, du plomb ou de l'étain pour les blancs. Une variété de rouge haricot renferme trente pour cent de bronze et s'enveloppe d'une couche de vert-de-gris sous l'influence de l'humidité. Toute cette chimie était empirique et de pur instinct. Les ouvriers trouvaient autour d'eux les éléments nécessaires, ou les recevaient du dehors, et s'en servaient tels quels, sans être toujours assurés d'obtenir l'effet qu'ils recherchaient : beaucoup de leurs combinaisons les plus harmonieuses étaient dues au hasard, et ils ne pouvaient pas les reproduire à volonté. Les masses qu'ils obtenaient de la sorte atteignaient parfois des dimensions considérables : les auteurs classiques nous parlent de stèles, de cercueils, de colonnes d'une seule pièce. A l'ordinaire, on n'employait le verre qu'à la fabrication des petits objets, surtout à la contrefaçon des pierres fines. Si peu coûteuses qu'elles fussent sur les marchés de l'Égypte, elles n'étaient pas accessibles à tout le monde. Les verriers imitèrent l'émeraude, le jaspe, le lapis-lazuli, la cornaline, et cela avec une telle perfection que nous sommes souvent embarrassés aujourd'hui pour distinguer les pierres vraies des fausses. On les coulait dans des moules en pierre ou en calcaire à la forme qu'on voulait, perles, disques, anneaux, pendeloques de colliers, rubans et baguettes étroites, plaques chargées d'hommes ou d'animaux, images de dieux et de déesses. On en faisait des yeux et des sourcils pour le visage des statues en pierre ou en bronze, des bracelets pour leurs poignets, on les sertissait dans le creux des hiéroglyphes, on les découpait en hiéroglyphes, on en composait des inscriptions entières qu'on encadrait dans le bois, dans la pierre ou dans le métal. Les deux caisses où reposait la momie de Notemit, mère du pharaon Hrihor-Siamon, sont décorées de cette manière. Une feuille d'or les recouvre en entier, à l'exception de la coiffure et de quelques détails : les textes et les parties principales de l'ornementation sont formés d'émaux, dont les teintes vives se détachent sur le ton mat de l'or. Les momies du Fayoum étaient enduites de plâtre ou de stuc, où l'on incrustait les scènes et les légendes qu'on se contentait de peindre partout ailleurs. Les plus grandes étaient composées de plusieurs morceaux de verre, rapportés et retouchés au ciseau à l'imitation d'un bas-relief. Ainsi, la déesse Mâït a les nus, la face, les mains, les pieds, en bleu turquoise, la coiffure en bleu très sombre, la plume en filets alternativement bleus et jaunes, la robe en rouge haricot. Sur le naos en bois, récemment découvert dans le voisinage de Daphné, et sur un fragment de cercueil du musée de Turin, les hiéroglyphes en verre multicolore ressortent directement sur le fond sombre du bois. Le tout forme un ensemble d'un éclat et d'une richesse à peine concevables. Verres filigranés, verres gravés et taillés, verres soudés, verres simulant le bois, la paille, la corde, les Égyptiens n'ont rien ignoré. J'ai eu entre les mains une règle carrée, formée de baguettes multicolores agglutinées, et dont la tranche laissait lire le cartouche d'un des Amenemhât : le motif se prolongeait dans la masse, et, à quelque endroit de la hauteur qu'on le coupât, le cartouche reparaissait. Les verres à miniatures remplissent presque à eux seuls une vitrine entière du musée de Boulaq. Ici, c'est un singe à quatre pattes, qui flaire un gros fruit posé à terre. Là, un portrait de femme, dessiné de face, sur fond blanc ou vert d'eau encadré de rouge. La plupart des plaques ne représentent que des rosaces, des étoiles, des fleurs isolées ou mariées en bouquet. Une des plus petites porte un bœuf Apis, à la robe blanche et noire, debout, marchant : le travail en est si délicat qu'il ne perd rien à être examiné à la loupe. La plupart des objets de ce genre ne sont pas antérieurs à la première dynastie saïte ; mais les fouilles exécutées à Thèbes ont prouvé que, dès le xe siècle avant notre ère, le goût et, par suite, la fabrication des verres multicolores étaient chose commune en Égypte. On a recueilli, à Gournét-Murraï et à Shéikh-Abd-el-Gournah, non seulement les amulettes à l'usage des morts, colonnettes, cœurs, yeux mystiques, hippopotames debout sur leurs pattes de derrière, canards accouplés, en pâtes bleues, rouges, jaunes, mélangées, mais des vases du type de ceux qu'on est accoutumé à considérer comme étant de travail phénicien et cypriote. Voici, par exemple, une petite œnochoé en verre bleu clair semi-opaque (fig. 220) : l'inscription au nom de Thoutmos III, les oves du goulot et les palmes de la panse sont tracés en jaune. Voici encore une ampoule lenticulaire, haute de huit centimètres (fig. 221), à fond bleu marin d'une intensité et d'une pureté admirables, sur lequel un semis de feuilles de fougère s'enlève en jaune, d'un trait fin et hardi ; deux petites anses vert clair s'attachent au col et un filet jaune court sur le rebord du goulot. Une amphore de même taille est d'un vert olive profond et demi-transparent (fig. 221). Une ceinture de chevrons bleus et jaunes, saisis entre quatre lignes jaunes, lui serre la panse à l'endroit le plus large ; les anses sont vert clair et le filet est bleu tendre. La princesse Nsikhonsou avait à côté d'elle, dans la cachette de Déir-el-Baharî, des gobelets de travail analogue, sept en pâte unie vert clair, jaune, bleue, quatre en une pâte noire mouchetée de blanc, un seul enveloppé de feuilles de fougère multicolores, disposées sur

FIG. 220.

FIG. 221.

FIG. 222.

deux rangs (fig. 223). Les manufactures étaient donc en pleine activité dès le temps des grandes dynasties thébaines. Des monceaux de scories, mêlées à des rebuts de cuisson, marquent encore, au Rameséum, à El-Kab, sur le tell d'Ashmounéïn, la place où leurs fourneaux s'allumaient.

Les Egyptiens émaillaient la pierre. La moitié au moins des scarabées, des cylindres et des amulettes que renferment nos musées, sont en calcaire, en schiste, en lignite, revêtus d'une glaçure colorée. L'argile ordinaire ne leur paraissait pas sans doute appropriée à ce genre de décoration. Ils la remplaçaient par plusieurs sortes de terre, l'une blanche et sableuse, l'autre bise et fine, produite par la pulvérisation d'un calcaire spécial, qu'on trouve en abondance aux environs de Qénéh, de Louxor et d'Assouan, une troisième rougeâtre et mêlée de grès en poudre et de brique pilée. Ces substances diverses sont bien connues sous les noms également inexacts de *porcelaines* ou *faïences égyptiennes*. Les plus anciennes, à peine lustrées, sont couvertes d'un enduit excessivement mince, sauf dans le creux des hiéroglyphes et des figures, où la matière vitreuse accumulée tranche, par son aspect luisant, sur

FIG. 223.

le ton mat des parties environnantes. Le vert est de beaucoup la couleur la plus fréquente sous les anciennes dynasties; mais le jaune, le rouge, le brun, le violet, le bleu, n'étaient point dédaignés. Le bleu l'emporta dans les manufactures thébaines, dès les premières années du moyen empire. C'est, d'ordinaire, un bleu brillant et doux, imitant la turquoise ou le lapis-lazuli. Le musée de Boulaq possédait jadis trois hippopotames de cette nuance, découverts à Drah-aboûl-Neggah, dans la tombe d'un Entouf. Un était couché, les deux autres sont debout dans un

FIG. 224.

marais, et le potier a dessiné sur leur corps, à l'encre noire, des fourrés de roseaux et de lotus au milieu desquels volent des oiseaux et des papillons (fig. 224). C'était une manière de montrer la bête dans son milieu naturel. Le bleu en est profond, éclatant, et il faut descendre vingt siècles d'un coup pour en retrouver d'aussi pur, parmi les statuettes funéraires qui proviennent de Dèir-el-Baharî. Le vert reparaît avec les dynasties saïtes, plus pâle qu'aux anciennes époques. Il domine dans le nord de l'Égypte, à Memphis, à Bubaste, à Saïs, mais sans éliminer entièrement le bleu. Les autres nuances n'ont été d'usage courant que pendant quatre ou cinq siècles, d'Ahmos Ier aux Ramessides. C'est alors, mais alors seulement, qu'on voit se multiplier les *Répondants* à vernis blanc ou rouge, les fleurs de lotus et les rosaces jaunes, rouges et violettes, les boîtes à kohol bariolées. Les potiers du temps d'Amenhotpou III avaient un goût particulier pour les tons gris et violets. Les olives au nom de ce pharaon et des princesses de sa famille portent des hiéroglyphes en bleu léger sur un fond mauve des plus délicats. Le vase de la reine Tiï, au musée de Boulaq, est d'un gris mêlé de bleu ; il a, autour du goulot, des ornements et des légendes en deux couleurs. La fabrication des émaux multicolores paraît avoir atteint son plus grand développement sous Khouniaton : du moins est-ce à Tell-Amarna que j'en ai trouvé les modèles les plus fins et les plus légers, des bagues jaunes, vertes, violettes, des fleurettes blanches ou bleues, des poissons, des luths, des grenades, des grappes de raisin. Telle figurine d'Hor a le corps bleu et la face rouge ; tel chaton de bague porte, sur une surface bleu clair, le nom du roi réservé en violet. Si restreint que soit l'espace, les tons divers ont été posés avec une telle sûreté de main qu'ils ne se confondent jamais, mais tranchent vivement l'un sur l'autre. Un vase à poudre d'antimoine, ciselé et monté sur un pied à jour, est glacé de rouge brun (fig. 225). Un autre, qui a la forme d'un épervier mitré, est bleu, rehaussé de taches noires ; il appartenait jadis au roi Ahmos Ier. Un troisième, creusé dans un

FIG. 225.

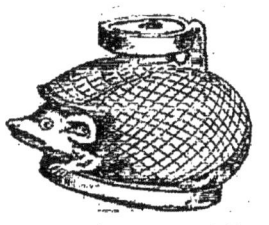

FIG. 226.

FIG. 227.

hérisson de bonne volonté, est d'un vert chatoyant (fig. 226). Une tête de pharaon, d'un bleu mat, porte une coiffure rayée de bleu sombre. Si belles que soient ces pièces, le chef-d'œuvre de la série est la statuette du premier prophète d'Amon Ptahmos, à Boulaq. Les hiéroglyphes et les détails du maillot funéraire ont été gravés en relief, sur un fond blanc d'une égalité admirable,

FIG. 228.

puis remplis d'émaux. Le visage et les mains sont bleu turquoise, la coiffure est jaune à raies violettes, violets également sont les caractères de l'inscription et le vautour qui déploie ses ailes sur la poitrine. Le tout est harmonieux, brillant, léger : aucune bavure n'émousse la pureté des contours ou la netteté des traits.

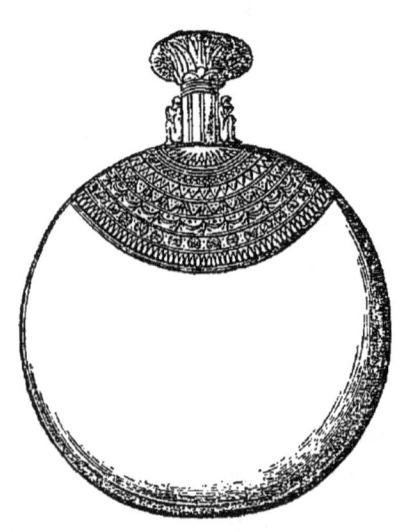

FIG. 229.

La poterie émaillée fut commune en tous temps. Les tasses à pied (fig. 227), les bols bleus, arrondis du fond et ornés d'yeux mystiques, de lotus, de poissons (fig. 228), de palmes à l'encre noire, sont en général de la XVIIIe, de la XIXe ou de la XXe dynastie. Les ampoules lenticulaires, à vernis verdâtre, garnies de rangs de perles ou d'oves sur la tranche, de colliers sur la panse, et flanquées de deux singes accroupis en guise d'anses, appartiennent toutes, ou peu s'en faut, au règne d'Apriès et d'Amasis (fig. 229). Manches de sistre, coupes, vases à boire en forme de lotus à demi épanoui,

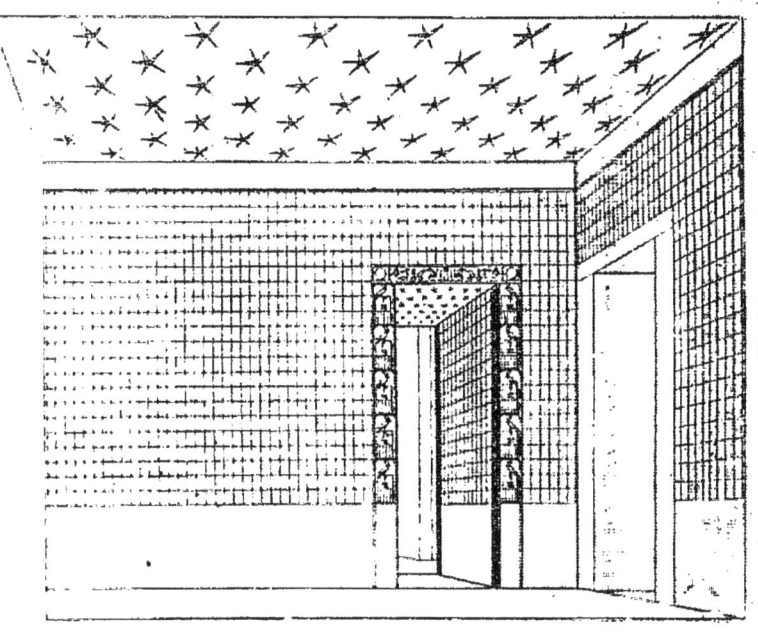

FIG. 230.

plats, écuelles de table, les Égyptiens aimaient cette vaisselle fraîche au toucher, agréable à l'œil et facile à tenir propre. Poussaient-ils le goût de l'émail jusqu'à en recouvrir les murs mêmes de leurs maisons? Rien ne permet de l'affirmer ou de le nier avec certitude, et les quelques exemples que nous avons de ce mode de décoration proviennent tous d'édifices royaux. On lit le prénom et la bannière de Pepi Ier sur une brique jaune, les noms de Ramsès III sur une verte, ceux de Séti Ier et de Sheshonq sur des fragments rouges et blancs. Une des chambres de la pyramide à degrés de Saqqarah avait gardé jusqu'au commencement du siècle sa parure de faïence (fig. 230). Elle était revêtue aux trois quarts de plaques vertes, oblongues, légèrement convexes au dehors, mais plates à la face interne (fig. 231); une saillie carrée, percée d'un trou, servait à les assembler par derrière, sur une seule ligne horizontale, au moyen d'une baguette de bois. Les trois bandes qui encadraient la porte du fond sont historiées aux titres d'un pharaon mal classé des premières dynasties memphites. Les

FIG. 231.

FIG. 232.

hiéroglyphes s'enlèvent en bleu, en rouge, en vert, en jaune, sur un ton chamoisé. Vingt siècles plus tard, Ramsès III essaya d'un genre nouveau à Tell-el-Yahoudî. Cette fois ce n'est plus d'une seule chambre, c'est d'un temple entier qu'il s'agit. Le noyau de la bâtisse était en calcaire et en albâtre; mais les tableaux, au lieu d'être sculptés comme à l'ordinaire, étaient en une sorte de mosaïque, où la pierre découpée et la terre vernissée se combinaient à parties presque égales. L'élément le plus fréquemment répété est une rondelle en frite sableuse, revêtue d'un enduit bleu ou gris, sur lequel se détachent en nuance crème des rosaces simples, (fig. 232) ou encadrées de dessins géométriques (fig. 233), des toiles d'araignées, des fleurs ouvertes. Le bouton central est en relief, les feuilles et les ré-

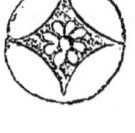

FIG. 233.

seaux sont incrustés dans la masse. Ces rondelles, dont le diamètre varie d'un à dix centimètres, étaient fixées à la paroi au moyen d'un ciment très fin. On les employait à dessiner des ornements très divers, enroulements, rinceaux, filets parallèles, tels qu'on les voit sur un pied d'autel et sur une base de colonne conservés à Boulaq. Les cartouches étaient en général d'une seule pièce, ainsi que les figures : les détails, creusés ou modelés sur la terre avant la cuisson, étaient ensuite recouverts chacun du ton qui lui appartenait. Les lotus et les feuillages qui couraient sur le soubassement ou le long des corniches étaient au contraire formés de morceaux indépendants : chaque couleur est une pièce découpée de manière à s'ajuster exactement aux pièces voisines (fig. 234). Le temple avait été exploité au commencement du siècle, et le Louvre possédait, depuis Champollion, des figures de prisonniers qui en proviennent. Ce qui en restait a été démoli, il y a quelques années, par les marchands d'antiquités, et les débris en sont dispersés un peu partout. Mariette

FIG. 234.

FIG. 235.

FIG. 236.

en recueillit à grand'peine les fragments les plus importants, le nom de Ramsès III, qui nous donne la date de la construction, des bordures de lotus et d'oiseaux à mains humaines (fig. 235), des têtes d'esclaves nègres (fig. 236) ou asiatiques. La destruction de ce monument est d'autant plus fâcheuse que les Égyptiens n'ont pas dû en édifier beaucoup du même type. La brique émaillée, le carreau, la mosaïque d'émail se gâtent aisément : c'était là un vice rédhibitoire pour un peuple épris de force et d'éternité.

§ 2. — LE BOIS, L'IVOIRE, LE CUIR ET LES MATIÈRES TEXTILES.

L'ivoire, l'os, la corne sont assez rares dans les musées : ce n'est pas une raison pour croire que les Égyptiens n'en aient pas tiré bon parti. La corne ne dure guère : certains insectes en sont très friands et la détruisent en fort peu de temps. L'os et l'ivoire perdent aisément leur consistance et deviennent friables. Les Égyptiens connaissaient les éléphants de toute antiquité ; peut-être même les ont-ils rencontrés dans la Thébaïde, au moment où ils s'y installèrent, car le nom de l'île d'Éléphantine est écrit avec l'image d'un de ces animaux, dès la Ve dynastie. L'ivoire leur arrivait des régions du haut Nil par dents et par demi-dents. Ils le teignaient à volonté en vert ou en rouge, mais lui laissaient le plus souvent sa teinte naturelle et l'employaient beaucoup en menuiserie, pour incruster des chaises, des lits et des coffrets ; ils en fabriquaient aussi des dés à jouer, des peignes, des épingles à cheveux, des ustensiles de toilette, des cuillers d'un travail délicat (fig. 237), des étuis à collyre creusés dans une colonne surmontée d'un chapiteau, des encensoirs formés d'une main qui supporte un godet en bronze où brûler des parfums, des boumérangs couverts au trait de divinités et d'animaux fantastiques. Quelques-uns de ces objets sont de véritables œuvres d'art : ainsi, à Boulaq, un manche de poignard qui représente un lion, les reliefs plaqués sur la boîte à jeu de Touaï, qui vivait à la fin de la XVIIe dynastie, une figurine de la Ve dynastie malheureusement mutilée, mais qui garde encore des traces de couleur rose, et la statue en miniature d'Abi, qui mourut sous la XIIIe. Elle est juchée majestueusement sur une colonne en campane. Le personnage regarde droit devant lui, d'un air majestueux que ses oreilles très écartées de la tête rendent tant soit peu comique. La touche est large et spirituelle. Le morceau pourrait être comparé sans trop de désavantage aux bons ivoires italiens de la Renaissance.

FIG. 237.

L'Égypte ne nourrit pas beaucoup d'arbres, encore la plupart de ceux qu'elle produit sont-ils impropres à la sculpture. Les deux espèces les plus répandues, le palmier et le doum, sont d'une fibre grossière et par trop inégale. Quelques variétés de sycomore et d'acacia ont seules un corps dont le grain souple et fin se prête au travail du ciseau. Le bois n'en était pas moins la matière favorite des sculpteurs qui voulaient faire vite et à bon marché. Ils le choisissaient parfois pour des œuvres d'importance, telles que les supports du double, et nous jugeons par le Shêikh-el-beled de quelle hardiesse et de quelle ampleur ils savaient le traiter. Mais les billots ou les poutres dont ils disposaient avaient rarement la longueur et la largeur suffisante pour qu'on en tirât une statue d'une seule pièce. Le Shêikh-el-beled lui-même, qui cependant n'est pas de grandeur naturelle, est un assemblage de morceaux tenus par des chevilles carrées. On s'accoutuma donc à ramener les sujets qu'on voulait exécuter en bois à des proportions telles qu'on pût les tailler tout entiers dans un même bloc ; sous les dynasties thébaines, les statues d'autrefois sont devenues des statuettes. L'art ne perdit rien à cette décroissance, et plus d'une parmi ces figurines est comparable aux plus beaux ouvrages de l'ancien empire. La meilleure peut-être est au musée de Turin, et appartient à la XXe dynastie. Elle représente une fillette sans vêtement qu'une ceinture étroite passée sur les reins. Elle est encore à cet

FIG. 238.

âge indécis où le sexe n'est pas développé et où les formes tiennent à la fois du garçon et de la femme. La tête est d'une expression douce et mutine : c'est, à trente siècles de distance, le portrait de ces gracieuses filles d'Éléphantine qui se promènent nues sous le regard des étrangers, sans gêne et sans impudeur. Trois petits hommes du musée de Boulaq sont probablement contemporains de la figurine de Turin. Ceux-là sont revêtus du costume d'apparat et ce n'est que justice, car l'un d'eux était le favori du roi, Hori, surnommé Râ. Ils marchent droit, d'un mouvement calme et mesuré, le buste bien effacé, la tête haute : l'expression de leur physionomie est maligne et rusée. Un officier (fig. 238), qui a pris sa retraite au Louvre, est en demi-costume militaire du temps d'Amenhotpou III et de ses successeurs : perruque légère, sarrau collant à manches courtes, pagne bridant sur la hanche, descendant à peine jusqu'à mi-cuisse et garni sur le devant d'une pièce d'étoffe bouffante, gaufrée dans le sens de la longueur. Il a pour voisin un prêtre (fig. 239) coiffé de petites mèches étagées, vêtu de la jupe longue tombant à mi-jambe et s'étalant en une sorte de tablier plissé. Il supporte à deux mains un insigne divin, consistant en une tête de bélier surmontée du disque solaire, le tout emmanché au bout d'une hampe solide. Officier et prêtre sont peints en brun rouge, à l'exception des cheveux qui sont noirs, de la cornée des yeux qui est blanche et de l'insigne divin qui est jaune. Chose curieuse, leur camarade de vitrine,

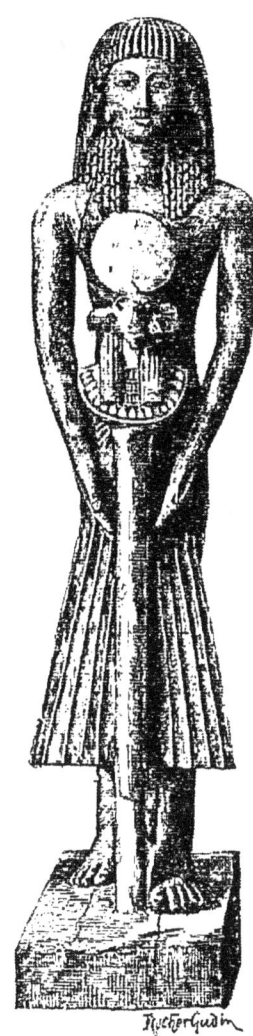

FIG. 239.

la petite dame Nâï, est peinte comme eux en rouge et non en jaune, qui est la couleur réglementaire des femmes en Égypte (fig. 240). Elle est prise dans un peignoir collant, garni de haut en bas d'une broderie en fil blanc. Elle porte au cou un collier d'or à trois rangs, et aux poignets des bracelets d'or, sur la tête une perruque dont les tresses descendent jusqu'à la naissance de la gorge. Le bras droit pend le long du corps, et la main tenait un objet, probablement un miroir en métal, qui a disparu : le bras gauche est replié sur la poitrine, et la main serre une tige de lotus dont le bouton pointe entre les seins. Le corps est souple et bien fait, la gorge jeune, droite et peu développée, la face large et souriante avec une expression de douceur et de vulgarité. L'artiste n'a pas su éviter la lourdeur dans l'agencement de la coiffure, mais le buste est modelé avec une élégance chaste, la robe dessine les formes sans les exposer trop indiscrètement, le

FIG. 240.

geste par lequel la jeune femme ramène la fleur sur sa poitrine est rendu avec finesse et naturel. Ce sont là des portraits, et, comme les modèles n'étaient pas d'ordre très relevé, on peut supposer qu'ils ne s'étaient pas adressés pour les avoir aux faiseurs en renom : ils avaient eu recours à des ouvriers sans prétention, mais la science de la forme et la sûreté de l'exécution sont bien propres à prouver jusqu'à quel point l'influence de la grande école de sculpture qui florissait alors à

Thèbes s'exerçait fortement, même sur les gens de métier.

Elle est plus sensible encore quand on étudie l'attirail de la toilette et le mobilier proprement dit. Ce ne serait pas petite affaire que de passer en revue tous les menus ustensiles de parure féminine, auxquels la fantaisie des artistes donnait une forme ingénieuse et spirituelle. Les manches de miroir représentent le plus souvent une tige de lotus ou de papyrus, surmontée d'une fleur épanouie d'où sort le disque de métal poli; quelquefois une jeune fille nue ou vêtue d'une chemise étroite le tient en équilibre sur sa tête. Les épingles à cheveux se terminent en serpent lové, en museau de chacal, de chien, en bec d'épervier. La pelote dans laquelle elles sont plantées est un hérisson ou une tortue, dont la carapace est percée de trous selon un dessin régulier. Les chevets, sur lesquels on appuyait la tête pour dormir, étaient décorés de reliefs empruntés aux mythes de Bîsou et de Sokhit : la tête grimaçante du dieu s'étale sur les bas côtés ou sur la base. Mais c'est surtout dans l'exécution des cuillers à parfum ou des étuis à collyre que brille le génie inventif des ouvriers. On se servait des cuillers pour manier, sans trop se salir, soit des essences, soit des pommades, soit les fards de différentes couleurs dont hommes et femmes se teignaient les joues, les lèvres, le bord et le dessous des yeux, les ongles, la paume des mains. Les motifs sont empruntés généralement à la faune ou à la flore du Nil. Un des étuis de Boulaq a la figure d'un veau couché, creusé pour servir de boîte : la tête et le dos de l'animal s'enlèvent et font couvercle. Une cuiller du même musée représente un chien qui se sauve, emportant un énorme poisson dans sa gueule : le corps du poisson est le bol de la cuiller (fig. 241). L'autre est un cartouche qui jaillit d'un lotus épanoui, un fruit de lotus posé sur un bouquet de fleurs (fig. 242) ou un simple récipient triangulaire (fig. 243) flanqué de deux boutons. Les plus soignées combinent avec ces données la figure humaine. Une jeune fille nue, sauf une ceinture qui lui serre les hanches, nage, tenant la tête bien hors de l'eau (fig. 244); ses deux bras allongés poussent un canard creusé en boîte, et dont les deux ailes, s'écartant à volonté, tiennent lieu de couvercle. Au Louvre, c'est encore une jeune fille (fig. 245), mais perdue dans les lotus et qui cueille un bouton Une botte de tiges, d'où s'échappent deux fleurs épanouies, réunit le manche au bol de la cuiller, dont l'ovale tourne sa partie ronde au dehors, sa pointe à l'intérieur. Ailleurs, la jeune fille (fig. 246) est encadrée entre deux tiges fleuries et marche en jouant de la guitare à long manche. Ailleurs encore, la musicienne est debout sur une barque (fig. 247) ou est remplacée par une porteuse d'offrandes. Parfois enfin, c'est un esclave qui s'avance, courbé sous le poids d'un énorme sac. Tous ces personnages ont chacun leur physionomie et leur âge caractérisés net-

FIG 242.

FIG. 241.

FIG. 243.

tement. La cueilleuse de lotus est bien née, comme l'indique sa chevelure nattée avec soin et la jupe plissée dont elle est habillée. Les dames thébaines

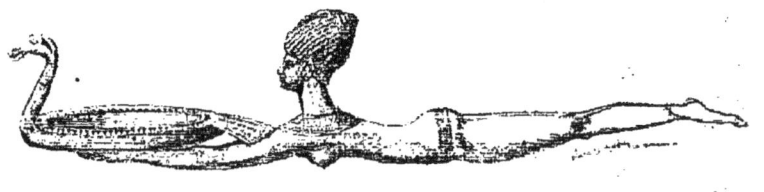

FIG. 244.

étaient vêtues de long, et celle-là ne s'est troussée haut qu'afin de pouvoir marcher par les roseaux sans mouiller ses vêtements.

Au contraire, les deux musiciennes et la na-

FIG. 245.

FIG. 246.

FIG. 247.

geuse sont de condition inférieure ou servile. Deux d'entre elles n'ont qu'une ceinture, la troisième a un jupon court lié négligemment. La porteuse d'offrandes (fig. 248) est coiffée de la longue tresse pendante dont on affublait les enfants. C'est une de ces adolescentes minces et fluettes, comme on en voit beaucoup encore chez les fellahs des bords du Nil, et sa nudité ne l'empêche pas d'être de naissance ingénue ; les enfants nobles ne commençaient à prendre le costume de leur sexe que vers l'âge de puberté. Enfin l'esclave (fig. 249), avec ses lèvres épaisses, son nez plat, sa mâchoire lourde et bestiale, son front déprimé, sa tête glabre en pain de sucre, est évidemment la caricature d'un prisonnier étranger. La mine abrutie avec laquelle il s'en va pliant sous le faix a été fort bien saisie, et les saillies anguleuses du corps, le type de la tête, l'agencement des diverses parties, rappellent l'aspect général des terres cuites grotesques de l'Asie Mineure. Tous les détails de nature groupés autour du sujet principal et qui l'encadrent, la forme des fleurs et des feuilles, l'espèce des oiseaux, sont rendus avec un grand

FIG. 248.

amour de l'exactitude et avec un certain esprit. Des trois canards que la porteuse d'offrandes a liés par les pattes et laisse pendre à son bras, deux se sont résignés à leur sort et sont là ballants, le cou tendu, l'œil ouvert ; le troisième relève la tête et bat de l'aile pour protester. Les deux oiseaux d'eau perchés sur les lotus écoutent, au repos et le bec sur le jabot, la joueuse de luth. L'expérience leur a appris qu'il ne faut pas se déranger pour des chansons et qu'une jeune fille n'est à craindre qu'à la condition d'être armée. La vue d'un arc et d'une flèche les met en fuite dans les bas-reliefs, comme de nos jours la vue d'un fusil fait s'envoler une bande de pies. Les Égyptiens connaissaient à merveille les habitudes des animaux et se sont plu à les reproduire exactement. L'observation de tous les menus faits était devenue instinctive chez eux, et donnait aux moindres productions de leurs mains ce caractère de réalité dont nous sommes frappés aujourd'hui.

FIG. 249.

Les meubles n'étaient pas plus nombreux dans l'Égypte ancienne qu'ils ne sont dans l'Égypte actuelle. Chez les pauvres, quelques nattes et des huches en terre battue. Chez les gens de la classe moyenne, des coffrets à linge et des escabeaux. Chez les riches seuls, des lits, des fauteuils, des divans, des tables : armoires, buffets, dressoirs, commodes, la plupart des pièces qui composent notre mobilier étaient inconnus. L'art du menuisier n'en était pas moins porté à un haut degré de perfection dès les anciennes dynasties Les ais, dressés à l'herminette, emmortaisés, collés, réunis par des chevilles en bois dur ou des épines d'acacia, jamais par des clous métalliques, étaient polis, puis revêtus de peintures. Les coffres sont généralement juchés sur quatre pieds droits, parfois assez élevés. Le couvercle est plat ou arrondi selon une courbe spéciale (fig. 250), que les Égyptiens ont aimée de tout temps, rarement taillé en pointe comme le toit de nos maisons (fig. 251). Il s'enlève le plus souvent tout entier, souvent il tourne autour d'une cheville enfoncée dans l'épaisseur de l'un des montants, parfois enfin il roule sur des pivots en bois, analogues à ceux de nos armoires (fig. 252). Les panneaux, dont la grande surface se prêtait étonnamment à la décoration artistique, sont rehaussés de peintures, incrustés d'ivoire, d'argent, de plaques d'émail, de bois précieux. Peut-être sommes-nous mal placés aujourd'hui pour juger de l'habileté que les Égyptiens déployaient à l'occasion, et de la variété des formes qu'ils inventaient à chaque époque. Presque tous les meubles qui nous restent proviennent des tombeaux et sont, ou bien des imitations à bon marché de meubles précieux destinées à être enfermées dans le caveau avec les morts, ou bien

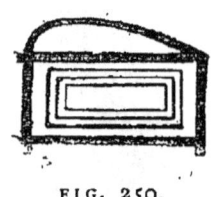
FIG. 250.

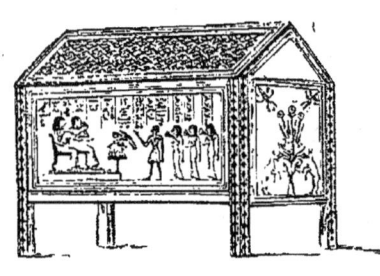
FIG. 251.

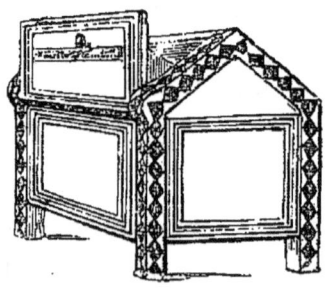
FIG. 252.

des meubles de nature particulière, dont l'usage était exclusivement réservé aux momies.

Les momies étaient, en effet, les clients les plus certains des menuisiers. Partout ailleurs, l'homme n'emportait au delà de la vie qu'un petit nombre d'objets : en Égypte, il ne se contentait pas à moins d'un mobilier complet. Le cercueil était à lui seul un véritable monument, dont la construction mettait en branle une escouade d'ouvriers (fig. 253). La mode en variait selon

FIG. 253.

les époques. Aux temps de l'empire memphite et du premier empire thébain, on ne rencontre guère que de grandes caisses rectangulaires, en bois de sycomore, à couvercle et à fonds plats, composées de plusieurs pièces, assemblées au moyen de chevilles également en bois. Le modèle n'en est pas élégant, mais la décoration en est des plus curieuses. Le couvercle n'a pas de corniche. Une longue bande d'hiéroglyphes en occupe le milieu à l'extérieur; tantôt simplement tracée à l'encre ou à la couleur, tantôt sculptée à même le bois, puis remplie de pâte bleuâtre, elle ne contient que le nom et le titre du défunt, parfois une courte formule de prière en sa faveur. La surface intérieure est enduite d'une couche épaisse de stuc, ou blanchie au lait de chaux : on y inscrivait d'ordinaire le chapitre XVII du *Livre des Morts*, aux encres rouge et noire et en beaux hiéroglyphes cursifs. La cuve consiste en huit planches verticales, disposées deux à deux, pour les parois, et en trois planches horizontales pour le fond. Elle est décorée quelquefois, à l'extérieur, de grandes rainures prismatiques terminées en feuilles de lotus entre-croisées, comme celles qu'on rencontre sur les sarcophages en pierre. Le plus souvent elle est ornée, sur la gauche, de deux yeux grands ouverts et de deux portes monumentales, sur la droite, de trois portes, en tout semblables à celles qu'on voit dans les hypogées contemporains. Le cercueil est en effet la maison propre du mort, et, comme tel, il doit présenter sur ses faces un résumé des prières et des tableaux qui s'espaçaient sur les murs de la tombe entière. Les formules et les représentations nécessaires sont écrites et illustrées à l'intérieur, presque dans le même ordre où nous les trouvons au fond des mastabas. Chaque paroi est divisée en trois registres, et chaque registre contient ou bien une dédicace au nom du mort, ou bien la figure des objets qui lui appartiennent, ou bien les textes du Rituel qu'on récitait à son intention. Le tout agencé habilement, sur un fond imitant assez exactement le bois précieux, forme un tableau d'un trait hardi et d'une couleur harmonieuse. Le menuisier n'avait que la moindre part au travail, et les longues boîtes où l'on enfermait les morts les plus anciens n'exigeaient pas de lui une grande habileté. Il n'en fut pas de même dès qu'on s'avisa de donner au cercueil l'aspect général du corps humain. Deux types sont alors en présence. Dans le plus ancien, la momie sert de modèle à son enveloppe. Les pieds et les jambes sont réunis tout du long. Les saillies du genou, les rondeurs du mollet, de la cuisse et du ventre, sont indiquées de façon sommaire et se modèlent vaguement sous le bois. La tête, seule vivante sur ce corps inerte, est dégagée entièrement. Le mort est emprisonné dans une sorte de statue de lui-même, assez bien équilibrée pour qu'on pût, à l'occasion, la dresser sur ses pieds comme sur une base. Ailleurs, il est étendu sur sa tombe, et sa figure, sculptée en ronde bosse, sert de couvercle à sa momie. La tête est chargée de la perruque à marteaux, la casaque de batiste blanche presque transparente voile le buste à demi, le jupon couvre les jambes de ses plis serrés. Les pieds sont chaussés de sandales élégantes, les bras s'allongent ou se replient sur la poitrine, les mains tiennent des emblèmes divers, la croix ansée, la boucle de ceinture, le tat, ou, comme la femme de Sennotmou à Boulaq, une guirlande de lierre. Ce genre de gaine momiforme est rare sous les dynasties memphites; Menkaourî, le Mykérinos des Grecs, nous en a donné pourtant un exemple mémorable. Très fréquente à la XIe dynastie, elle n'est souvent, alors, qu'un tronc d'arbre évidé, où l'on a sculpté grossièrement une tête et des pieds humains. Le masque est bariolé de couleurs éclatantes, jaune, rouge, vert; les cheveux et la coiffure sont rayés de noir ou de bleu. Un collier s'étale pompeusement sur la poitrine. Le reste du cercueil est, ou bien enveloppé des longues ailes dorées d'Isis et de Nephthys, ou bien revêtu d'un ton uniforme, jaune ou blanc, et illustré parcimonieusement de figures ou de bandes d'hiéroglyphes bleues et noires. Les plus soignés parmi les cercueils des rois de la XVIIIe dynastie, que j'ai déterrés à Dêir-el-Baharî, appartiennent à ce type et ne se signalent que par le fini du travail et par la perfection vraiment extraordinaire avec laquelle l'ouvrier a reproduit les traits du souverain. Le

FIG. 254.

masque d'Ahmos Ier, celui d'Amenhotpou Ier, celui de Thoutmos II, sont de véritables chefs-d'œuvre en leur genre. Celui de Ramsès II ne porte d'autre trace de peinture qu'une raie noire, afin d'accentuer la coupe de l'œil ; modelé sans doute à l'image du Pharaon Hrihor, qui restaura l'appareil funèbre de son puissant prédécesseur ; il est presque comparable aux meilleures œuvres des statuaires contemporains (fig. 254). Deux des cercueils, ceux de la reine Nofritari et de sa fille Ahhotpou II, sont de taille gigantesque et mesurent plus de 3 mètres de haut. On dirait, à les voir debout (fig. 255), une des cariatides qui ornent la cour de Médinét-Habou, mais en plus petit. Le corps est emmailloté et n'a plus que l'apparence indécise d'un corps humain. Les épaules et le buste sont revêtus d'un réseau en relief, dont chaque maille se détache en bleu sur le fond jaune de l'ensemble. Les mains s'échappent de cette espèce de mantelet et se croisent sur la poitrine en serrant la croix ansée, symbole de la vie. La tête est un portrait : face large et ronde, grands yeux, expression douce et insignifiante, lourde perruque surmontée de la coiffure et des longues plumes d'Amon ou de Mout. On se demande quel motif a poussé les Égyptiens à fabriquer ces pièces extraordinaires. Les deux reines étaient de petite taille et leur momie était comme perdue dans la cavité : il fallut les caler à grand renfort de chiffons pour les empêcher de ballotter et de se détériorer. Grandeur à part, la simplicité est le caractère de ces deux cercueils comme elle l'est des autres cercueils royaux ou privés de cette époque qui sont parvenus jusqu'à nous. Vers le milieu de la XIXe dynastie, la mode changea. On ne se contenta plus d'une seule caisse sobrement ornée : on voulut en avoir deux, trois, même quatre, emboîtées l'une dans l'autre et couvertes de peintures ou d'inscriptions. Souvent alors l'enveloppe extérieure est un sarcophage à oreillettes carrées, à couvercle en dos d'âne, dont les fonds, peints en blanc, sont chargés de figures du mort, en adoration devant les dieux du groupe Osirien. Lorsqu'elle a la forme humaine, elle garde encore quelque chose de la nudité primitive : la face est coloriée, un collier recouvre la poitrine, une bande d'hiéroglyphes descend jusqu'aux pieds; le reste est d'un ton uniforme, noir, brun ou jaune sombre. Les caisses intérieures étaient d'un luxe presque extravagant, faces et mains rouges, roses, dorées, bijoux peints et parfois simulés au moyen de morceaux d'émail incrustés dans le bois, scènes et légendes multicolores, le tout englué de ce vernis jaune dont j'ai parlé plus haut. Le contraste est frappant entre l'abondance d'ornements qu'on remarque à ces époques et la sobriété des époques antérieures : il faut se rendre à Thèbes même, au lieu de la sépulture, pour en comprendre la raison. Les particuliers et les rois des dynasties conquérantes employaient ce qu'ils avaient de ressources et d'énergie à se creuser des hypogées. Les parois en étaient sculptées ou peintes, le sarcophage était taillé dans un bloc immense de granit ou d'albâtre ouvragé finement; peu

FIG. 255.

importait que le bois où dormait la momie fût simplement décoré. Les Égyptiens de la décadence et leurs maîtres n'avaient plus, comme les générations qui les avaient précédés, la faculté de puiser indéfiniment dans les trésors de l'Égypte et des pays voisins. Ils étaient pauvres, et la médiocrité de leur budget ne leur permettait pas d'entreprendre de longs travaux : ils renoncèrent, ou du moins presque tous, à se préparer des tombes monumentales, et dépensèrent ce qui leur restait d'argent à se fabriquer de belles caisses en bois de sycomores. Le luxe de leurs cercueils n'est, en résumé, qu'une preuve de plus à joindre aux preuves déjà nombreuses que nous avons de leur faiblesse et de leur pauvreté. Lorsque les princes Saïtes eurent rétabli, pour quelques siècles, les affaires du pays, les sarcophages en pierre reparurent et l'enveloppe en bois reprit quelque chose de la simplicité des beaux temps ; mais ce renouveau ne dura pas, et la conquête macédonienne amena dans les modes funéraires la même révolution qu'autrefois la chute des Ramessides. On en revint à l'usage des caisses doubles et triples, aux excès de peinture, aux dorures criardes ; l'habileté des manœuvres d'époque gréco-romaine qui ont habillé les morts d'Akhmîm pour leur dernière demeure est moindre, leur mauvais goût ne le cède en rien à celui des fabricants de cercueils thébains qui vivaient sous les derniers Ramsès.

Le reste du mobilier funèbre ne donnait pas aux menuisiers moins d'ouvrage que les momies. On voulait des coffres de différente taille pour le trousseau du mort, pour ses intestins, pour ses figurines funéraires, des tables pour ses repas, des chaises, des tabourets, des lits où étendre le cadavre, des traîneaux pour l'amener au tombeau, même des chars de guerre ou de promenade. Les coffrets où l'on enfermait les canopes, les statuettes funéraires, les vases à libations, sont divisés en plusieurs compartiments : un chacal accroupi est posé quelquefois par-dessus et sert comme de poignée pour soulever le couvercle. Ils étaient munis chacun d'un petit traîneau, pour qu'on pût les traîner sur le sol pendant les cérémonies de l'enterrement. Les lits ne sont pas rares. Beaucoup sont identiques aux *angarebs* des Nubiens actuels, de simples cadres en bois, sur lesquels on tendait de grosses étoffes ou des lanières en cuir entre-croisées. La plupart n'ont guère plus d'un mètre et demi en longueur ; le dormeur ne pouvait pas s'y étendre, mais y reposait pelotonné sur lui-même. Les lits ornés étaient de la même longueur que les nôtres, ou à peu près. Le châssis en était le plus souvent horizontal, quelquefois incliné légèrement de la tête aux pieds. Il était souvent assez élevé au-dessus du sol, et on y montait au moyen d'un banc ou même d'un petit escalier portatif. Le détail ne nous en serait guère connu que par les monuments figurés, si, en 1884 et 1885, je n'en avais découvert deux complets, l'un à Thèbes, dans une tombe de la XIIIe dynastie, l'autre à Akhmîm, dans la nécropole gréco-romaine. Deux lions de bonne volonté ont étiré leur corps en guise de châssis, la tête au chevet, la queue recourbée sur les pieds du dormeur. Au-dessus s'élève une sorte de baldaquin, qui servait lors de l'exposition des momies. Rhind en avait déjà rapporté un qui orne aujourd'hui le musée d'Édimbourg (fig. 256). C'est un temple, dont le toit arrondi est soutenu par d'élégantes colonnettes en bois peint. Une porte gardée par deux serpents familiers était censée donner accès à l'intérieur. Trois disques ailés, de plus en plus grands, garnissaient les corniches superposées au-dessus de la porte, et une rangée d'uræus lovés se dressait au couronnement de l'édifice. Le baldaquin du lit de la

FIG. 256.

XIIIe dynastie est beaucoup plus simple, une sorte de balustrade en bois découpé et enluminé, à l'imitation des paquets de roseaux qui décorent le haut des parois de temple, le tout surmonté de la corniche ordinaire. Dans le lit de l'époque grecque (fig. 257), les balustres sont remplacés sur les côtés par des figures de la déesse Mâït, sculptées et peintes, accroupies et la plume aux genoux. A la tête et au pied, Isis et Nephthys se tiennent debout et étendent leurs bras frangés d'ailes. La voûte est à jour : des vautours y planent au-dessus de la momie, et deux statuettes d'Isis et de Nephthys agenouillées pleurent sur elle. Les traîneaux

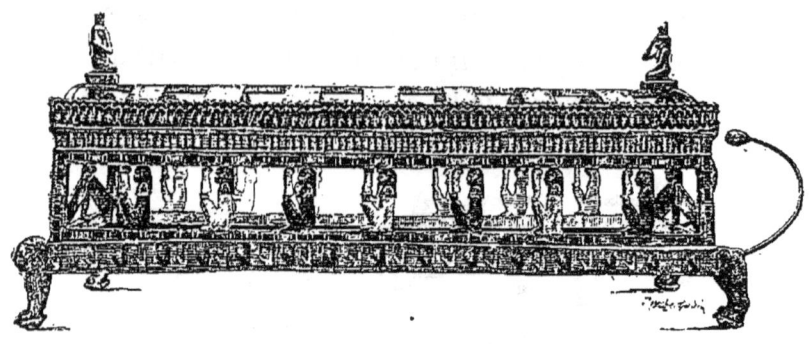

FIG. 257.

qui menaient les morts au tombeau étaient, eux aussi, décorés d'une sorte de baldaquin, mais d'aspect très différent. C'est encore un naos, mais à panneaux pleins, comme ceux que j'ai découverts, en 1886, dans la chambre de Sennotmou à Gournét-Mourraï. Quand on y pra-

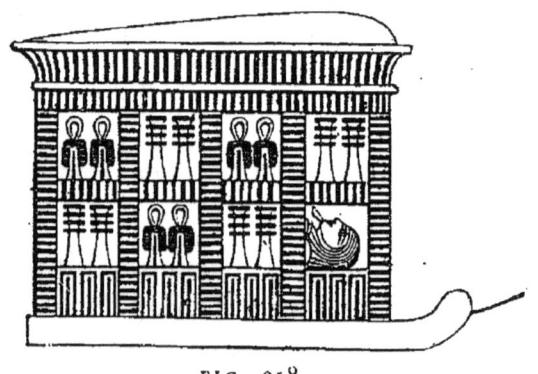

FIG. 258.

tiquait quelques jours, c'étaient des lucarnes carrées par lesquelles on apercevait la tête de la momie : Wilkinson en a décrit un de ce genre, d'après les peintures d'une tombe thébaine (fig. 258). Dans tous les cas, les panneaux étaient mobiles. Le mort une fois déposé sur la planche du traîneau, on les dressait chacun en sa place; le toit recourbé et garni de sa corniche posait sur le tout et formait couvercle. Plusieurs des fauteuils du Louvre et du British Museum ont été fabriqués vers la XIe dynastie. Ce ne sont pas les moins beaux, et l'un d'eux (fig. 259) a conservé une vivacité de couleurs extraordinaires. Le cadre, jadis garni d'un treillis de cordelettes, repose sur quatre pieds de lion. Le dossier est orné de deux fleurs et d'une ligne de losanges en marqueterie d'ébène et d'ivoire, qui

FIG. 259.

se détache sur un champ rouge. Des tabourets de travail semblable (fig. 260), et des pliants, dont les pieds sont formés par des têtes d'oies aplaties, se trouvent dans tous les musées. Les Pharaons et les hauts fonctionnaires recherchaient des modèles plus compliqués. Leurs sièges étaient parfois fort hauts. Ils avaient pour bras deux lions courants,

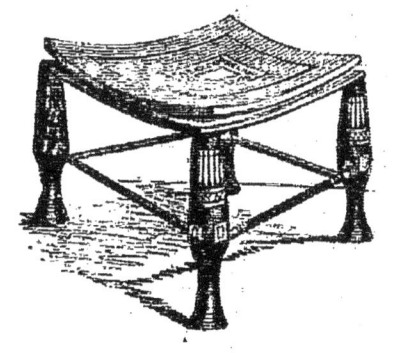

FIG. 260.

ou pour supports des prisonniers de guerre liés dos à dos (fig. 261). Un escabeau, placé sur le devant, servait de marchepied pour y monter, ou de point d'appui au personnage assis. Nous ne possédons jusqu'à présent aucun meuble de ce genre.

Les peintures nous montrent qu'on corrigeait la dureté des fonds cannés ou treillissés en les recouvrant de matelas et de coussins richement ouvrés. Les coussins et les matelas ont disparu, et l'on a supposé qu'ils étaient recouverts en tapisserie. Sans doute la tapisserie était connue en Égypte, et un bas-relief de Béni-Hassan (fig. 262) nous apprend comment on la fabriquait. Le métier, quoique très simple, rappelle celui dont se servent aujourd'hui encore les tisserands d'Akhmîm.

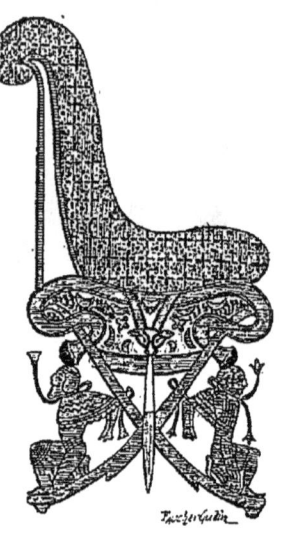

FIG. 261.

FIG. 262.

Il est horizontal et se compose de deux cylindres minces, ou plutôt de deux bâtons, séparés par un espace d'un mètre cinquante, et engagés chacun dans deux grosses chevilles plantées dans le sol à quatre-vingts centimètres l'une de l'autre ou environ. Les lisses de la chaîne étaient attachées solidement, puis roulées autour du cylindre de tête jusqu'à tension convenable. Des bâtons de croisure, disposés d'espace en espace, facilitent l'introduction des broches chargées de fils. Le travail commençait par en bas, ainsi qu'on fait encore aux Gobelins. Le tissu était tassé et égalisé au moyen d'un peigne grossier, puis enroulé au fur et à mesure sur

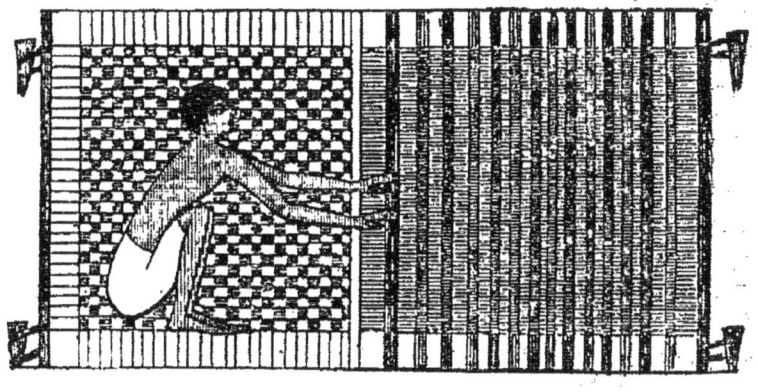

FIG. 263.

le cylindre inférieur. On fabriquait ainsi des tentures et des tapis décorés les uns de figures, les autres de dessins géométriques, zigzags ou damiers (fig. 263); toutefois, un examen attentif des monuments m'a démontré que la plupart des sujets où l'on a cru reconnaître des exemples de tapisserie sont en cuir peint et découpé. L'industrie du cuir était très florissante. Il y a peu de musées qui ne possèdent une paire au moins de sandales ou de ces bretelles de momie, dont les bouts sont en peau estampée, et portent une figure de dieu ou de Pharaon, une légende hiéroglyphique, une rosace, parfois le tout réuni. Ces petits monuments ne remontent guère plus haut que le temps des grands-prêtres d'Ammon ou des premiers Bubastites. C'est à la même époque qu'on doit attribuer l'immense dais du musée de Boulaq. Le catafalque sur lequel la momie reposait, pendant le transport de la maison mortuaire au tombeau, était garni souvent d'une couverture d'étoffe ou de cuir souple. Parfois les côtés retombaient droit, parfois ils étaient relevés en guise de rideaux par des embrasses et laissaient apercevoir le cercueil. Le dais de Dêir-el-Baharî fut préparé pour la princesse Isimkheb, fille du grand-prêtre Masahirti, femme du grand-prêtre Menkhopirrî, mère du grand-prêtre Pinotmou III. La pièce centrale, plus longue que large, se divise en trois bandes d'un cuir bleu céleste qui a passé au gris perle. Les deux latérales sont semées d'étoiles jaunes : sur celle du milieu s'étagent des vautours, dont les ailes étendues protègent le mort. Quatre pièces, formées de carrés verts et rouges, disposés en damier, se rattachent aux quatre côtés. Celles qui pendent sur les côtés longs sont reliées à la centrale par une bordure d'ornements. A droite, des scarabées aux ailes éployées alternent avec les cartouches du roi Pinotmou II, sous une frise de fers de lance. A gauche, (fig. 264), le motif est plus compliqué. Une touffe de lotus, flanquée des cartouches royaux, occupe le centre ; viennent ensuite deux antilopes agenouillées chacune sur une corbeille, puis deux bouquets de papyrus, enfin deux scarabées, semblables à ceux de l'autre bordure. La frise en fers de lance court au-dessus. La technique de cet objet est très curieuse. Les hiéroglyphes et les figures étaient découpés dans de larges feuilles de cuir, comme nous faisons nos chiffres et nos lettres dans des plaques en cuivre. On cousait ensuite, sous les vides ainsi ménagés, des lanières de cuir de la couleur qu'on voulait donner aux ornements ou aux caractères, et, pour dissimuler le rapiéçage, on étalait par derrière de longs morceaux de cuir blanc ou jaune clair. Malgré les difficultés d'agencement que présente ce travail, le résultat obtenu est des plus remarquables. La silhouette des gazelles, des scarabées et des fleurs est aussi nette et aussi élégante que si elle était tracée au pinceau sur une muraille ou sur une feuille de papyrus. Le choix des motifs est heureux, la couleur harmonieuse et vive à la fois. Les ouvriers qui ont conçu et exécuté le dais d'Isimkheb avaient une longue pratique de ce système de décoration et du genre de dessin qu'il comportait. Je ne doute pas, quant à moi, que les coussins des fauteuils et des divans royaux, les voiles des barques funéraires ou divines sur lesquelles on embarquait les momies et les statues des dieux, ne fussent le plus souvent en cuir. La

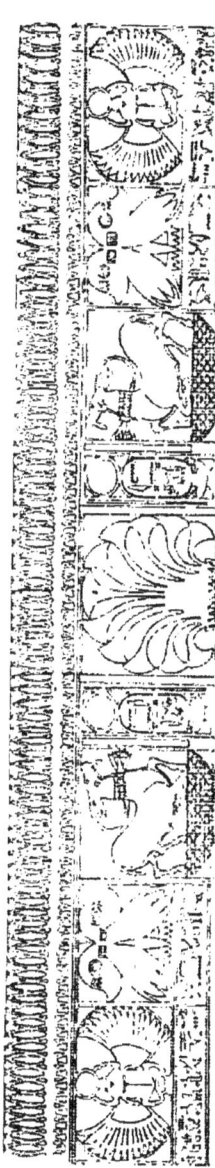

FIG. 264.

voile en damier d'une des barques peintes au tombeau de Ramsès III (fig. 265) rappelle à s'y méprendre les pans en damier du dais. Les vautours et les oiseaux fantastiques d'une autre barque (fig. 266) ne sont ni plus étranges ni plus difficiles à obtenir

FIG. 265.

en cuir que les vautours et les gazelles d'Isimkheb.

Les témoignages anciens nous permettent d'affirmer que les Égyptiens d'autrefois brodaient aussi bien que ceux du moyen âge. Les deux cuirasses qu'Amasis donna, l'une aux Lacédémoniens, l'autre au temple d'Athèna à Lindos, étaient en lin, mais ornées de figures d'animaux en fil d'or et de pourpre : chaque fil se composait de trois cent soixante-cinq brins tous distincts. Si nous remontons plus haut, nous voyons, par les monuments figurés, que les Pharaons avaient des vêtements chargés de bordures en tapisserie ou en broderie, appliquées ou exécutées à même l'étoffe. Les plus simples consistent en une ou plusieurs bandes de nuance foncée courant parallèlement au liséré. Ailleurs, on

FIG. 266.

aperçoit des palmettes ou des séries de disques et de points, des feuillages, des méandres, et même, çà et là, des figures d'hommes, de divinités ou d'animaux, dessinées probablement à l'aiguille. Aucune des étoffes qu'on a trouvées jusqu'à présent sur les momies royales n'est décorée de la sorte et ne nous permet de juger la qualité et la technique de ce travail. Une fois seulement, j'ai découvert, sur le corps d'une des princesses de Deir-el-Bahari, un cartouche brodé en fil rose pâle. Les Égyptiens de la bonne époque paraissent avoir estimé particulièrement les étoffes unies, surtout les blanches. Ils les fabriquaient avec une habileté merveilleuse, sur un métier identique de tous points à celui qu'ils avaient inventé pour la tapisserie. Les portions de linceul qui enveloppent les mains et les bras de Thoutmos III sont aussi ténues que la plus fine mousseline de l'Inde, et mériteraient le nom d'*air tissé*, aussi bien au moins que les gazes de Cos. C'est là toutefois pure question de métier où l'art n'a rien à réclamer. L'usage de la broderie et de la tapisserie ne se répandit communément en Égypte que vers la fin de la domination persane et le commencement de la domination grecque, sous l'influence des premiers Lagides. Alexandrie fut peuplée en partie de colons phéniciens, syriens, juifs qui y apportèrent avec eux les procédés de fabrication usités dans leur pays et y fondèrent des manufactures bientôt florissantes. Pline attribue aux Alexandrins l'invention de tisser à plusieurs lisses les étoffes qu'on appelle brocarts (polymita); et, au temps des premiers Césars, c'était un fait reconnu que « l'aiguille de Babylone était désormais vaincue par le peigne du Nil ». Les tapisseries alexandrines n'étaient pas décorées presque exclusivement de dessins géométriques, comme les vieilles tapisseries égyptiennes : on y voyait, au témoignage des anciens, des figures d'animaux et même d'hommes. Rien ne nous est resté des chefs-d'œuvre qui remplissaient le palais des Ptolémées, mais des fragments ont été découverts en Égypte, qu'on peut attribuer à la basse époque impériale, l'enfant à l'oie, décrit par Wilkinson, les divinités marines d'une pièce que j'ai achetée à Coptos. Les nombreux linceuls brodés et garnis de bandes en tapisserie, qu'on a découverts récemment au Fayoum et près d'Akhmîm, proviennent presque tous de tombes coptes et relèvent, par conséquent, de l'art byzantin plus que de l'art égyptien.

§ 3. — LES MÉTAUX.

On partageait les métaux en deux groupes, séparés par la mention de quelques espèces de pierres précieuses, comme le lapis-lazuli et la malachite : celui des métaux nobles, l'or, l'électrum, l'argent; celui des métaux vils, le cuivre, le fer, le plomb, auquel on joignit plus tard l'étain.

Le fer était réservé aux armes et aux outils de fatigue, ciseaux de sculpteur et de maçon, tranchants de hache ou d'herminette, lames de couteaux ou de scies. Le plomb ne servait guère. On en incrustait parfois les battants de portes des temples, des coffrets, des meubles, et on en fabriquait de petites statues de divinités, surtout des Osiris ou des Anubis. Le cuivre pur était trop mou pour résister à l'usage courant : le bronze était le métal favori des Égyptiens. Il n'est pas vrai qu'ils aient réussi, comme on l'a dit souvent, à lui procurer par la trempe la dureté du fer ou de l'acier, mais ils ont su en obtenir des qualités très différentes, en variant les éléments et les proportions de l'alliage. La plupart des objets examinés jusqu'à présent ont donné les quantités de cuivre et d'étain employées aujourd'hui encore à la fabrication du bronze commun. Ceux que Vauquelin étudia, en 1825, renfermaient 84 pour 100 de cuivre, 14 d'étain, 1 de fer et d'autres matières. Un ciseau, rapporté d'Égypte par Wilkinson, ne contenait que 5,9 pour 100 d'étain, 0,1 de fer et 94 de cuivre. Des débris de statuettes et de miroirs, analysés plus récemment, ont rendu une quantité notable d'or ou d'argent, et correspondent aux airains de Corinthe. D'autres ont la teinte et la composition du laiton. Beaucoup des plus soignés résistent d'une manière étonnante à l'humidité, et s'oxydent très difficilement; on les frottait encore chauds d'un vernis résineux, qui en remplissait les pores et laissait à la surface une patine inaltérable. Chaque espèce avait son emploi : le bronze ordinaire pour les armes et pour les amulettes communs, les alliages analogues au laiton pour les ustensiles de ménage, les bronzes d'or et d'argent pour les miroirs, les armes de prix, les statuettes de luxe. Aucun des tableaux que j'ai vus dans les tombes ne représente la fonte et le travail du bronze, mais l'examen des objets eux-mêmes supplée à ce défaut des monuments figurés. Les outils, les armes, les anneaux, les vases à bon marché étaient partie forgés, partie coulés d'un seul coup dans des moules en terre réfractaire ou en pierre. Tout ce qui était œuvre d'art était coulé en un ou plusieurs morceaux, selon les cas, puis les pièces ajustées, soudées et retouchées au burin. Le procédé le plus fréquemment employé était celui de la fonte au carton : un noyau de sable ou de terre mêlée de charbon pilé était introduit dans le moule, et le modelé du dehors se répétait grossièrement au dedans. La couche de métal était souvent si mince qu'elle aurait cédé à une pression un peu forte si on n'avait pris la précaution de la consolider en laissant le noyau en place pour lui servir de soutien.

La plupart des ustensiles domestiques et des petits instruments du ménage étaient en bronze. On les rencontre par milliers en original dans nos musées, en figure sur les peintures et les bas-reliefs. L'art et le métier n'étaient pas incompatibles en Égypte, et le chaudronnier lui-même s'efforçait de prêter à ses œuvres les plus humbles une forme élégante et des ornements de bon goût. La marmite où le cuisinier de Ramsès III composait ses chefs-d'œuvre est supportée par des pieds de lion. Telle bouilloire semble ne différer en rien de la bouilloire moderne (fig. 267), mais examinez-la de près : l'anse est une fleur de papyrus épanouie, dont les pétales, inclinés sur la tige, s'appuient au rebord du goulot (fig. 268). Le manche des couteaux ou des cuillers est presque toujours un cou de canard ou d'oie recourbé ; le bol est parfois un animal, une gazelle liée comme les bêtes offertes en sacrifice (fig. 269). Un petit chacal est accroupi sur la poignée d'un sabre. Une paire de ciseaux du musée de Boulaq a, pour branche principale, un captif asiatique, les bras liés derrière le dos. Tel miroir est une feuille de lotus découpée : la queue sert de manche. Telle boîte à parfums est un poisson, telle autre un oiseau, telle autre un dieu grotesque. Les vases à eau lustrale, que les prêtres et

FIG. 267.

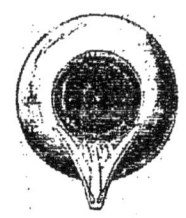

FIG. 268.

les prêtresses portaient à la main pour asperger les fidèles ou le terrain sur lequel défilaient les processions, méritent une place particulière dans l'estime des connaisseurs. Ils sont pointus ou ovoïdes par le bout, et décorés de tableaux au trait ou en relief. Tantôt ce sont des images de dieux, chacune dans un cadre; tantôt c'est une scène d'adoration. Le travail en est ordinairement très fin.

La statuaire s'était de bonne heure emparée du bronze : malheureusement, aucune ne nous a été conservée de ces idoles qui remplissaient les temples de l'ancien empire. Quoi qu'on en ait dit, nous ne possédons point de statuettes en bronze qui soient antérieures à l'expulsion des Hyksos. Quelques-unes des figures qui proviennent de Thèbes sont bien certainement de la XVIIIe et de la XIXe dynastie : la tête de lion ciselée qui était avec les bijoux de la reine Ahhotpou, l'Harpocrate de Boulaq, qui porte le prénom de Kamos et le nom d'Ahmos Ier, plusieurs Ammon du même musée, qu'on dit avoir été découverts à Médinét-Habou et à Shêikh Abd-el-Gournah.

FIG. 269.
(D'après Wilkinson.)

Les pièces les plus importantes appartiennent à la XXIIe dynastie, ou lui sont postérieures et contemporaines des Pharaons saïtes; beaucoup ne remontent pas plus haut que les premiers Ptolémées. Un fragment qui est en la possession du comte Stroganoff, et qui a été recueilli dans les ruines de Tanis, faisait partie d'une statue votive du roi Pétoukhânou. Elle était exécutée aux deux tiers au moins de la grandeur naturelle, et c'est le morceau le plus considérable que nous ayons jusqu'à présent. Le portrait de la dame Takoushit, donné par M. Démétrio au musée d'Athènes, les quatre figures de la collection Posno, aujourd'hui au Louvre, le génie agenouillé de Boulaq, sont originaires de Bubastis et datent probablement des années qui précédèrent l'avènement de Psamitik Ier. La dame Takoushit est debout, le pied en avant, le bras droit pendant, le bras gauche replié et ramené contre la poitrine (fig. 270). Elle est vêtue d'une robe courte, brodée de scènes religieuses, et a des bracelets aux bras et aux mains.

FIG. 270.

La perruque à mèches carrées, régulièrement étagées, lui emboîte la tête. Le détail des étoffes et des bijoux est dessiné en creux, au trait, à la surface du bronze, et relevé d'un fil d'argent. La face est un portrait et semble indiquer une femme d'âge mûr. Le corps est, selon la tradition des écoles égyptiennes, un corps de jeune fille, élancé, ferme et souple. Le cuivre est mêlé fortement d'or et a des reflets doux, qui se marient de la manière la plus heureuse avec le riche décor de la broderie. Autant l'aspect en est fin· et harmonieux, autant celui du génie agenouillé de Boulaq est rude et heurté. Il a la tête d'épervier et adore le soleil levant, comme c'est le devoir des génies d'Héliopolis; son bras droit est levé en l'air, son bras gauche se serre contre la poitrine.

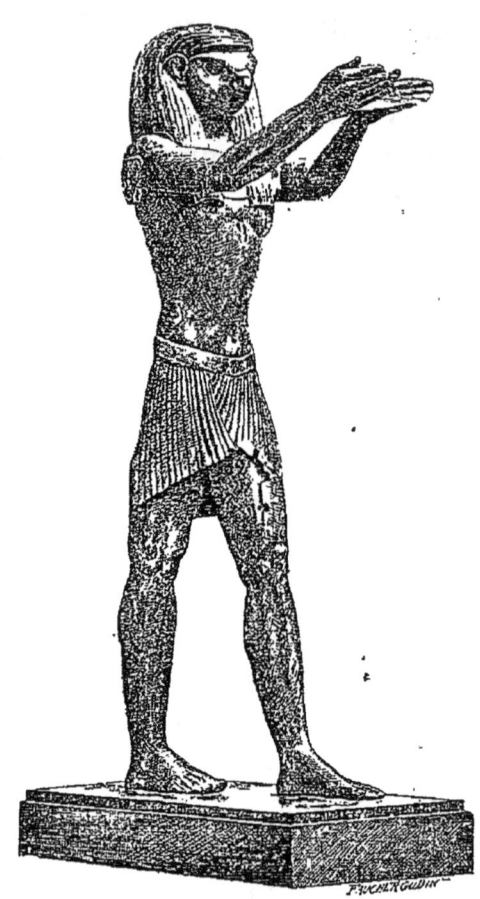

FIG. 271.

Le style de l'ensemble est sec, et le grenu de l'épiderme augmente encore l'impression de dureté; mais le mouvement est juste, énergique, et le masque d'oiseau s'ajuste au buste d'homme avec une sûreté surprenante. Les mêmes qualités et les mêmes défauts se retrouvent sur l'Hor de la collection Posno (fig. 271). Debout, les bras lancés en avant, à hauteur de la tête, il soulève le vase à libations et en verse le contenu sur un roi jadis placé devant lui. La rudesse est moins sensible dans les trois autres figures, surtout dans celle qui porte le nom de Mosou gravé à la pointe sur la poitrine, à l'endroit du cœur (fig. 272). Elle est debout, comme Hor, le pied gauche en avant, le bras gauche tombant près de la cuisse. La main droite, relevée à la hauteur du sein, tenait le bâton de commandement. Le torse est nu, les reins sont ceints du pagne rayé, dont la pointe retombe carrément entre les deux cuisses. La tête est coiffée de la perruque courte, à petites mèches fines, imbriquées l'une sur l'autre. L'oreille est ronde et grande. Les yeux, bien ouverts, étaient sertis d'argent et ont été volés par quelque fellah. Les traits ont une expression remarquable de hauteur et de fermeté. Que dire, après cela, des milliers d'Osiris, d'Isis, de Nephthys, d'Hor, de Nofirtoum, qu'on a retirés du sable et des décombres à Saqqarah, à Bubaste et dans toutes les villes du Delta ? Beaucoup, sans doute, sont de charmants morceaux de vitrine et se recommandent par la perfection de la fonte ou par la délicatesse du travail;

FIG. 272.

mais la plupart sont des objets de commerce, fabriqués pendant des siècles sur les mêmes modèles, et peut-être dans les mêmes moules, pour l'édification des dévots et des pèlerins. Ils sont mous, vulgaires, sans originalité, et ne se distinguent non plus les uns des autres que les milliers de figurines coloriées, dont nos marchands d'objets de sainteté encombrent leurs éta-

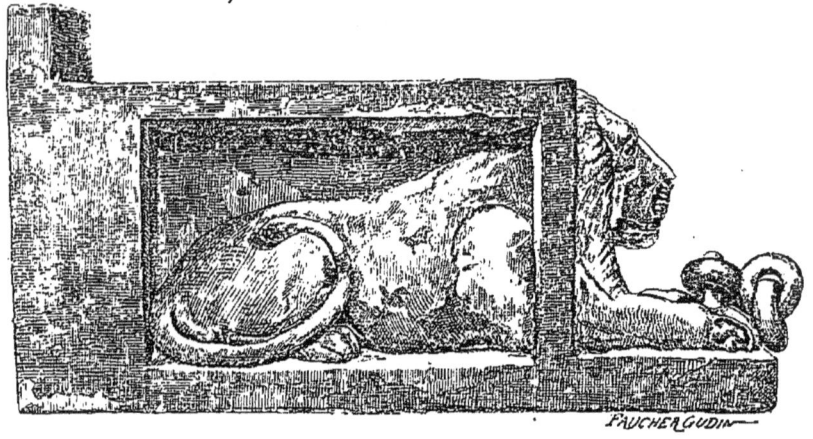

FIG. 273.

lages. Seules, les images d'animaux, les béliers, les sphinx, les lions surtout, gardèrent jusqu'à la fin un cachet d'individualité des plus prononcés. Les Égyptiens avaient pour les félins une prédilection particulière : ils ont représenté le lion dans toutes les attitudes, chassant l'antilope, se ruant sur les chasseurs, blessé et se retournant pour mordre sa blessure, au repos et couché d'un calme dédaigneux, et nul peuple ne l'a rendu avec pareille connaissance de ses habitudes ni avec pareille intensité de vie. Plusieurs dieux et plusieurs déesses, Shou, Anhouri, Bastît, Sokhit, Tafnout, avaient forme de lion ou de chat, et comme le culte en était plus populaire dans le Delta que partout ailleurs, il ne se passe guère d'années où l'on ne déterre, au milieu des ruines de Bubastis, de Tanis, de Mendès ou de quelque ville moins célèbre, de véritables dépôts où les figurines de lion ou de lionne, de femmes ou d'hommes à têtes de lion et de chat, se comptent par milliers. Les chats de Bubaste et les lions de Tell-es-sebâ remplissent nos musées. Les lions d'Horbaït peuvent compter parmi les chefs-d'œuvre de la statuaire égyptienne. Le nom d'Apriès est inscrit sur le plus grand d'entre eux (fig. 273), mais ce témoignage précis nous manquerait, que les caractères du morceau nous ramèneraient invinciblement à l'époque saïte. Il faisait partie des pièces qui composaient l'ornementation d'une porte de temple ou de naos, et la face postérieure en était engagée dans un mur ou dans une pièce de bois. Il est pris au piège, ou couché dans une cage oblongue, d'où ne sortent que la tête et les pattes de devant. Les lignes du corps sont simples et puissantes, l'expression de la face calme et forte. Il égale presque par l'ampleur et la majesté les beaux lions en calcaire d'Amenhotpou III.

L'idée d'appliquer l'or et les métaux nobles sur le bronze, sur la pierre ou sur le bois, était déjà ancienne en Égypte, au temps de Khéops. L'or est très souvent mêlé d'argent à l'état naturel; quand il en renfermait 20 pour 100, il changeait de nom et s'appelait électrum (*asimou*). L'électrum a une belle teinte jaune clair. Il pâlit à mesure que la proportion augmente : à 60 pour 100, il est presque blanc. L'argent venait surtout d'Asie en anneaux, en plaques ou en briquettes d'un poids déterminé. L'or et l'électrum arrivaient partie de Syrie, en briques et en anneaux, partie du Soudan, en pépites ou en poudre. L'affinage et la fonte sont figurés sur les monuments des anciennes dynasties. Un bas-relief de Saqqarah nous montre la pesée de l'or confié à l'ouvrier qui doit le travailler ; un autre, de Béni-Hassan, le lavage et la mise au feu du minerai ; un autre, de Thèbes, l'orfèvre assis devant son creuset, le chalumeau à la bouche pour attiser la flamme, et la pince à la main droite, prêt à saisir le lingot (fig. 274). Les Égyptiens ne frappaient ni monnaies ni médailles. A cela près, ils tiraient le même parti que

FIG. 274.

nous des métaux précieux. Comme nous dorons les croix et les coupoles des églises, ils recouvraient d'or les portes des temples, le soubassement des murs, les bas-reliefs, les pyramidions d'obélisque, les obélisques entiers. Ceux de la reine Hatshepsitou à Karnak étaient bardés d'électrum. « On les apercevait des deux rives du Nil, et ils inondaient les deux Égyptes de leurs reflets éblouissants, quand le soleil se levait entre eux, comme il se lève à l'horizon du ciel. » C'étaient des lames forgées à grands coups de marteau sur l'enclume. Pour les objets de petite dimension, on se servait de pellicules, battues entre deux morceaux de parchemin. Le musée du Louvre possède un véritable livret de doreur, et les feuilles qu'il renferme sont aussi fines que celles des orfèvres allemands au siècle passé. On les fixait sur le bronze au moyen d'un mordant ammoniacal. S'il s'agissait de quelque statuette en bois, on commençait par coller une toile fine ou par déposer une mince couche de plâtre, et l'on appliquait l'or ou l'argent par-dessus ce premier enduit. Il est question de statues en bois doré de Thot, d'Hor, de Nofirtoum, dès le temps de Khéops. Le seul temple d'Isis, dame de la pyramide, en renfermait une douzaine, et ce n'était pas l'un des plus grands dans la nécropole memphite. Les temples de Thèbes paraissent en avoir possédé des centaines, au moins sous les dynasties conquérantes du nouvel empire, et les sanctuaires ptolémaïques ne le cédaient pas en cela aux thébains.

Le bronze et le bois doré ne suffisaient pas toujours aux dieux : c'était de l'or massif qu'il leur fallait et on leur en donnait le plus possible. Les rois de l'ancien et du moyen empire leur dédiaient déjà des statues taillées en plein dans les métaux précieux. Les pharaons de la XVIIIe et de la XIXe dynastie, qui puisaient presque à volonté dans les trésors de l'Asie, renchérirent sur ce qu'avaient fait leurs prédécesseurs. Même quand la décadence fut venue, on vit de simples seigneurs féodaux continuer la tradition des grands règnes, et, comme Montoumhît, prince de Thèbes, remplacer les images en or et en argent, que les généraux d'Ashshourbanipal avaient enlevées à Karnak, pendant les invasions assyriennes. La quantité de métal ainsi consacrée au service de la divinité était considérable. Si on y trouvait beaucoup de figures hautes de quelques centimètres à peine, on en trouvait beaucoup aussi qui mesuraient trois coudées et plus. Il y en avait d'un seul métal, or ou argent; il y en avait qui étaient partie en or, partie en argent; il y en avait enfin qui se rapprochaient de la statuaire chryséléphantine des Grecs, et où l'or se combinait avec l'ivoire sculpté, avec l'ébène, avec les pierres précieuses. Ce qu'elles étaient, on le sait très exactement, et par les représentations qui en existent un peu partout, à Karnak, à Médinét-Habou, à Dendérah, dans les tombes, et par les statues de calcaire et de bois : la matière avait beau changer, le style ne variait pas. Rien n'est plus périssable que de pareilles œuvres ; la valeur même des matériaux qui les composent les condamne sûrement à la destruction. Ce que les guerres civiles, les invasions étrangères, la rapacité des pharaons et des gouverneurs romains avait épargné, devint la proie des chrétiens. Quelques statuettes mignonnes, placées sur les momies en guise d'amulettes, quelques figures, adorées comme divinités domestiques et égarées dans les ruines des maisons, quelques ex-voto, oubliés dans le coin obscur d'un temple, sont parvenus jusqu'à nous. Le Phtah et l'Ammon de la reine Ahhotpou, un autre Ammon en or de Boulaq et le vautour en argent découvert à Médinét-Habou vers 1885, sont les seules pièces de ce genre attribuées certainement à la grande époque. Le reste est saïte ou ptolémaïque et ne se recommande point par la perfection du travail. La vaisselle que renfermaient les temples et les maisons n'a pas eu meilleure chance que les statues. Le Louvre a acquis, au commencement du siècle, des coupes à fond plat que Thoutmos III donna à l'un de ses généraux, Thoutii, en récompense de sa bravoure. La coupe d'argent est très mutilée, la coupe d'or est intacte et d'un fort joli dessin (fig. 275). Les parois latérales sont ornées d'une légende hiéroglyphique. On a gravé au fond une rosace, autour de laquelle circulent six poissons. Une bordure de fleurs de lotus, reliées par une ligne courbe, tourne autour du sujet principal. Les cinq vases de Thmouïs, conservés à Boulaq, sont en argent. Ils faisaient partie du mobilier sacré, et avaient été enfouis dans une cachette, où ils sont demeurés jusqu'à nos jours. Rien n'indique leur âge ; mais, qu'ils soient de l'époque grecque ou de l'époque thébaine, la facture est purement égyptienne. Il ne reste plus de l'un d'eux que le couvercle avec une poignée formée de deux fleurs réunies par la tige. Les autres sont intacts et décorés au repoussé de boutons de lotus et de lotus épanouis (fig. 276). Le galbe en est élégant et simple, l'ornementation sobre et légère, le relief très fin ; l'un d'eux est pourtant entouré d'une ceinture d'oves assez

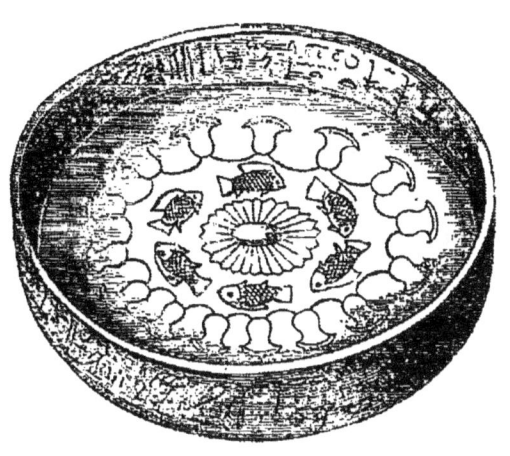

FIG. 275.

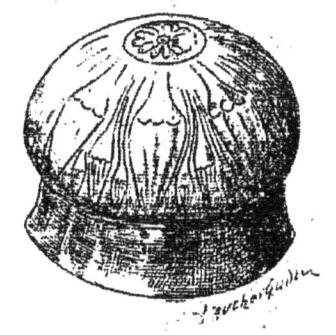

FIG. 276.

fortes (fig. 277), dont la saillie altère un peu les contours de la panse. Ce sont là des pièces intéressantes ; mais le nombre en est si restreint, que nous aurions une idée très incomplète de l'orfèvrerie égyptienne si les représentations figurées ne venaient à notre aide. Les pharaons n'avaient pas comme nous la ressource de jeter dans la circulation, sous forme de monnaie, l'or et l'argent qu'ils recevaient des peuples vaincus. La part des dieux prélevée, ils n'avaient d'autre alternative que de fondre en lingots, ou de changer en vaisselle et en bijoux ce qui leur revenait du butin. Ce qui était vrai des rois l'était encore plus des particuliers, et, pendant six ou huit siècles au moins, à partir d'Ahmos Ier, le goût de l'argenterie fut poussé jusqu'à l'extravagance. Toutes les maisons possédaient non seulement ce qu'il fallait pour le service de la table, plats, aiguières à pied, coupes, gobelets, paniers sur lesquels on gravait au trait des figures d'animaux fantastiques (fig. 278), mais de grands vases décoratifs qu'on remplissait de fleurs, ou qu'on étalait sous les yeux des convives les jours de gala. Certains d'entre eux étaient d'une richesse extraordinaire. Ici, c'est une coupe dont les anses sont deux boutons de papyrus, et le pied un papyrus épanoui ; deux esclaves asiatiques

FIG. 277.

FIG. 278.

somptueusement vêtus semblent la soulever difficilement à force de bras (fig. 279). Là, une sorte d'hydrie allongée a pour couvercle un lotus flanqué de deux têtes de gazelle (fig. 280). Deux bustes de chevaux, bridés et caparaçonnés, sont adossés au pied. La panse est divisée en zones horizontales : celle du milieu figure un marais, qu'une antilope effarouchée parcourt au galop. Deux burettes émaillées ont pour couvercle, la première une tête d'aigle huppé (fig. 281), la seconde un masque du dieu Bîsou, encadré entre deux vipères (fig. 282). Un surtout en or (fig. 283), offert à Amenhotpou III par un vice-roi d'Éthiopie, représente une des scènes les plus fréquentes de la conquête égyptienne. Des singes et des hommes font la cueillette des fruits dans un bois de palmiers-doums. Deux indigènes en pagne rayé, parés d'une longue plume, conduisent chacun au licol une girafe apprivoisée. D'autres hommes appartenant à la même tribu sont agenouillés sur la lisière et lèvent les mains pour implorer la pitié des troupes égyptiennes. Des prisonniers nègres, étendus à plat ventre sur le sol, relèvent péniblement la tête et le buste. Une coupe à pied bas, surmontée d'un cône

FIG. 279.

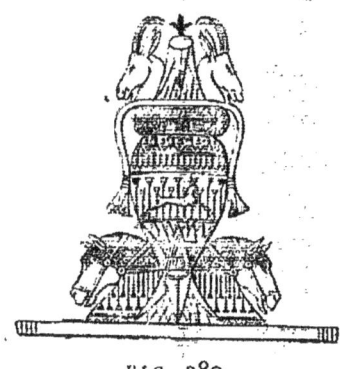

FIG. 280.

allongé, se dresse au milieu des arbres. Évidemment les ouvriers qui ont exécuté ce travail tenaient moins à l'élégance et à la beauté qu'à la richesse et à l'effet. Ils se souciaient peu que l'ensemble fût lourd et de mauvais goût, pourvu qu'on admirât leur habileté, et la quantité de métal qu'ils avaient réussi à employer. D'autres surtout du même genre, présentées à Ramsès II, dans le temple d'Ipsamboul, remplacent les girafes par des buffles courant à travers les palmiers.

FIG. 281.

FIG. 282.

C'étaient de vrais joujous d'orfèvrerie analogues à ceux que les empereurs byzantins du IXe siècle avaient dans leur palais de la Magnaure, et qu'ils étalaient les jours de réception pour donner aux étrangers une haute idée de leur puissance et de leur richesse. On les voyait défiler avec les prisonniers, dans le cortège triomphal de Pharaon, lorsqu'il revenait victorieux de ses guerres lointaines. Les vases d'usage journalier étaient plus légers et moins chargés d'ornements incommodes. Les deux léopards qui servent d'anse à un cratère du temps de Thoutmos III (fig. 284) ne sont pas bien proportionnés et

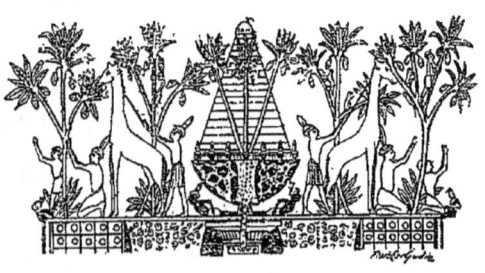

FIG. 283.

se combinent mal avec les rondeurs de la panse, mais les coupes (fig. 285) et l'aiguière (fig. 286) sont d'une

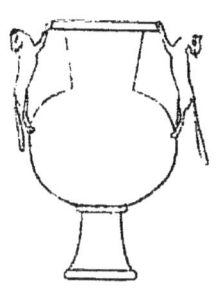

FIG. 284.

ordonnance heureuse et d'un contour assez pur. Ces vases d'or et d'argent ciselé, travaillés au repoussé, et dont quelques-uns offrent des scènes de chasse ou de guerre disposées par zones, furent imités en Phénicie, et les contrefaçons, expédiées en Asie Mineure, en Grèce, en Italie, y transportèrent plusieurs des formes et des motifs de l'orfèvrerie égyptienne. La passion des métaux précieux était poussée si loin sous les Ramessides, qu'on ne se contenta plus de les employer au service de la table. Ramsès II et Ramsès III avaient des trônes en or, non point plaqués sur bois, comme en avaient eu leurs prédécesseurs, mais massifs et garnis de pierreries. Tout cela avait trop de prix pour durer et disparut à la première occasion ; la valeur artistique ne répondait pas d'ailleurs à la valeur vénale, et la perte n'est pas de celles dont on ne saurait se consoler.

FIG. 285.

FIG. 286.

Les Orientaux, hommes et femmes, sont grands amateurs de bijoux. Les Égyptiens ne faisaient pas exception à la règle. Non contents de s'en parer à profusion pendant la vie, ils en chargeaient les bras, les doigts, le cou, les oreilles, le front, les chevilles de leurs morts. La quantité qu'ils enfouissaient ainsi dans les tombeaux était si considérable, qu'après trente siècles de fouilles actives, on découvre encore, de temps en temps, des momies qui sont, pour ainsi dire, cuirassées d'or. Beaucoup de ces bijoux funéraires n'étaient que des ornements de parade, fabriqués pour le jour des funérailles, et dont l'exécution se ressent de l'usage auquel ils étaient destinés. On ne se privait pas pourtant d'enterrer avec les morts les bijoux qu'ils avaient préférés de leur vivant, et ceux-là sont traités avec un soin qui ne laisse rien à désirer. Les bagues et les chaînes nous sont arrivées en très grand nombre,

FIG. 287.

et cela n'a rien que de naturel. En effet, la bague n'était pas comme chez nous un simple ornement, mais un objet de première nécessité; on scellait les pièces officielles au lieu de les signer, et le cachet faisait foi en justice. Chaque Égyptien avait donc le sien, qu'il portait constamment sur lui afin d'en user en cas de besoin. C'était, pour les pauvres, un simple anneau en cuivre ou en argent, pour les riches, un bijou de modèle plus ou moins compliqué, chargé de ciselures et d'ornements en relief. Le chaton mobile tournait sur un pivot. Il était souvent incrusté d'une pierre avec la devise ou l'emblème choisi par le propriétaire, un scorpion (fig. 287), un lion, un épervier, un cynocéphale. Les chaînes étaient pour l'Égyptienne ce que la bague était pour son mari, l'ornement par excellence. J'en ai vu une en argent qui mesurait plus d'un mètre cinquante de long. D'autres, au contraire, ont à peine cinq ou six centimètres. Il y en a de tous les modules, à tresse double ou triple, à gros anneaux, à petits anneaux, les unes massives et pesantes, les autres aussi légères et aussi flexibles que le plus mince jaseron de Venise. La moindre paysanne pouvait avoir la sienne, comme les dames du plus haut rang; mais il fallait que la femme fût bien pauvre dont l'écrin ne contenait rien d'autre. Bracelets, diadèmes, colliers, cornes, insignes de commandement, aucune énumération n'est assez complète pour donner une idée du nombre et de la variété des bijoux qu'on connaît, soit par la représentation figurée, soit en original. Berlin a la parure d'une Candace éthiopienne, le Louvre, celle du prince Psar, Boulaq celle de la reine Ahhotpou, la plus complète de toutes. Ahhotpou était femme de Kamos, roi de la XVIIe dynastie et peut-être mère d'Ahmos Ier. Sa momie avait été enlevée par une des bandes de voleurs qui exploitaient la nécropole thébaine, vers la fin de la XXe dynastie. Enfouie par eux, en attendant qu'ils eussent le loisir de la dépouiller en sûreté, il est probable qu'ils furent pris et mis à mort, avant d'avoir pu exécuter ce beau dessein. Le secret de leur cachette périt avec eux et ne fut découvert qu'en 1860, par les fouilleurs arabes. La plupart des objets que la reine avait emportés dans l'autre monde sont des bijoux de femme, un manche d'éventail lamé d'or, un miroir de bronze doré, à poignée en ébène,

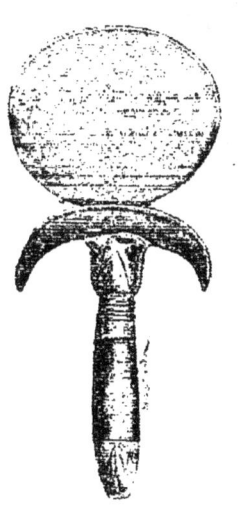

FIG. 288.

garnie d'un lotus d'or ciselé (fig. 288). Les bracelets appartiennent à plusieurs types divers. Les uns étaient destinés à garnir la cheville et le haut du bras, et sont

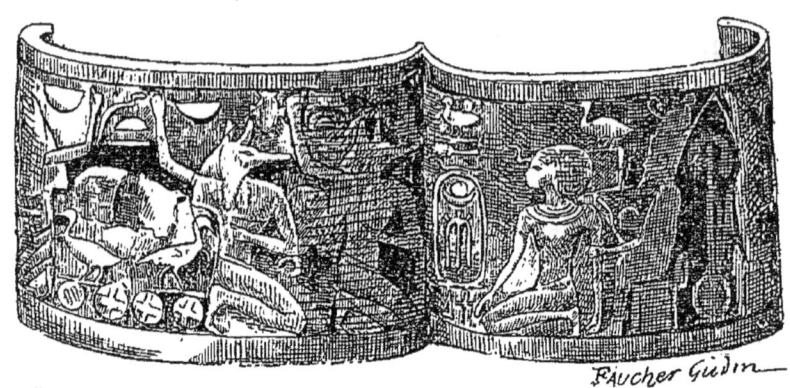

FIG. 289.

de simples anneaux en or, massifs ou creux, ourlés de chaînettes en fils d'or tressés, imitant le filigrane. Les autres se portent au poignet, comme les bracelets de nos femmes, et sont formés de perles en or, en lapis-lazuli, en cornaline, en feldspath vert, montées sur des fils d'or et disposées en carré, dont chaque moitié est d'une couleur différente. La fermeture consiste en deux

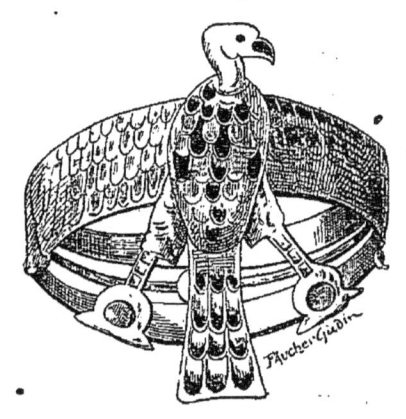

FIG. 290.

lames d'or, réunies par une aiguillette également en or : les cartouches d'Ahmos Ier y sont gravés légèrement à la pointe. C'est également au Pharaon Ahmos Ier qu'appartenait un beau bracelet d'arc (fig. 289), dont la facture rappelle un peu les procédés usités dans la fabrication des émaux cloisonnés. Ahmos est agenouillé devant le dieu Sibou et ses acolytes, les génies de Sop et de Khonou. Les figures et les hiéroglyphes sont levés en plein sur une plaque d'or et ciselés délicatement au burin. Le champ est rempli de pièces de pâte bleue et de lapis-lazuli taillées artistement. Un bracelet de travail plus compliqué, mais moins fin, était passé au poignet de la reine (fig. 290). Il est en or massif et formé de trois bandes parallèles, garnies de turquoises. Sur le devant, un vautour déploie ses ailes, dont les plumes sont composées d'émaux verts, de lapis-lazuli et de cornaline, enchâssés dans des cloisons d'or. Les cheveux étaient engagés dans un diadème d'or massif, à peine aussi large qu'un bracelet. Le nom d'Ahmos est incrusté en pâte bleue sur une plaque oblongue, adhérente au cercle : deux petits sphinx en relief, posés de chaque côté, ont l'air de veiller sur lui (fig. 291). Une grosse chaine d'or flexible était enroulée autour du cou : elle est terminée par deux têtes d'oie recourbées, qu'on liait au moyen d'une ficelle, quand on voulait fermer le collier. Le scarabée qui lui sert de pendeloque a le corselet et les élytres en pâte de verre bleue, rayée d'or, les pâtes et le corps en or massif. La parure de la poitrine était complétée par

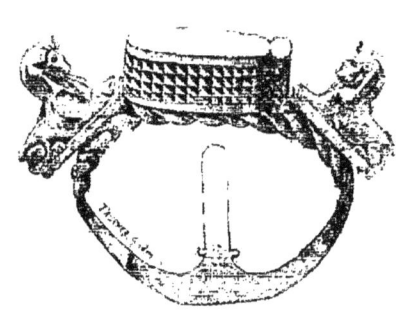

FIG. 291.

un large collier du genre de ceux qu'on appelait
Ouoskh (fig. 292). Il a pour agrafes deux têtes d'éper-

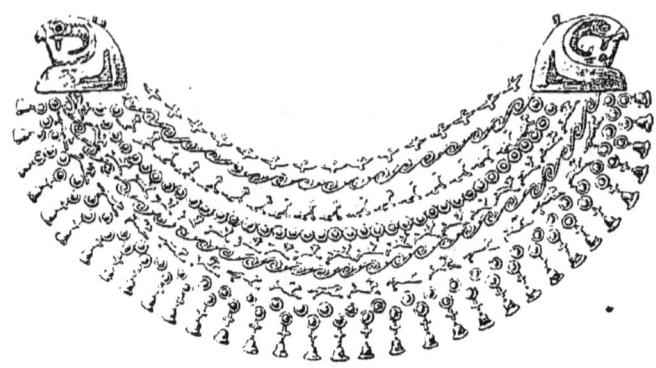

FIG. 292.

vier en or, dont les détails étaient relevés d'émail
bleu. Les rangs sont composés de cordes enroulées,
de fleurs à quatre
pétales en croix,
d'antilopes pour-
suivies par des
tigres, de chacals
accroupis, d'éper-
viers, de vautours
et d'uræus ailées,
le tout en or re-
poussé, et cousu
sur le linceul au
moyen d'un petit
anneau soudé

FIG. 293.

derrière chaque figure. Au-dessous, pendait sur la poitrine une de ces pièces carrées qu'on appelle un pectoral (fig. 293). La forme générale est d'un naos.

Ahmos, debout dans une barque entre Ammon et Râ, reçoit, sur la tête et sur le corps, l'eau qui doit le purifier. Deux éperviers planent, à droite et à gauche du roi, au-dessus des dieux. La silhouette des figures est dessinée par des cloisons d'or; le corps était rendu par des plaquettes de pierre et d'émail, dont beaucoup sont tombées. Le morceau est un peu lourd, et l'usage ne s'en comprend guère si on l'isole du reste de la parure. Pour juger sainement l'effet qu'il produisait, on doit se rappeler ce qu'était le vêtement des femmes égyptiennes : une sorte de fourreau d'étoffe semi-transparente, qui s'arrêtait au-dessous des seins et les laissait saillir librement. Le haut de la poitrine et du dos, les épaules, le cou étaient à découvert, sauf une paire de bretelles étroites qui maintenaient le fourreau et l'empêchaient de glisser. Les femmes riches habillaient cette nudité de bijoux. Le collier voilait à moitié les épaules et le haut de la poitrine. Le pectoral masquait le sillon qui se creuse entre les seins. Les seins eux-mêmes étaient parfois emboîtés chacun dans une sorte de coupe d'or émaillé ou peint, qui en épousait exactement les contours. A côté de ces bijoux, des armes et des amulettes étaient entassés pêle-mêle : trois grosses mouches d'or massif suspendues à une chaînette mince, neuf petites haches, trois

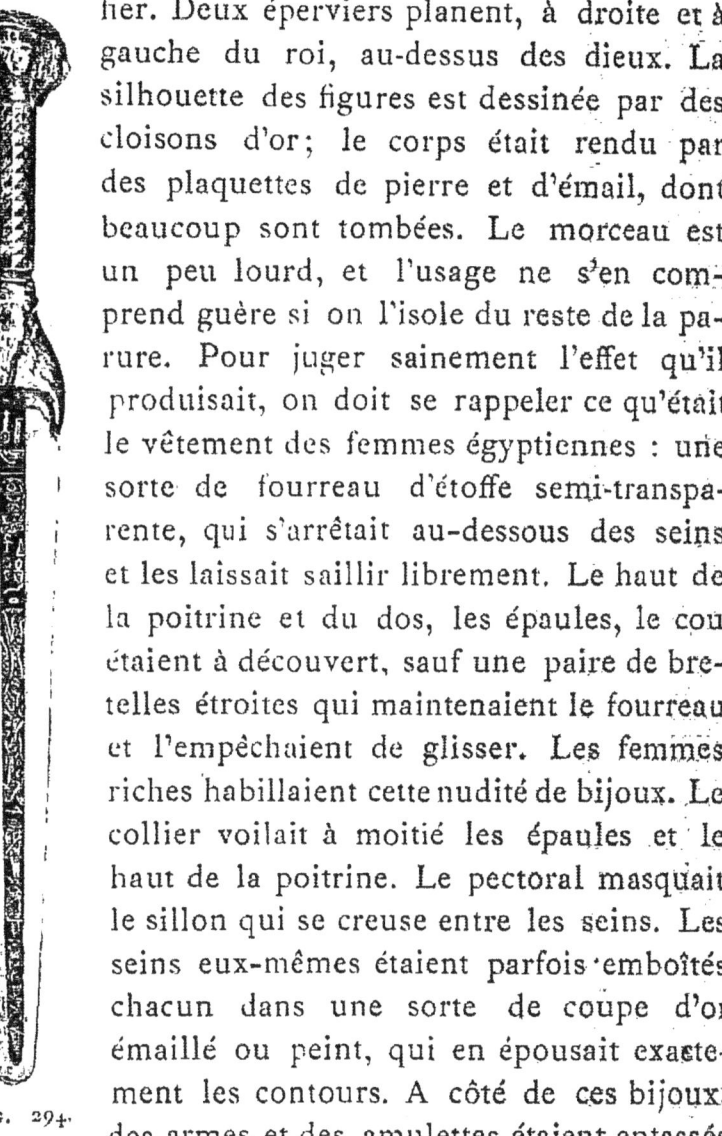

FIG. 294.

en or, six en argent, une tête de lion en or d'un travail minutieux, un sceptre en bois noir enroulé d'or, des anneaux de jambes, des poignards. L'un d'eux (fig. 294), enfermé dans une gaine d'or, avait un manche en bois, décoré de triangles en cornaline, en lapis-lazuli, en feldspath et en or. Pour pommeau, quatre têtes de femme en or repoussé; une tête de taureau renversée, en or, dissimule la soudure de la lame au manche. Le pourtour de la lame est en or massif, le corps en bronze noir,.. damasquiné. Sur la face supérieure, au-dessous du prénom d'Ahmos, un lion poursuit un taureau, en présence de quatre grosses sauterelles alignées ; sur la face inférieure, le nom d'Ahmos et quinze fleurs épanouies, qui sortent l'une de l'autre et vont se perdant vers la pointe. Un poignard, découvert à Mycènes par M. Schliemann, présente un système de décoration analogue ; les Phéniciens, qui copiaient assidûment les modèles égyptiens, ont

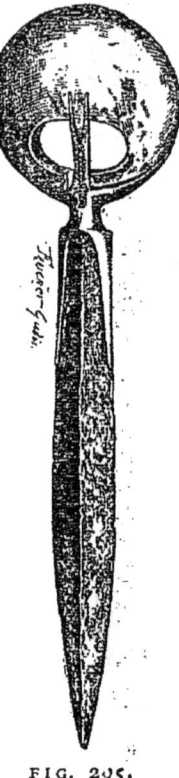

FIG. 295.

probablement transporté celui-là en Grèce. Le second poignard de la reine (fig. 295) a une forme qu'il n'est pas rare de rencontrer aujourd'hui encore dans la Perse et dans l'Inde. C'est une lame en bronze jaunâtre très lourd, emmanchée d'un disque en argent. Pour s'en servir, on appuyait le pommeau lenticulaire dans le creux de la main, et l'on passait la lame entre l'index et le médius. On se demandera quel besoin une femme, et une femme morte, avait de tant d'armes. L'autre monde était peuplé d'ennemis contre lesquels on devait lutter sans relâche, génies typhoniens, serpents, scorpions gigantesques, tortues, monstres de toute sorte. Les poignards qu'on enfermait au cercueil avec la momie aidaient l'âme à se protéger, et comme ils n'étaient utiles que pour la lutte corps à corps, on avait ajouté quelques armes de jet, des arcs, des boumerangs en bois dur et une hache de guerre. Le manche est en bois de cèdre revêtu d'une feuille d'or (fig. 296). La légende d'Ahmos y est écrite en caractères de lapis-lazuli, de cornaline, de turquoise et de feldspath vert. Le tranchant est saisi dans une entaille du bois et maintenu en place par un treillis de fils d'or. Il est en bronze noir et a été doré. L'une des deux faces montre des lotus sur fond d'or, l'autre Ahmos frappant un barbare à moitié renversé, qu'il tient aux cheveux. Au-dessous, le dieu de la guerre, Montou Thébain, est représenté par un griffon à tête d'aigle. Deux barques en argent et en or simulaient la barque sur laquelle la

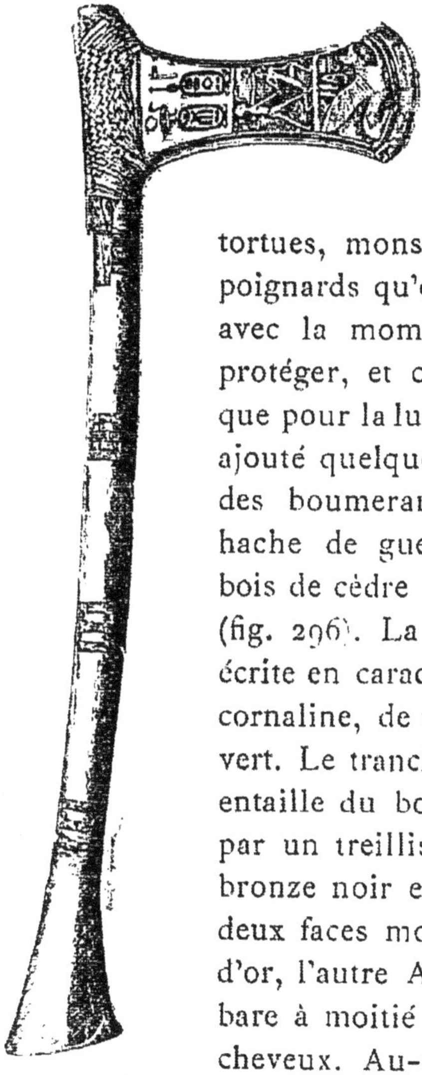

FIG. 296.

momie traversait le fleuve, pour se rendre à sa dernière demeure et naviguer à la suite des dieux sur la mer d'Occident. La barque en argent était posée sur un chariot de bois à quatre roues en bronze; comme elle était en assez mauvais état, on l'a démontée et remplacée par

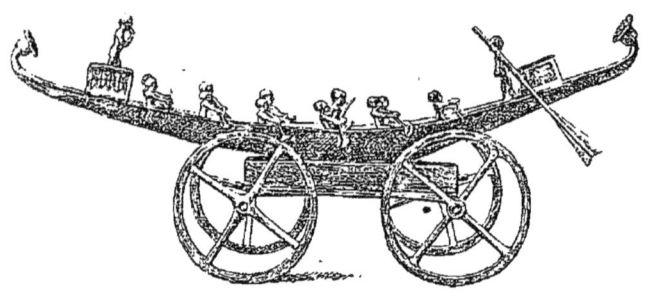

FIG. 297.

la barque en or (fig. 297). La coque est légère et allongée : les façons de l'avant et de l'arrière sont relevées et se terminent par des bouquets de papyrus gracieusement recourbés. Deux estrades, entourées de balustrades à panneaux pleins, se dressent à la proue et à la poupe, en guise de châteaux gaillards. Le pilote d'avant est debout dans la première, le timonier se tient devant la seconde et manie la rame à large palette qui remplissait l'office de notre gouvernail. Douze rameurs d'argent massif

FIG. 298.

voguent sous les ordres de ces deux officiers. Au centre, Kamos est assis, la hache et le sceptre à la main. Voilà ce qu'il y avait sur une seule momie; encore n'ai-je énuméré que les objets les plus remarquables. La technique en est irréprochable, et la sûreté du goût n'est pas moindre chez l'ouvrier que la dextérité de la main. L'art de l'orfèvre, parvenu au degré de perfection dont témoigne l'écrin d'Ahhotpou, ne s'y maintint pas longtemps. Les modes changèrent, la forme des bijoux s'alourdit. La bague de Ramsès II au Louvre, avec ses chevaux posés debout sur le chaton (fig. 298), le bracelet du prince Psar (fig. 299), avec ses griffons et ses lotus en émail cloisonné, sont d'un dessin moins heureux que les bracelets d'Ahmos. Celui qui les a exécutés était, sans contredit, aussi habile que les orfèvres de la reine Ahhotpou ; mais il avait le goût moins fin et l'esprit moins inventif. Ramsès II était condamné, ou bien à ne jamais porter sa bague, ou bien à voir les petits chevaux qui l'ornaient, s'écraser et tomber au moindre choc. La décadence, déjà sensible sous la XIXe dynastie, s'accentue à mesure que nous nous rapprochons de l'ère chrétienne. Les boucles d'oreilles de Ramsès IX, au musée de Boulaq, sont un composé disgracieux de disques chargés de filigrane, de chaînettes, d'uræus pendants ; comme aucune oreille humaine n'aurait pu en porter le poids sans s'allonger outre mesure ou sans se déchirer, on les accrochait à la perruque de chaque côté de la tête. Les bracelets du grand-prêtre Pinotmou III, recueillis sur sa momie, sont de simples anneaux en or, ronds, incrustés de verre coloré et de cornaline, semblables à ceux qu'on fabrique encore aujourd'hui chez les noirs du Soudan. L'invasion des Grecs modifia d'abord les procédés de l'orfèvrerie égyptienne, puis substitua peu à peu ses types aux types indigènes. L'écrin de la reine éthiopienne que Ferlini vendit au musée de Berlin contenait, à côté de bijoux qu'on aurait pu attribuer sans peine à l'époque pharaonique, des bijoux de style mixte où l'influence hellénique est nettement reconnaissable. Les trésors découverts, en 1878, à Zagazig, en 1881, à Qénèh, en 1882, à Damanhour, étaient composés entièrement d'objets dont la facture n'a plus rien d'égyptien, épingles à cheveux surmontées d'une sta-

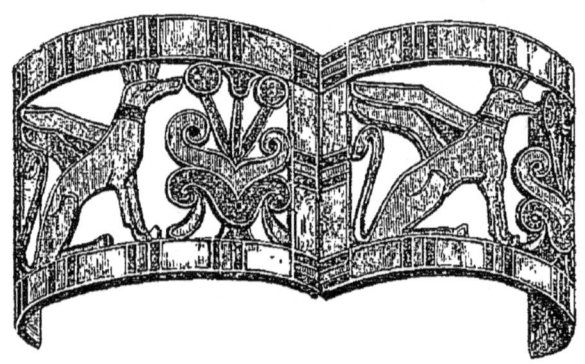

FIG. 299.

tuette de Vénus, boucles de ceinture, agrafes pour péplum, bagues et bracelets ornés de camées, coffrets flanqués aux quatre coins de colonnettes ioniques. Les vieux modèles étaient encore recherchés dans les campagnes, et les orfèvres de village conservaient tant bien que mal la tradition antique : les orfèvres de ville ne savaient plus que copier lourdement les modèles grecs et romains.

Cette revue rapide de ce qu'ont produit les arts industriels présente bien des lacunes. J'ai dû me borner à citer ce que renferment les collections les plus connues ; que ne trouverait-on pas si l'on pouvait visiter à loisir nos musées de province et recueillir ce que le hasard des ventes a dispersé dans les collections particulières ! La diversité des petits monuments de l'industrie égyptienne est infinie et l'étude méthodique en reste encore à faire : elle promet plus d'une surprise à qui voudra la tenter.

FIN

TABLE

CHAPITRE PREMIER.

	Pages.
L'Architecture civile et militaire..	5
§ 1. — Les maisons..	6
§ 2. — Les forteresses.	21
§ 3. — Les travaux d'utilité publique..	34

CHAPITRE II.

L'Architecture religieuse.	45
§ 1. — Matériaux et éléments de la construction.	45
§ 2. — Le temple.	63
§ 3. — La décoration.	87

CHAPITRE III.

Les Tombeaux.	108
§ 1. — Les mastabas.	109
§ 2. — Les pyramides..	125
§ 3. — Les tombes de l'Empire thébain ; les hypogées..	139

CHAPITRE IV

	Pages.
LA PEINTURE ET LA SCULPTURE.	162
§ 1. — Le dessin et la composition.	162
§ 2. — Les procédés techniques.	185
§ 3. — Les œuvres.	199

CHAPITRE V.

LES ARTS INDUSTRIELS.	234
§ 1. — La pierre, la terre et le verre.	234
§ 2. — Le bois, l'ivoire, le cuir et les matières textiles..	259
§ 3. — Les métaux.	288

www.ingramcontent.com/pod-product-compliance
Lightning Source LLC
Chambersburg PA
CBHW071239160426
43196CB00009B/1114